Minderheitenschutz der abhängigen Aktiengesellschaft im Aktienkonzern

# Europäische Hochschulschriften

Publications Universitaires Européennes
European University Studies

**Reihe II**
**Rechtswissenschaft**

Série II Series II
Droit
Law

**Bd./Vol. 3995**

PETER LANG
Frankfurt am Main · Berlin · Bern · Bruxelles · New York · Oxford · Wien

Ji-Hyun Cho

# Minderheitenschutz der abhängigen Aktiengesellschaft im Aktienkonzern

PETER LANG
Europäischer Verlag der Wissenschaften

**Bibliografische Information Der Deutschen Bibliothek**
Die Deutsche Bibliothek verzeichnet diese Publikation in der Deutschen Nationalbibliografie; detaillierte bibliografische Daten sind im Internet über <http://dnb.ddb.de> abrufbar.

Zugl.: Heidelberg, Univ., Diss., 2004

D 16
ISSN 0531-7312
ISBN 3-631-52879-5



www.peterlang.de

# Vorwort

Die vorliegende Arbeit wurde im Sommersemester 2004 von der juristischen Fakultät der Ruprecht-Karls-Universität Heidelberg als Dissertation angenommen.

An dieser Stelle möchte ich all denjenigen danken, die bei der Entstehung meiner Arbeit mitgewirkt haben. Mein besonderer Dank gilt meinem Doktorvater Herrn Prof. Dr. Dr. h.c. Peter-Christian Müller-Graff. Obwohl er als Dekan beschäftigt war, unterstützte er mich mit wertvollen Hinweisen und Anregungen bei meiner Arbeit. Ohne seine Hilfe wäre diese Dissertation nicht zur Vollendung gebracht worden. Zu Dank verpflichtet bin ich auch Herrn Prof. Dr. Christian Schubel für die schnelle Erstellung des Zweitgutachtens. Ebenso gilt mein herzlichster Dank Frau Liane Bednarz. Sie hat meine Arbeit mit Sorgfalt korrigiert.

Diese Arbeit wurde mit Unterstützung der Konrad-Adenauer-Stiftung gedruckt. Der KAS danke ich ferner für die finanzielle Unterstützung meines Promotionsstudiums. Schließlich danke ich von ganzen Herzen meinen Eltern, Schwiegereltern und meiner Frau. Meine Frau Yoon-Hyung hat mich in meinem Leben liebevoll, geduldig und herzensgut begleitet und schenkte mir kleinen Prinz, Young-Suk.

Heidelberg, im Juni 2004 Ji-Hyun Cho

# Inhaltsübersicht

# Inhaltsverzeichnis

# Abkürzungsverzeichnis

| | |
|---|---|
| Abs. | Absatz |
| AG | Aktiengesellschaft; Die Aktiengesellschaft (Zeitschrift) |
| AktG | Aktiengesetz |
| Anh. | Anhang |
| Art. | Artikel |
| Aufl. | Auflage |
| BAG | Bundesarbeitsgericht |
| BayObLG | Bayerisches Oberstes Landesgericht |
| BB | Der Betriebs-Berater (Zeitschrift) |
| BGB | Bürgerliches Gesetzbuch |
| BGH | Bundesgerichtshof |
| BGHZ | Entscheidungen des Bundesgerichtshofs in Zivilsachen |
| BSG | Bundessozialgericht |
| BverfG | Bundesverfassungsgericht |
| bzw. | beziehungsweise |
| DB | Der Betrieb (Zeitschrift) |
| d.h. | das heißt |
| DStR | Deutsches Steuerrecht (Zeitschrift) |
| f. | folgende |
| ff. | fortfolgende |
| FS | Festschrift |
| GG | Grundgesetz |
| GmbH | Gesellschaft mit beschränkter Haftung |
| GmbHG | Gesetz betreffend die Gesellschaften mit beschränkter Haftung |
| GmbHR | GmbH-Rundschau (Zeitschrift) |
| HGB | Handelsgesetzbuch |
| Hrsg. | Herausgeber |

| | |
|---|---|
| Hs. | Halbsatz |
| JZ | Juristenzeitung (Zeitschrift) |
| KG | Kommanditgesellschaft |
| LG | Landgericht |
| NJW | Neue Juristische Wochenschrift (Zeitschrift) |
| Nr. | Nummer |
| NZG | Neue Zeitschrift für Gesellschaftsrecht |
| OLG | Oberlandesgericht |
| Rdnr. | Randnummer(n) |
| S. | Satz |
| sog. | sogenannt |
| StGB | Strafgesetzbuch |
| vgl. | vergleiche |
| WM | Wertpapier-Mitteilungen (Zeitschrift) |
| WpHG | Gesetz über den Wertpapierhandel |
| z.B. | zum Beispiel |
| ZBB | Zeitschrift für Bankrecht und Bankwirtschaft |
| ZGR | Zeitschrift für Unternehmens- und Gesellschaftsrecht |
| ZHR | Zeitschrift für das gesamte Handels- und Wirtschaftsrecht |
| ZIP | Zeitschrift für Wirtschaftsrecht und Insolvenzpraxis |
| ZPO | Zivilprozeßordnung |

# Erster Teil
# Einleitung

## § 1. Durch Konzern geleitete Gesellschaften

Da Großunternehmen in der Regel die Vorteile rationaler Produktion haben (economics of scale), entsteht in der Marktwirtschaft Konzentration. Unternehmen nehmen zugleich an anderen Branchen teil, um für die Rezession auf einzelnen Fächern vorzusorgen. Die Vorteile rationaler Produktion und die Vorsorge der Rezession sind zu vergrößern, wenn mehrere Unternehmen organisatorisch miteinander verbunden werden. Die Fusion und die Unternehmensverbindung durch Beteiligungserwerb gehören zu den Formen dieser Verbindungen.[1] Insbesondere ist die Unternehmensverbindung gegenüber der Fusion beträchtlich vorteilhaft. Durch die Fusion verschwindet zumindest ein Unternehmen auf dem Markt, weil eine Mehrzahl von Unternehmensgesellschaften sowohl wirtschaftlich, als auch rechtlich zu einer Einheit konzentriert werden. Damit werden auch Vorstands- und Aufsichtsratsmandate aus der Gesellschaft entlassen. Deshalb könnten die davon betroffenen Vorstands- und Aufsichtsratsmitglieder der geplanten Fusion kräftig Widerstand leisten. Bei der Unternehmensverbindung können die beiden Unternehmen dagegen weiter bestehen. Darüber hinaus ist die Unternehmensverbindung günstiger als die Fusion. Bei der Unternehmensverbindung ist es nicht erforderlich, die Anteile einer anderen Kapitalgesellschaft im Ganzen zu erwerben, um den Einfluß auf diese zu nehmen. Der Erwerb einer Mehrheitsbeteiligung ist genügend. Deshalb sollen heute mehr als zwei Drittel der bestehenden Aktiengesellschaften und ein Großteil der GmbH durch einen Konzern verbunden sein. *Geßler* sagte, dass im Jahre 1965 etwa 70% aller Aktiengesellschaften in irgendeiner Weise konzernmäßig verbunden seien.[2]

---

1 *Kübler*, Gesellschaftsrecht, 354

2 *Geßler*, BB 1965, 681

*Emmerich/Sonnschein* schätzen den fortgeschriebenen Stand des konzernmäßigen Verbinden auf etwa 75%.[3] Nach der Schätzung von *Binder* gehören mindestens 75% bis 90% der Aktiengesellschaften mit über 95% des gesamten Grundkapitals sowie 50% der GmbH einem Konzern an.[4]

## § 2. Klassifikation des Konzerns

### 1. Vertragskonzern und faktischer Konzern

Sind ein herrschendes und ein oder mehrere abhängige Unternehmen unter der einheitlichen Leitung des herrschenden Unternehmens oder einige rechtlich selbständige Unternehmen, ohne dass das eine Unternehmen von dem anderen abhängig ist, unter einheitlicher Leitung zusammengefasst, bilden sie nach § 18 AktG einen Konzern. Nach dieser Vorschrift unterscheiden sich nur der Unterordnungskonzern und der Gleichordnungskonzern.

Wenn man aber bei den Konzernen zwischen dem Vertragskonzern und dem faktischen Konzern unterscheidet, beruht diese Klassifikation nicht auf der einheitlichen Leitung im Sinne des § 18 AktG, sondern auf der Abhängigkeit im Sinne des § 17 AktG. Nach § 17 Abs. 1 AktG ist ein Unternehmen, das auf die rechtlich selbständigen Unternehmen unmittelbar oder mittelbar einen beherrschenden Einfluss ausüben kann, herrschendes Unternehmen. § 308 Abs. 1 AktG schreibt vor, dass bei Bestehen eines Beherrschungsvertrag das herrschende Unternehmen berechtigt sei, dem Vorstand der abhängigen Gesellschaft hinsichtlich der Leitung der Gesellschaft Weisungen zu erteilen. Danach bedeutet der Vertragskonzern das Verbindungsverhältnis, durch das das herrschende Unternehmen aufgrund eines Beherrschungsvertrags auf die abhängige Gesellschaft einen beherrschenden Einfluss ausüben kann. Also führt der Beherrschungsvertrag zum Vertragskonzern. Nach § 17 Abs. 2 AktG

---

[3] *Emmerich/Sonnenschein*, Konzernrecht, 6. Aufl., 4

[4] *Binder*, AG 1994, 391

wird es vermutet, dass ein in Mehrheitsbesitz stehendes Unternehmen von dem an ihm mit Mehrheit beteiligten Unternehmen abhängig ist und damit dass auf ein in Mehrheitsbesitz stehendes Unternehmen das an ihm mit Mehrheit beteiligte Unternehmen einen beherrschenden Einfluss ausüben kann. Daraus erfolgt sich, dass der faktische Konzern das Verbindungsverhältnis ist, durch das das herrschende Unternehmen aufgrund des Beherrschungsverhältnisses, das ohne Beherrschungsvertrag durch die Mehrheitsbeteiligung tatsächlich entsteht, auf die abhängige Gesellschaft einen beherrschenden Einfluss ausüben kann. Die Mehrheitsbeteiligung führt zum faktischen Konzern. Kurzum ist der Vertragskonzern der durch den Abschluss eines Beherrschungsvertrags vertraglich entstehende Konzern und der faktische Konzern ist der durch die Mehrheitsbeteiligung tatsächlich entstehende Konzern.

Es gibt aber .auch eine andere Auffassung, die aufgrund der einheitlichen Leitung im Sinne von § 18 AktG den Vertragskonzern und den faktischen Konzern definiert.[5] *Zöllner* sagt, dass zur Qualifikation des Konzerns die Abhängigkeit im Sinne des § 17 AktG nicht ausreichend, sondern die einheitliche Leitung nach § 18 AktG notwendig sei. Nach dieser Auffassung ist der Vertragskonzern das Verhältnis, durch das das herrschende Unternehmen aufgrund des Beherrschungsvertrags die abhängige Gesellschaft einheitlich leitet, und der faktische Konzern ist dasjenige, durch das das herrschende Unternehmen aufgrund der durch die Mehrheitsbeteiligung tatsächlich entstehenden Beherrschung die abhängige Gesellschaft einheitlich leitet. Allerdings ist der Konzern dann anzunehmen, wenn Unternehmen einen Beherrschungsvertrag abgeschlossen haben. Denn in diesem Fall sind solche Unternehmen nach § 18 Abs. 1 S. 2 AktG als unter einheitlicher Leitung zusammengefasst anzusehen. Der Konzern wird aber auch dann nach § 18 Abs. 1 S. 3 AktG widerlegbar vermutet, wenn ein Unternehmen von einem anderen Unternehmen abhängig ist. Diese andere Auffassung ist deshalb inhaltlich mit der aufgrund der Abhängigkeit den Konzern definierenden Auffassung nicht anders. Es gibt nur einen formellen Unterschied, ob man den

---

[5] *Zöllner*, FS Bruno Kropff, 337

Vertragskonzern und den faktischen Konzern aufgrund des Abhängigkeitsverhältnisses im Sinne des § 17 AktG oder aufgrund einheitlicher Leitung im Sinne des § 18 AktG definiert.

Zwar kann man beim sogenannten einfachen faktischen Konzern eine Möglichkeit haben, das Bestehen der einheitlichen Leitung zu bestreiten. Denn beim einfachen faktischen Konzern wird der Einfluss des herrschenden Unternehmens, wie wir es vom Begriff **„einfach"** feststellen können, generell **„vereinzelt"** ausgeübt.[6] Die einheitliche Leitung ist aber auch in diesem Fall normal zu vermuten. Wenn man wie die herrschende Meinung als die Voraussetzung für eine einheitliche Leitung lediglich eine einheitliche Planung in einem der zentralen Unternehmensbereiche wie Finanz, Einkauf, Organisation, Personalwesen und Verkauf fordert,[7] ist auch beim einfachen Abhängigkeitsverhältnis das Bestehen der einheitlichen Leitung meist anzunehmen. Daraus folgt, dass zwischen der aufgrund des Abhängigkeitsverhältnisses den Vertragskonzern und den faktischen Konzern definierenden Auffassung und der aufgrund der einheitlichen Leitung diese definierenden Auffassung inhaltlich kein großer Unterschied besteht. Also wird der Konzern schon beim Bestehen des Abhängigkeitsverhältnisses vermutet. Außerdem lässt die bloße Abhängigkeit im Sinne des § 17 AktG in den vielen Vorschriften des Aktiengesetzes die Rechtsfolgen entstehen. *Emmerich* sagt, dass der Konzerndefinition des § 18 AktG in der Praxis kaum Relevanz zukomme.[8] Schließlich definieren sich der Vertragskonzern und der faktische Konzern aufgrund der Abhängigkeit im Sinne des § 17 AktG. Der Vertragskonzern ist das Verbindungsverhältnis, durch das das herrschende Unternehmen aufgrund der durch das Beherrschungsvertrag eingeräumten Leitungsmacht auf die abhängige Gesellschaft einen beherrschenden Einfluss ausüben kann, und der faktische Konzern ist dasjenige, durch das das herrschende Unternehmen aufgrund des ohne Beherrschungsvertrag durch die Mehrheitsbeteiligung

---

[6] *Zöllner*, FS Bruno Kropff, 344

[7] *Emmerich* in Aktien- und GmbH-Konzernrecht, § 18 Rdnr. 11; *Zöllner*, FS Bruno Kropff, 339

[8] *Emmerich* in Aktien- und GmbH-Konzernrecht, § 18 Rdnr. 2

tatsächlich entstandenen Beherrschungsverhältnisses auf sie einen beherrschenden Einfluss ausüben kann.

*Kübler* sagt, dass das Vorbild der verbundenen Unternehmen der Vertragskonzern sei. [9] Die Vorschriften der § 311 ff. AktG, die den faktischen Konzern regeln, seien sekundär. Denn das Aktiengesetz knüpfe die den Vertragskonzern regelnden Vorschriften der §§ 291 bis 310 AktG an das Steuerrecht in der Absicht an, das Konzernrecht auf diese Vertragskonstruktion zu gründen.[10] Im Körperschaftssteuerrecht werde die Organgesellschaft als Einheit behandelt. Deshalb erfolge die Besteuerung nur einmal beim Organträger und die steuerliche Doppelbelastung der von der Organgesellschaft erwirtschafteten Gewinne werde ausgeschaltet. [11] Der Gesetzgeber habe gewollt, dass die Steuererleichterung Anlass zur Gründung eines Vertragskonzerns gebe. Nach der Vorstellung des Gesetzgebers müsse der faktische Konzern die Ausnahme sein. [12] Dagegen unterscheidet *K. Schmidt* den Vertragskonzern und den faktischen Konzern nicht rangordnungsweise und hält die Vorschriften der §§ 291 bis 310 AktG für Grundregeln über den Vertragskonzern, die §§ 311 bis 318 AktG für diejenigen über den faktischen Konzern. [13] Unabhängig von dieser Disputation kann man die Absicht des Gesetzgebers erkennen, dass das herrschende Unternehmen einen Beherrschungsvertrag gemäß § 291 AktG schließen (Vertragskonzern) oder die abhängige Gesellschaft gemäß §§ 319 ff. AktG eingliedern soll, um seinen Einfluss auf die abhängige Gesellschaft auszuüben, und dass ohne Beherrschungsvertrag oder ohne Eingliederung das herrschende Unternehmen gemäß § 311 AktG ausnahmsweise nur dann die abhängige Gesellschaft beeinflussen darf, sofern es die ihr durch die Einflussnahme entstehenden Nachteile ausgleicht (faktischer Konzern). Das herrschende Unternehmen hält aber die Vorschriften des Vertragskonzerns als

---

9 *Kübler*, Gesellschaftsrecht, 363; *Seydel*, Konzernbildungskontrolle bei der Aktiengesellschaft, 39

10 *Kübler*, Gesellschaftsrecht, 363

11 *Emmerich/Sonnenschein/Habersack*, Konzernrecht, 186

12 *Kübler*, Gesellschaftsrecht, 364

13 *K. Schmidt*, JZ 1992, 857 f.

das Belästigende. Der Vertragskonzern spielt deshalb in der Praxis nicht die im Aktiengesetz für ihn vorgesehene Rolle. Anstatt des Vertragskonzerns wird in der Praxis meist der faktische Konzern benutzt, in dem die Einflussnahme auf die abhängige Gesellschaft nicht auf dem Vertrag, sondern auf den durch die Mehrheitsbeteiligung tatsächlich vorgegebenen Umständen basieren.

## 2. Einfacher faktischer Konzern und qualifizierter faktischer Konzern

Eigentlich musste der Gesetzgeber daran denken, dass die Konzerne durch die Regelung des Vertragskonzerns und des faktischen Konzerns rechtlich umfassend geregelt werden können. Wie oben gesagt, dachte er, dass das herrschende Unternehmen einen Beherrschungsvertrag schließen soll, um seinen Einfluss auf die abhängige Gesellschaft auszuüben, und dass es ohne Beherrschungsvertrag nur unter der Voraussetzung des Nachteilsausgleichs diese beeinflussen darf.

In der Praxis ist die Einflussnahme des herrschenden Unternehmens aber häufig gescheht, obwohl der Nachteilsausgleich, dessen das herrschende Unternehmen zur Einflussnahme auf die abhängige Gesellschaft bedarf, ursprünglich nicht möglich war. Ausübt das herrschende Unternehmen beispielsweise weitergehend und umfangreich seinen Einfluss, ist der Nachteilsausgleich wegen der Isolierungsunmöglichkeit einzelner Eingriffe und ihrer Auswirkungen nicht möglich.[14] Beim faktischen Konzern lässt das Aktiengesetz die Einflussnahme des herrschenden Unternehmens nur unter der Bedingung zu, dass die durch die Einflussnahme zur abhängigen Gesellschaft ergegebenen Nachteile ausgeglichen werden. Im Fall der weitergehenden und umfangreichen Einflussnahme ist aber die Erfüllung solcher Voraussetzung ursprünglich nicht möglich. Deshalb ist hier eine Gesetzeslücke vorhanden. Der Gesetzgeber überlegte nicht diesen Fall.[15]

---

14 *Emmerich/Sonnenschein/Habersack*, Konzernrecht, 438 f.

15 *Kropff* in Münchener Kommentar zum Aktiengesetz, Vor § 311 Rdnr. 8

Folglich fehlt es hier an gesetzlichen Schutzinstrument, die Minderheiten vor der Einflussnahme des herrschenden Unternehmens zu schützen. Der qualifizierte faktische Konzern ist deshalb in der Literatur entwickelt und auch in der Rechtsprechung des BGH angenommen worden.[16] Hieraus wird der Schluss gezogen, dass sich die faktischen Konzerne in einfache faktische Konzerne, bei den der Einzelausgleich nach den §§ 311 ff. AktG möglich ist, und qualifizierte faktische Konzerne, bei den der Einzelausgleich nicht möglich ist, unterteilen lassen.

Folglich lassen sich die Konzerne in Vertragskonzerne, einfache faktische Konzerne und qualifizierte faktische Konzerne unterteilen. Beim einfachen faktischen Konzern darf das herrschende Unternehmen nach § 311 AktG nur unter der Voraussetzung des Nachteilsausgleichs die abhängige Gesellschaft beeinflussen. Um einen qualifizierten Einfluss auszuüben, wegen dessen einzelner Nachteilsausgleich unmöglich wird, muss das herrschende Unternehmen mit der abhängigen Gesellschaft einen Beherrschungsvertrag abschließen. Übt es ohne Abschluss eines Beherrschungsvertrags einen qualifizierten Einfluss auf sie aus, entsteht ein qualifizierter faktischer Konzern.

## § 3. Inhalt der Dissertation

In der Gesellschaft haben alle Beteiligten Interesse an dem Erfolg der Gesellschaft, und bemühen sich daher gemeinsam um die Erreichung des Unternehmenszwecks. Diese Vermutung wird aber zweifelhaft, wenn sich die Gesellschaft einem anderen Unternehmen unterordnet. Denn beim Konzern zwingt das herrschende Unternehmen den Vorstand der abhängigen Gesellschaft, nur für die Interessen des Mehrheitsgesellschafters (das

---

16 BGHZ 95, 330 = NJW 1986, 188 „Autokran“; BGHZ 107, 7 = NJW 1989, 1800 „Tiefbau“; BGHZ 115, 187 = NJW 1991, 3142 „Video“; BGHZ 122, 123 = NJW 1993, 1200 „TBB“

herrschende Unternehmen) die Geschäfte zu führen.[17] In diesem Fall befolgt der Vorstand der abhängigen Gesellschaft in der Regel die Weisung des herrschenden Unternehmens und vermeidet alles, was dem herrschenden Unternehmen nicht gefallen kann. Denn er berechnet, dass das herrschende Unternehmen ihn und seine Arbeit schätzt.[18] Dann erleiden die Gesellschaft und damit die Minderheitsgesellschafter Verluste.

Um diese Gefahr zu vermeiden, beinhaltet das Aktiengesetz im 3. Buch („**Verbundene Unternehmen**") zahlreiche Vorschriften. Diese Vorschriften bezwecken, Aktionäre und Gläubiger der abhängigen Aktiengesellschaft gegen Nachteile, die aus der Einflussnahme eines anderen Unternehmens entstehen, zu schützen.[19] Sie regeln aber nur den Vertragskonzern und den einfachen faktischen Konzern, obwohl sich die Konzerne in Vertragskonzerne, einfache faktische Konzerne und qualifizierte faktische Konzerne unterteilen lassen. Deshalb stellen sich die Fragen, unter welchen Bedingungen das Bestehen des qualifizierten faktischen Konzerns angenommen wird, ob der qualifizierte faktische Konzern legalisiert werden kann, welche Rechtsfolgen beim qualifizierten faktischen Konzern in Betracht kommen können, und welche rechtlichen Maßnahmen den qualifizierten faktischen Konzern im voraus verhindern können.

Im Folgenden werden zunächst die Vorschriften untersucht, die beim Vertragskonzern und beim einfachen faktischen Konzern die Minderheiten vor dem Einfluss des herrschenden Unternehmens schützen. Danach werden die Tatbestandsmerkmale, die Unzulässigkeit, die Rechtsfolgen des qualifizierten faktischen Konzerns und der Konzerneingangsschutz im Hinblick auf den Minderheitenschutz unter Berücksichtigung der Rechtsprechung des BGH und der in der Literatur entwickelten Theorien zum qualifizierten faktischen Konzern untersucht.

---

17 *Kübler*, Gesellschaftsrecht, 355

18 *Altmeppen*, ZIP 1996, 694

19 *Henn*, Handbuch des Aktienrechts, Rdnr. 205

Die Untersuchung beschränkt sich aber auf den Aktienkonzern, in dem eine Aktiengesellschaft von einem anderen Unternehmen abhängig ist. Diese Beschränkung soll im Hinsicht auf das Heimatland Süd-Korea des Autors gemacht werden. Denn für die Entwicklung des Gesellschaftsrechts Koreas dürfte die Disskussion über den Aktienkonzern hilfreicher sein als diejenige über den Konzern anderer Rechtsformen, weil in Süd-Korea über 90% der Rechtsformen Aktiengesellschaften sind.

# Zweiter Teil
# Minderheitenschutz der abhängigen Aktiengesellschaft im Vertragsaktienkonzern

Bezüglich des Vertragsaktienkonzerns, in dem der Beherrschungsvertrag zwischen dem herrschenden Unternehmen und der abhängigen Aktiengesellschaft abgeschlossen ist, schreibt das Aktiengesetz den Minderheitenschutz ausführlich vor. Besteht der Beherrschungsvertrag, entsteht dem herrschenden Unternehmen nach § 308 Abs. 1 AktG das Weisungsrecht, und der abhängigen Aktiengesellschaft nach § 308 Abs. 2 AktG die Folgepflicht. Der Vorstand der abhängigen Aktiengesellschaft muss deshalb die Geschäfte der Gesellschaft nicht mehr unter eigener Verantwortung, sondern grundsätzlich entsprechend den ihm erteilten Weisungen des herrschenden Unternehmens leiten.[20] Beim Vertragsaktienkonzern verdrängt die Folgepflicht nach § 308 AktG die Geschäftsführung des Vorstandes unter eigener Verantwortung nach § 76 AktG, insoweit dem Vorstand der abhängigen Aktiengesellschaft eine Weisung des herrschenden Unternehmens erteilt wird. Nach § 308 Abs. 1 S. 2 AktG gilt das grundsätzlich auch für Weisungen, die der abhängigen Aktiengesellschaft nachteilig sind, solange sie Konzerninteressen dienen. Als Gegenleistung für die Leitungsmacht mit Folgepflicht schreibt deshalb das Aktiengesetz den Verlustausgleich (§ 302 AktG), den Ausgleich (§ 304 AktG), die Abfindung (§ 305 AktG) sowie die Verantwortlichkeit der gesetzlichen Vertreter des herrschenden Unternehmens (§ 309 AktG) und der Verwaltungsmitglieder der abhängigen Aktien-

---

[20] *Altmeppen* in Münchener Kommentar zum Aktiengesetz, § 308 Rdnr. 2; *Emmerich* in Aktien- und GmbH-Konzernrecht, § 308 Rdnr. 1; *Henn*, Handbuch des Aktienrechts, Rdnr. 259; *Koppensteiner* in Kölner Kommentar, § 308 Rdnr. 4; *Krieger* in Münchener Handbuch des Gesellschaftsrechts Band 4 Aktiengesellschaft, § 70 Rdnr. 133; *Kübler*, Gesellschaftsrecht, 365; *Sonnenschein*, Der Schutz von Minderheitsgesellschaftern und Gläubigern der abhängigen Gesellschaft im deutschen Recht, in: Das Gesellschaftsrecht der Konzerne im internationalen Vergleich, 78

gesellschaft (§ 310 AktG) vor. Darüber hinaus wird ein Beherrschungsvertrag gemäß § 293 Abs. 1 AktG nur mit Zustimmung der Hauptversammlung der abhängigen Aktiengesellschaft wirksam. Die Änderung, die Aufhebung und die Kündigung des Beherrschungsvertrags treten unter Umständen [21] mit dem Sonderbeschluss der außenstehenden Aktionäre der abhängigen Aktiengesellschaft in Kraft (§§ 295 Abs. 2, 296 Abs. 2 und 297 Abs. 2 AktG).

## § 1. Nicht schrankenlose gesetzliche Leitungsmacht

Anders als in einem faktischen Aktienkonzern besteht im Vertragsaktienkonzern nach § 308 AktG eine gesetzlich legitimierte Leitungsmacht. Aus dieser wird dem herrschenden Unternehmen ein Weisungsrecht gegenüber dem Vorstand der abhängigen Aktiengesellschaft (§ 308 Abs. 1 AktG), und dem Vorstand der abhängigen Aktiengesellschaft eine Folgepflicht gegeben, Weisungen des herrschenden Unternehmens zu befolgen (§ 308 Abs. 2 S. 1 AktG).[22] Das Weisungsrecht gilt aber nicht schrankenlos.

### 1. Weisungsrecht des herrschenden Unternehmens

Wenn eine Aktiengesellschaft mit einem Unternehmen einen Beherrschungsvertrag abschließt, unterstellt sie sich ihm. Dadurch kann dieses andere Unternehmen (das herrschende Unternehmen) zum Geschäftsbetrieb der

---

21 Vgl. unten zweiter Teil VI

22 *Sonnenschein*, Der Schutz von Minderheitsgesellschaftern und Gläubigern der abhängigen Gesellschaft im deutschen Recht, in: Das Gesellschaftsrecht der Konzerne im internationalen Vergleich, 78; *Altmeppen* in Münchener Kommentar zum Aktiengesetz, § 308 Rdnr. 2; *Emmerich* in Aktien- und GmbH-Konzernrecht, § 308 Rdnr. 1; *Henn*, Handbuch des Aktienrechts, Rdnr. 259; *Koppensteiner* in Kölner Kommentar, § 308 Rdnr. 4; *Krieger* in Münchener Handbuch des Gesellschaftsrechts Band 4 Aktiengesellschaft, § 70 Rdnr. 133; *Kübler*, Gesellschaftsrecht, 365

Gesellschaft den Vorstand der abhängigen Aktiengesellschaft anweisen.[23] Bestimmt der Vertrag nichts anderes, können auch für die abhängige Aktiengesellschaft nachteilige Weisungen nach § 308 Abs. 1 S. 2 AktG erteilt werden, wenn sie den Belangen des herrschenden Unternehmens oder der mit ihm und der abhängigen Aktiengesellschaft konzernverbundenen Unternehmen dienen. Darum sagt *Kübler*, dass das herrschende Unternehmen Belieferung zu Konzernverrechnungspreisen, die Mitteilung von Know-how, unentgeltliche Dienstleistungen, den Verzicht auf lukrative Geschäfte zugunsten eines anderen Konzernunternehmens oder auch über dem Marktpreis liegende Entgelte für die der Gesellschaft aufgezwängten Leistungen verlangen könne.[24] Zwar stellen solche Geschäfte oft verdeckte Gewinnausschüttungen oder eine Einlagenrückgewähr dar. Aber sie sind trotzdem zulässig, weil nach § 291 Abs. 3 AktG Leistungen der Gesellschaft aufgrund eines Beherrschungsvertrags nicht als Verstoß gegen die §§ 57, 58 und 60 AktG gelten.

### 1.1. Weisungsberechtigter

Das Weisungsrecht hat nach § 308 Abs. 1 S. 1 AktG der andere Vertragsteil, d.h. das herrschende Unternehmen.[25] Bei einem einzelkaufmännischen Unternehmen wird das Weisungsrecht von Inhaber des Unternehmens und sonst von gesetzlichen Vertreter des Unternehmens ausgeübt (§ 309 Abs. 1 AktG). Dabei muss der Begriff des gesetzlichen Vertreters im weitesten Sinne ausgelegt werden. Jedes vertretungsberechtigte Organ des herrschenden Unternehmens gehört also dem gesetzlichen Vertreter an. Die vertretungsberechtigten Gesellschafter der Personengesellschaften und die Organe der

---

[23] *Henn*, Handbuch des Aktienrechts, Rdnr. 259; *Altmeppen* in Münchener Kommentar zum Aktiengesetz, § 308 Rdnr. 2; *Emmerich* in Aktien- und GmbH-Konzernrecht, § 308 Rdnr. 1; *Koppensteiner* in Kölner Kommentar, § 308 Rdnr. 4; *Krieger* in Münchener Handbuch des Gesellschaftsrechts Band 4 Aktiengesellschaft, § 70 Rdnr. 133

[24] *Kübler*, Gesellschaftsrecht, 365

[25] *Krieger* in Münchener Handbuch des Gesellschaftsrechts Band 4 Aktiengesellschaft, § 70 Rdnr. 137; *Altmeppen* in Münchener Kommentar zum Aktiengesetz, § 308 Rdnr. 29; *Emmerich* in Aktien- und GmbH-Konzernrecht, § 308 Rdnr. 11; *Koppensteiner* in Kölner Kommentar, § 308 Rdnr. 4

öffentlich-rechtlichen Körperschaften zählen auch zu diesem vertretungsberechtigten Organ.[26]

## 1.2. Begriff der Weisung

Der Begriff der Weisung muss weit verstanden werden. Jede Maßnahme des herrschenden Unternehmens, durch die dieses hinsichtlich der Geschäftsführung der abhängigen Aktiengesellschaft auf ihren Vorstand Einfluss nehmen will, muss deshalb als Weisung betrachtet werden.[27] Der äußere Ausdruck der Weisung ist nicht von Bedeutung. Auch bloße Ratschläge oder Empfehlungen des herrschenden Unternehmens können gleichfalls Weisungen im Sinne des § 308 AktG bedeuten, wenn das herrschende Unternehmen sie als verbindlich hält und sie vom Vorstand der abhängigen Aktiengesellschaft auch so verstanden werden. Wenn das herrschende Unternehmen sie aber nur als echte Ratschläge oder Empfehlungen hält und sie vom Vorstand der abhängigen Aktiengesellschaft auch so verstanden werden, sind sie dagegen nicht als Weisungen im Sinne des § 308 AktG auszulegen. Da das Aktiengesetz eine bestimmte Form der Weisungen nicht verlangt, ist sie im Beherrschungsvertrag zu bestimmen.[28]

---

26 *Emmerich* in Aktien- und GmbH-Konzernrecht, § 308 Rdnr. 11; *Koppensteiner* in Kölner Kommentar, § 308 Rdnr. 5; *Altmeppen* in Münchener Kommentar zum Aktiengesetz, § 308 Rdnr. 31

27 *Henn*, Handbuch des Aktienrechts, Rdnr. 260; *Altmeppen* in Münchener Kommentar zum Aktiengesetz, § 308 Rdnr. 86; *Emmerich* in Aktien- und GmbH-Konzernrecht, § 308 Rdnr. 23; *Krieger* in Münchener Handbuch des Gesellschaftsrechts Band 4 Aktiengesellschaft, § 70 Rdnr. 133

28 *Emmerich* in Aktien- und GmbH-Konzernrecht, § 308 Rdnr. 27; *Koppensteiner* in Kölner Kommentar, § 308 Rdnr. 38

### 1.3. Voraussetzung für die Entstehung des Weisungsrechts

#### 1.3.1. Zustimmung der Hauptversammlung

Die Wirksamkeit eines Beherrschungsvertrags hängt nach § 293 Abs. 1 S. 1 AktG von Zustimmung der Hauptversammlung der abhängigen Aktiengesellschaft ab und damit entsteht das Weisungsrecht des herrschenden Unternehmens. Deshalb sagt Sonnenschein, dass sich der Abschluss des Beherrschungsvertrags schließlich von den Aktionären der abhängigen Aktiengesellschaft entscheide.[29] Diese Regelung bezweckt den Schutz der Aktionäre, so dass § 293 Abs. 1 S. 2 AktG eine qualifizierte Mehrheit fordert, die mindestens drei Viertel des bei der Beschlussfassung vertretenen Grundkapitals umfasst. Nach § 293 Abs. 1 S. 3 AktG kann die Satzung eine größere Kapitalmehrheit und weitere Erfordernisse bestimmen.

Auch der Mehrheitsaktionär, der zugleich anderer Vertragsteil ist, kann aber beim Hauptversammlungsbeschluss dem Beherrschungsvertrag zustimmen. Nach der Gesetzesbegründung ist sein Stimmrecht trotz der Gefahr des Interessenzusammenstosses nicht ausgeschlossen, um es zu verhindern, dass die Minderheit unternehmerische Sache entscheidet. Damit sei ein gerechtfertigter Interessenausgleich nicht mehr gewährleistet.[30] Um diese Gefahr zu verhindern, schreibt das Aktiengesetz in §§ 304 Abs. 3, 4 und 305 Abs. 5 vor, dass der außenstehende Aktionär beantragen könne, dem Gericht die Bestimmung des angemessenen Ausgleichs oder der Abfindung zu überlassen.

---

[29] *Sonnenschein*, Der Schutz von Minderheitsgesellschaftern und Gläubigern der abhängigen Gesellschaft im deutschen Recht, in: Das Gesellschaftsrecht der Konzerne im internationalen Vergleich, 61

[30] *Sonnenschein*, Der Schutz von Minderheitsgesellschaftern und Gläubigern der abhängigen Gesellschaft im deutschen Recht, in: Das Gesellschaftsrecht der Konzerne im internationalen Vergleich, 61

Wenn das herrschende Unternehmen eine Aktiengesellschaft oder Kommanditgesellschaft auf Aktien ist, wird ein Beherrschungsvertrag nach § 293 Abs. 2 AktG neben der Zustimmung der Hauptversammlung der abhängigen Aktiengesellschaft noch mit der Zustimmung der Hauptversammlung der herrschenden Gesellschaft ebenfalls mit qualifizierter Mehrheit wirksam.

### 1.3.2. Weitere Voraussetzung

Für die Erleichterung des Informationserwerbs von Aktionären bedarf der Beherrschungsvertrag der schriftlichen Form (§ 293 Abs. 3 AktG). Der Vorstand muss einen ausführlichen schriftlichen Bericht erstatten, in dem insbesondere die Höhe des Ausgleichs und der Abfindung begründet wird, um eine möglichst umfassende Unterrichtung der Aktionäre zu gewährleisten (§ 293 a AktG). Danach ist der Beherrschungsvertrag durch einen oder mehrere sachverständige Vertragsprüfern (Wirtschaftsprüfern) zu prüfen (§ 293 b AktG). Die Vertragsprüfer werden vom Vorstand der abhängigen Aktiengesellschaft oder auf dessen Antrag vom Gericht bestellt (§ 293 c Abs. 1 S. 1 AktG). Die Vertragsprüfer haben über das Ergebnis der Prüfung schriftlich zu berichten. Der Prüfungsbericht ist mit einer Erklärung darüber abzuschließen, ob der vorgeschlagene Ausgleich oder die vorgeschlagene Abfindung angemessen ist (§ 293 e Abs. 1 S. 1, 2 AktG). Dieser Prüfungsbericht ist mit dem Beherrschungsvertrag während der Hauptversammlung, die über die Zustimmung zum Beherrschungsvertrag entscheidet, zur Einsicht der Aktionäre auszulegen (§§ 293 f Abs. 1, 293 g Abs. 1 AktG). Und jedem Aktionär ist auf Verlangen unverzüglich und kostenlos eine Abschrift dieser Unterlagen zu erteilen (§ 293 f Abs. 2 AktG). Der Vorstand muss den Beherrschungsvertrag zu Beginn der Hauptversammlung mündlich erläutern (§ 293 g Abs. 2 AktG). Außerdem ist auf Verlangen jedem Aktionär Auskunft auch über alle für den Vertragschluss wesentlichen Angelegenheiten des anderen Vertragsteils in der Hauptversammlung zu geben (§ 293 g Abs. 3 AktG).

## 2. Folgepflicht des Vorstandes der abhängigen Aktiengesellschaft

### 2.1. Befolgung der Weisung

Im Vertragsaktienkonzern ist der Vorstand der abhängigen Aktiengesellschaft nach § 308 Abs. 2 S. 1 AktG verpflichtet, die Weisungen des herrschenden Unternehmens zu befolgen. Auch wenn die Weisung für die abhängige Aktiengesellschaft nachteilig ist, muss der Vorstand sie befolgen, insoweit sie dem Konzerninteresse dient. Denn nach § 308 Abs. 1 S. 2 AktG kann auch die für die abhängige Aktiengesellschaft nachteilige Weisung dann erteilt werden, wenn sie den Belangen des herrschenden Unternehmens oder der mit ihm und der abhängigen Aktiengesellschaft konzernverbundenen Unternehmen dient.[31]

### 2.2. Verweigerung der Befolgung

Wenn die für die abhängige Aktiengesellschaft nachteilige Weisung auch für den Gesamtkonzern nachteilig ist, darf der Vorstand der abhängigen Aktiengesellschaft die Befolgung derartiger Weisung verweigern. Die Verweigerung ist aber nach § 308 Abs. 2 S. 2 AktG nur dann möglich, wenn die für den Gesamtkonzern Nachteiligkeit **„offensichtlich"** ist. Eine für die abhängige Aktiengesellschaft nachteilige Weisung soll dann offensichtlich nicht den Belangen des Gesamtkonzerns dienen, wenn die für den Gesamtkonzern Nachteiligkeit **„für jeden Sachkenner ohne weitere Nachforschungen erkennbar"** sei.[32] Also hält die herrschende Meinung **„offensichtlich"** für **„evident"**. Wenn die für die abhängige Aktiengesellschaft nachteilige Weisung auch für den Gesamtkonzern evident nachteilig ist, darf der Vorstand der abhängigen Aktiengesellschaft die Weisung keineswegs

---

[31] *Krieger* in Münchener Handbuch des Gesellschaftsrechts Band 4 Aktiengesellschaft, § 70 Rdnr. 134; *Altmeppen* in Münchener Kommentar zum Aktiengesetz, § 308 Rdnr. 101; *Emmerich* in Aktien- und GmbH-Konzernrecht, § 308 Rdnr. 52

[32] *Altmeppen* in Münchener Kommentar zum Aktiengesetz, § 308 Rdnr. 148; *Emmerich* in Aktien- und GmbH-Konzernrecht, § 308 Rdnr. 53; *Hüffer*, Aktiengesetz, 4. Aufl., § 308 Rdnr. 22

befolgen. Wenn er die auch für den Gesamtkonzern nachteilige Weisung befolgt hat, trägt er Verantwortlichkeit für den Schadensersatz nach § 310 AktG.

Selbst wenn die Weisung seines Erachtens nachteilig ist, muss der Vorstand diese befolgen, wenn seine Ansicht nicht offensichtlich ist.[33] *Emmerich* geht aber davon aus, „**der Vorstand der abhängigen Aktiengesellschaft ist in diesem nicht offensichtlichen aber zweifelhaften Fall zumindest verpflichtet, das herrschende Unternehmen über seine Zweifel zu informieren**".[34] Sonst soll er die Verantwortung nach § 310 AktG nehmen. Im Vertragsaktienkonzern muss der Vorstand der abhängigen Aktiengesellschaft die Geschäfte der Gesellschaft nicht mehr für die gesamten Aktionäre, sondern entsprechend den Weisungen des herrschenden Unternehmens führen. Auch wenn die Weisung für die abängige Aktiengesellschaft nachteilig ist, muss er dann sie befolgen, wenn sie dem Konzerninteresse dient, und darf nur dann die Befolgung verweigern, wenn sie offensichtlich nicht dem Konzerninteresse dient. Folglich durch den Abschluss des Beherrschungsvertrags trägt der Vorstand der abhängigen Aktiengesellschaft die Sorgfaltspflicht, vor der Befolgung der Weisung es zu prüfen, ob die Weisung dem Gesamtkonzern nachteilig ist. Wenn dies offensichtlich ist, muss er die Befolgung verweigern. Wenn dies nicht offensichtlich, aber zweifelhaft ist, muss er darüber das herrschende Unternehmen informieren. Denn das herrschende Unternehmen kann die Nachteiligkeit der Weisung für den Gesamtkonzern besser beurteilen als der Vorstand der abhängigen Aktiengesellschaft. Es könnte auch der Fall geben, dass das herrschende Unternehmen die Weisung ohne Kenntnis der Nachteiligkeit für den Gesamtkonzern dem Vorstand der abhängigen Aktiengesellschaft erteilt hat. Der Vorstand muss deshalb dem herrschenden Unternehmen seinen Zweifel mitteilen. Dann muss das herrschende Unternehmen bei der Feststellung der Nachteiligkeit der Weisung für die Gesamtkonzern die Weisung zurücknehmen, bei der Feststellung der

---

33 *Krieger* in Münchener Handbuch des Gesellschaftsrechts Band 4 Aktiengesellschaft, § 70 Rdnr. 140

34 *Emmerich* in Aktien- und GmbH-Konzernrecht, § 308 Rdnr. 53

Zulässigkeit der Weisung im Konzerninteresse kann die Weisung wieder erteilen.

## 3. Schranken des Weisungsrechts und Sorgfaltspflicht des Vorstandes der abhängigen Aktiengesellschaft

### 3.1. Schranken des Weisungsrechts

Das im Vertragsaktienkonzern nach § 308 Abs. 1 S. 1 AktG dem herrschenden Unternehmen gewährte Weisungsrecht entsteht aber unter der Voraussetzung, dass die Weisungen rechtlich zulässig sind.[35] Denn gesetzes- oder sittenwidrige Weisungen sind nach §§ 134, 138 BGB nichtig. Wenn das herrschende Unternehmen die rechtlich unzulässige Weisung erteilt, nimmt der gesetzliche Vertreter des herrschenden Unternehmens die Verantwortung nach § 309 AktG. Und der Vorstand der abhängigen Aktiengesellschaft nimmt bei der Befolgung der unzulässigen Weisung die Verantwortung nach § 310 AktG.

Die für die abhängige Aktiengeselschaft nachteilige Weisung soll, wie oben schon erwähnt, nach § 308 Abs. 1 S. 2 AktG den Belangen des Gesamtkonzerns dienen.[36] Sonst ist sie nicht erlaubt. Außerdem schreibt § 299 AktG vor, dass auf Grund eines Unternehmensvertrags der Gesellschaft nicht die Weisung zu erteilen sei, den Vertrag zu ändern, aufrechtzuerhalten oder zu beendigen. Diese Regelung bezweckt, es zu sichern, dass die abhängige Aktiengesellschaft und ihr Vorstand frei und eigenverantwortlich über die Vertragsdauer entscheiden.[37] Darüber hinaus kann das herrschende Unter-

---

35 *Altmeppen* in Münchener Kommentar zum Aktiengesetz, § 308 Rdnr. 2; *Emmerich* in Aktien- und GmbH-Konzernrecht, § 308 Rdnr. 1; *Henn*, Handbuch des Aktienrechts, Rdnr. 259; *Koppensteiner* in Kölner Kommentar, § 308 Rdnr. 4; *Krieger* in Münchener Handbuch des Gesellschaftsrechts Band 4 Aktiengesellschaft, § 70 Rdnr. 133

36 *Emmerich* in Aktien- und GmbH-Konzernrecht, § 308 Rdnr. 49 ff.; *Altmeppen* in Münchener Kommentar zum Aktiengesetz, § 308 Rdnr. 101; *Koppensteiner* in Kölner Kommentar, § 308 Rdnr. 24

37 *Emmerich* in Aktien- und GmbH-Konzernrecht, § 299 Rdnr. 1

nehmen die abhängige Aktiengesellschaft nicht anweisen, den Verlustausgleichs- oder Schadensersatzanspruch nicht geltend zu machen, weil dieser Anspruch ein vom Gesetz gewährleistetes Recht der abhängigen Gesellschaft ist.

Weisungen, welche die Lebensfähigkeit der abhängigen Aktiengesellschaft bedrohen, sind nicht zulässig.[38] Denn solche Weisungen entsprechen nicht der in § 309 AktG vorgeschriebenen Sorgfalt eines ordentlichen und gewissenhaften Geschäftsleiters. Auch der BGH hat in den Urteilen **„Bremer Vulkan"**[39] und **„KBV"**[40] darauf hingewiesen, dass ein existenzvernichtender Eingriff der Gesellschafter auf das Gesellschaftsvermögen einen Missbrauch der Rechtsform darstelle, der zum Verlust des Haftungsprivilegs führe.[41] Allerdings handelt es sich bei diesen Urteilen um die Durchgriffshaftung der herrschenden Gesellschafter, nicht um die konzernrechtliche Haftung. Aber kann man aus diesem Hinweis des BGH deutlich folgern, dass existenzvernichtende Eingriffe sowieso nicht zulässig sind. Als Beispiele für solche Weisungen werden der übermäßige Abzug von Liquidität, die Schaffung oder Aufrechterhaltung riskanter Fertigungsstätten, die Einstellung lebenswichtiger Produktionen oder der Verzicht auf elementare Forschungsprogramme erwähnt. Auch die eine Vollmacht der abhängigen Aktiengesellschaft an das herrschende Unternehmen erteilende Weisung ist nicht erlaubt. Denn damit kann das herrschende Unternehmen ohne Weisungen gegenüber dem Vorstand der abhängigen Aktiengesellschaft direkt für sie handeln. Dann verliert der Vorstand der abhängigen Aktiengesellschaft die Kontrollfunktion hinsichtlich der Geschäfte der Gesellschaft.[42]

---

[38] *Henn*, Handbuch des Aktienrechts, Rdnr. 264; *Altmeppen* in Münchener Kommentar zum Aktiengesetz, § 308 Rdnr. 129; *Emmerich* in Aktien- und GmbH-Konzernrecht, § 308 Rdnr. 60 ff.; *Koppensteiner* in Kölner Kommentar, § 308 Rdnr. 32

[39] BGHZ 149, 10 = NJW 2001, 3622

[40] BGH vom 24. 6. 2002 = NJW 2002, 3024

[41] Vgl. vierter Teil I 2

[42] *Krieger* in Münchener Handbuch des Gesellschaftsrechts Band 4 Aktiengesellschaft, § 70 Rdnr. 138; *Henn*, Handbuch des Aktienrechts, Rdnr. 262

Eine von dem in der Satzung festgelegten Gegenstand der Gesellschaft abkommende Weisung ist unzulässig.[43] Derartige Weisung ist erst nach Änderung der Satzung erdenkbar. Weisungen gegenüber dem Aufsichtsrat der abhängigen Aktiengesellschaft oder bezüglich seiner Zuständigkeit sind ebenfalls unzulässig.[44] Da der Aufsichtsrat der abhängigen Aktiengesellschaft kein Adressat der Weisung ist, muss er seine Rechte ausüben, als ob kein Beherrschungsvertrag bestände. Wenn das herrschende Unternehmen den Vorstand der abhängigen Aktiengesellschaft zur Vornahme eines mit der Zustimmung des Aufsichtsrats vorzunehmenden Geschäfts anweist, darf dieses Geschäft nach § 111 Abs. 4 S. 2 AktG nur mit Zustimmung des Aufsichtsrats vorgenommen werden. Wenn diese Zustimmung nicht innerhalb einer angemessenen Frist erteilt wird, muss der Vorstand dies nach § 308 Abs. 3 S. 1 AktG dem herrschenden Unternehmen mitteilen. Dann muss das herrschende Unternehmen über Festhalten seiner Weisung entscheiden. Wenn es an seiner Weisung festhalten will, muss es die Weisung wiederholen. Dann nach § 308 Abs. 3 S. 2 Hs. 1 AktG muss der Vorstand der abhängigen Aktiengesellschaft ohne Zustimmung des Aufsichtsrats seiner Gesellschaft die wiederholte Weisung unbedingt befolgen.[45] Wenn das herrschende Unternehmen einen Aufsichtsrat hat, entsteht das Weisungsrecht dieser wiederholten Weisung nach § 308 Abs. 3 S. 2 Hs. 2 AktG nur mit Zustimmung des Aufsichtsrats des herrschenden Unternehmens.

---

[43] *Henn*, Handbuch des Aktienrechts, Rdnr. 265; *Altmeppen* in Münchener Kommentar zum Aktiengesetz, § 308 Rdnr. 130 f.; *Emmerich* in Aktien- und GmbH-Konzernrecht, § 308 Rdnr. 56 f.; *Koppensteiner* in Kölner Kommentar, § 308 Rdnr. 36; *Krieger* in Münchener Handbuch des Gesellschaftsrechts Band 4 Aktiengesellschaft, § 70 Rdnr. 133

[44] *Krieger* in Münchener Handbuch des Gesellschaftsrechts Band 4 Aktiengesellschaft, § 70 Rdnr. 133; *Altmeppen* in Münchener Kommentar zum Aktiengesetz, § 308 Rdnr. 85; *Emmerich* in Aktien- und GmbH-Konzernrecht, § 308 Rdnr. 42; *Henn*, Handbuch des Aktienrechts, Rdnr. 261; *Koppensteiner* in Kölner Kommentar, § 308 Rdnr. 51

[45] *Krieger* in Münchener Handbuch des Gesellschaftsrechts Band 4 Aktiengesellschaft, § 70 Rdnr. 141; *Henn*, Handbuch des Aktienrechts, Rdnr. 261; *Emmerich* in Aktienkonzernrecht, § 308 Rdnr. 57; *Koppensteiner* in Kölner Kommentar, § 308 Rdnr. 52

### 3.2. Sorgfaltspflicht des Vorstandes der abhängigen Aktiengesellschaft

Im Vertragskonzern muss der Vorstand der abhängigen Aktiengesellschaft nach § 308 Abs. 2 AktG die Weisungen des herrschenden Unternehmens befolgen. Durch diese Folgepflicht wird aber die Verpflichtung des Vorstands, die abhängige Aktiengesellschaft gemäß § 76 AktG unter eigener Verantwortung zu leiten, nicht vollständig aufgehoben. Sie ist nur abgeändert. Auch bezüglich der Sorgfaltspflicht und der Verantwortlichkeit nach § 93 AktG, bleibt die Pflicht, eigenverantwortlich die Geschäfte der Gesellschaft zu leiten, wenn das herrschende Unternehmen den Vorstand der abhängigen Aktiengesellschaft keine Weisung erteilt.[46] Der Vorstand der abhängigen Aktiengesellschaft kann ohne Weisung die Interessen seiner Gesellschaft nicht denjenigen des herrschenden Unternehmens unterordnen. Ohne Weisung muss er die Geschäfte der Gesellschaft ausschließlich für die Interessen seiner Gesellschaft führen, als ob seine Gesellschaft unabhängig wäre. Nur bei Erteilung der Weisungen muss der Vorstand der abhängigen Aktiengesellschaft die Weisungen befolgen und die Geschäfte der Gesellschaft nicht für die Interessen seiner Gesellschaft, sondern entsprechend der Weisung des herrschenden Unternehmens führen.

Die erteilten Weisungen müssen von dem Vorstand der abhängigen Aktiengesellschaft auch nur befolgt werden, soweit sie rechtlich zulässig sind.[47] Der Vorstand der abhängigen Aktiengesellschaft muss deshalb die Weisungen des herrschenden Unternehmens vor ihrer Befolgung mit der Sorgfalt eines ordentlichen und gewissenhaften Geschäftsleiters auf ihre Zulässigkeit überprüfen. Gesetzes- oder sittenwidrige Weisungen darf der Vorstand der abhängigen Aktiengesellschaft nicht befolgen. Wenn er die rechtlich

---

46 *Henn*, Handbuch des Aktienrechts, Rdnr. 263; *Emmerich* in Aktien- und GmbH-Konzernrecht, § 308 Rdnr. 54; *Koppensteiner* in Kölner Kommentar, § 308 Rdnr. 48

47 *Henn*, Handbuch des Aktienrechts, Rdnr. 264; *Emmerich* in Aktien- und GmbH-Konzernrecht, § 308 Rdnr. 66; *Koppensteiner* in Kölner Kommentar, § 308 Rdnr. 43 ff.; *Krieger* in Münchener Handbuch des Gesellschaftsrechts Band 4 Aktiengesellschaft, § 70 Rdnr. 140

unzulässige Weisung befolgt hat, nimmt er die Verantwortung nach § 310 AktG. Nach § 310 Abs. 3 AktG wird die Ersatzpflicht des Vorstandes nur bei Befolgung der folgepflichtigen Weisungen entlastet.

Die Schranken des Weisungsrechts dienen der Sicherung der abhängigen Aktiengesellschaft, ihrer Minderheitsgesellschafter und ihrer Gläubiger. Diese Sicherung verstärkt sich dadurch, dass die Folgepflicht des Vorstandes der abhängigen Aktiengesellschaft nur bei rechtlich zulässigen Weisungen entsteht und daher der Vorstand der abhängigen Aktiengesellschaft jede Weisung mit der Sorgfalt eines ordentlichen und gewissenhaften Geschäftsleiters auf ihre Zulässigkeit hin überprüfen muss.[48]

## § 2. Ausgleich

### 1. Wahlrecht zwischen Ausgleich und Abfindung

Durch den Beherrschungsvertrag kann das herrschende Unternehmen die abhängige Aktiengesellschaft in vollem Umfang für seine Zwecke benutzen. Die Vermögens- und Mitverwaltungsrechte der Minderheitsaktionäre werden deshalb im Vertragsaktienkonzern grundsätzlich angegriffen. Als die Entschädigungen für die solchen Rechtsangriffe schreibt das Aktiengesetz in den §§ 304, 305 Ausgleich und Abfindung der außenstehenden Aktionäre vor.[49] Danach können die außenstehenden Aktionäre wählen, gegen angemessenen Ausgleich in der Gesellschaft weiter zu bleiben (§ 304 AktG) oder gegen

---

[48] *Sonnenschein*, Der Schutz von Minderheitsgesellschaftern und Gläubigern der abhängigen Gesellschaft im deutschen Recht, in: Das Gesellschaftsrecht der Konzerne im internationalen Vergleich, 79; *Emmerich* in Aktien- und GmbH-Konzernrecht, § 308 Rdnr. 66

[49] *Sonnenschein*, Der Schutz von Minderheitsgesellschaftern und Gläubigern der abhängigen Gesellschaft im deutschen Recht, in: Das Gesellschaftsrecht der Konzerne im internationalen Vergleich, 75

angemessene Abfindung aus ihr auszuscheiden (§ 305 AktG).[50] Das herrschende Unternehmen kann auf ihre Entscheidung keinen Einfluss nehmen. Bei der Entscheidung des Ausgleichs bekommen die außenstehenden Aktionäre den Dividendeausgleich, so dass sie im Ergebnis so gestellt werden, als ob ihre Gesellschaft nach wie vor unabhängig wäre und nicht für die Interesse des herrschenden Unternehmens, sondern weiter für diejenigen aller Aktionäre geführt würde.[51]

Der Ausgleich und die Abfindung müssen von Anfang an in den Beherrschungsvertrag vorgeschrieben werden (§§ 304 Abs. 1 S. 1, 305 Abs. 1 AktG). *Hommelhoff* sagt, **„damit sind alle Aktionäre schon bei der Beschlussfassung über den Beherrschungsvertrag durch den Vorstandsbericht nach § 293 a Abs. 1 AktG und den Prüfungsbericht des Vertragsprüfers nach § 293 e Abs. 1 S. 2 AktG darüber informiert, welche Bedingungen die Parteien des Beherrschungsvertrags den außenstehenden Aktionären für die Ausübung ihres Wahlrechts eröffnen wollen".**[52]

Wenn keine außenstehenden Aktionäre in der abhängigen Aktiengesellschaft vorhanden sind, braucht der Beherrschungsvertrag das Rechtsinstrument des Ausgleichs zum Schutze außenstehender Aktionäre nicht zu enthalten (§ 304 Abs. 1 S. 3 AktG). Wenn später aber ein außenstehender Aktionär entsteht, ist er deshalb vom § 304 AktG nicht zu schützen. Für diesen Fall schreibt § 307 AktG vor, dass der Vertrag spätestens zum Ende des Geschäftsjahres ende, in dem ein außenstehender Aktionär beteiligt sei.[53]

---

50 *Emmerich* in Aktien- und GmbH-Konzernrecht, § 304 Rdnr. 1; *Hommelhoff*, FS Carsten Peter Claussen, 131

51 *Emmerich* in Aktien- und GmbH-Konzernrecht, § 304 Rdnr. 4

52 *Hommelhoff*, FS Carsten Peter Claussen, 131

53 *Koppensteiner* in Kölner Kommentar, § 307 Rdnr. 1

## 2. Außenstehende Aktionäre

Nur die außenstehenden Aktionäre haben nach § 304 Abs. 1 S. 1 AktG den Anspruch auf Ausgleich. Nach der herrschenden Meinung sind außenstehende Aktionäre in den §§ 304 f. und 295 ff. AktG alle Aktionäre der abhängigen Aktiengesellschaft ausschließlich des anderen Vertragsteils (das herrschende Unternehmen). Außerdem stimmt jeder darin überein, dass solche Aktionäre, die vom Vertrag Vorteil ziehen, als der andere Vertragsteil angesehen werden müssen. Ausgleich- und Abfindungsansprüche gemäß §§ 304, 305 AktG bezwecken, den Nachteil der Aktionäre auszugleichen, der dadurch entsteht, dass durch den Abschluss eines Beherrschungsvertrags die Aktionäre der abhängigen Aktiengesellschaft die zukünftigen Gewinnaussichten und Verwaltungsrechte verlieren,[54] so dass es nicht gerechtfertigt wäre, dass die vom Vertrag Vorteil ziehenden Aktionäre ebenso wie die außenstehenden Aktionäre Ansprüche auf Ausgleich und Abfindung haben.[55] Die Aktionäre, die an dem anderen Vertragsteil zu 100% beteiligt sind, die an denen dieser seinerseits mit 100% beteiligt ist oder die mit dem anderen Vertragsteil unmittelbar oder mittelbar durch einen Beherrschungsvertrag verbunden sind, haben durch den Abschluss des Beherrschungsvertrags einen Vorteil. Sie sollen deshalb dem anderen Vertragsteil im Rahmen der §§ 304 f. und 295 ff. AktG gleichgestellt werden.[56]

Ohne Rücksicht der Gattung der Aktie kann jeder Inhaber der Aktie außenstehender Aktionär sein. Auch wer nur eine Aktie hat, ist außenstehender Aktionär.[57] Auf die Frage, wann der Aktionär seine Aktie erworben hat, kommt

54 *Koppensteiner* in Kölner Kommentar, § 295 Rdnr. 17

55 *Emmerich* in Aktien- und GmbH-Konzernrecht, § 304 Rdnr. 16; *Bilda* in Münchener Kommentar zum Aktiengesetz, § 304 Rdnr. 20; *Koppensteiner* in Kölner Kommentar, § 295 Rdnr. 17 ff.; *Krieger* in Münchener Handbuch des Gesellschaftsrechts Band 4 Aktiengesellschaft, § 70 Rdnr. 64

56 *Krieger* in Münchener Handbuch des Gesellschaftsrechts Band 4 Aktiengesellschaft, § 70 Rdnr. 64; *Bilda* in Münchener Kommentar zum Aktiengesetz, § 304 Rdnr. 21; *Emmerich* in Aktien- und GmbH-Konzernrecht, § 304 Rdnr. 18

57 *Bilda* in Münchener Kommentar zum Aktiengesetz, § 304 Rdnr. 25

es nicht an. Wer erst nach Abschluss des Beherrschungsvertrags Aktien erworben hat, hat die Eigenschaft des außenstehenden Aktionärs.[58] Wenn er die Aktie wieder veräußert, verliert er die Stellung der Aktionär und damit auch diejenige als außenstehender Aktionär.

### 3. Schuldner

§ 304 schreibt nicht ausdrücklich vor, wer zur Zahlung des Ausgleichs verpflichtet ist. Deshalb bestand *Möhring* früher darauf, dass die abhängige Aktiengesellschaft ausgleichspflichtig sei.[59] Jetzt sprechen aber alle davon, dass nur das herrschende Unternehmen zur Ausgleichszahlung verpflichtet sei.[60] Die tatsächliche Auszahlung kann aber von der abhängigen Aktiengesellschaft mit den ihr vom herrschenden Unternehmen zum Ausgleich gewährten Mitteln durchgeführt werden. Dass die außenstehenden Aktionäre unmittelbar das herrschende Unternehmen Anspruch auf die Ausgleichszahlung haben, ist von Bedeutung.[61]

### 4. Fester Ausgleich und variabler Ausgleich

Als die Ausgleichszahlung gibt es zwei Formen. Zum einen ist dies der Ausgleich, der sich anhand des durchschnittlichen Gewinnanteils der

---

58 *Bilda* in Münchener Kommentar zum Aktiengesetz, § 304 Rdnr. 28; *Emmerich* in Aktien- und GmbH-Konzernrecht, § 304 Rdnr. 21; *Koppensteiner* in Kölner Kommentar, § 304 Rdnr. 12; *Krieger* in Münchener Handbuch des Gesellschaftsrechts Band 4 Aktiengesellschaft, § 70 Rdnr. 64

59 *Möhring*, FS Hengeler, 220

60 *Emmerich* in Aktien- und GmbH-Konzernrecht, § 304 Rdnr. 22; *Bilda* in Münchener Kommentar zum Aktiengesetz, § 304 Rdnr. 32; *Koppensteiner* in Kölner Kommentar, § 304 Rdnr. 15; *Krieger* in Münchener Handbuch des Gesellschaftsrechts Band 4 Aktiengesellschaft, § 70 Rdnr. 65

61 *Krieger* in Münchener Handbuch des Gesellschaftsrechts Band 4 Aktiengesellschaft, § 70 Rdnr. 65; *Bilda* in Münchener Kommentar zum Aktiengesetz, § 304 Rdnr. 33; *Emmerich* in Aktien- und GmbH-Konzernrecht, § 304 Rdnr. 23; *Koppensteiner* in Kölner Kommentar, § 304 Rdnr. 17

abhängigen Aktiengesellschaft berechnet, der voraussichtlich auf die einzelne Aktie verteilt werden könnte (§ 304 Abs. 2 S. 1 AktG). Zum anderen ist es der Ausgleich, der sich an die Dividende des herrschenden Unternehmens anlehnt (§ 304 Abs. 2 S. 2 AktG). Da sich diese Dividende naturgemäß jährlich verändert, wird die letztgenannte Form der Ausgleichszahlung als **„variabler Ausgleich"** gekennzeichnet. Der erstgenannten Form wird als Gegensatz dazu die Kennzeichnung **„fester Ausgleich"** gegeben.[62] Das Wahlrecht zwischen beiden Formen steht den Vertragsparteien zu. Der einzelne Aktionär hat keine Befugnis, eine zwischen zwei Formen zu wählen oder zu fordern.[63]

### 4.1. Fester Ausgleich

Als fester Ausgleich ist den außenstehenden Aktionären der Betrag zu gewähren, der ihnen als Gewinnanteil verteilt werden könnte, wenn ihre Gesellschaft unabhängig bliebe.[64]

#### 4.1.1. Berechnung des festen Ausgleichs

Als fester Ausgleich muss nach § 304 Abs. 2 S. 1 AktG vom herrschenden Unternehmen mindestens die **„jährliche Zahlung des Betrages"** zusichert werden, der nach der bisherigen Ertragslage der abhängigen Aktiengesellschaft und ihren künftigen Ertragsaussichten unter Berücksichtigung angemessener Abschreibungen und Wertberichtigungen voraussichtlich als durchschnittlicher Gewinnanteil auf die einzelne Aktie verteilt werden könnte.

Deshalb liegen die bisherige Ertragslage und die künftigen Ertragsaussichten der abhängigen Aktiengesellschaft dem festen Ausgleich zugrunde. Da der in der Vergangenheit, d.h. etwa in den letzten fünf Jahren tatsächlich erzielte

---

[62] *Lutter*, AG 1995, 49

[63] *Hommelhoff*, FS Carsten Peter Claussen, 132; *Emmerich* in Aktien- und GmbH-Konzernrecht, § 304 Rdnr. 28; *Koppensteiner* in Kölner Kommentar, § 304 Rdnr. 39 f.

[64] *Krieger* in Münchener Handbuch des Gesellschaftsrechts Band 4 Aktiengesellschaft, § 70 Rdnr. 69

Gewinn als Grundlage zur Schätzung der künftigen Erträge verwendet wird, kann der feste Ausgleich aus diesem Gewinn berechnet werden.[65] Demzufolge muss aufgrund der Erträge der letzten etwa fünf Jahre ermittelt werden, welche Erträge die Aktiengesellschaft vermutlich bei Unabhängigkeit in Zukunft erzielt hätte.

Dabei muss man auf angemessene Abschreibungen und Wertberichtigungen Rücksicht nehmen. Nach § 304 Abs. 2 S. 1 AktG ist es nicht erforderlich, künftig zu bildende andere Gewinnrücklagen abzuziehen.[66] Deshalb ist der Ausgleich normalerweise etwas höher als die Dividende, mit der im Fall andauernder Unabhängigkeit gerechnet werden kann.[67]

### 4.1.2. Stichtag

Das Datum der Hauptversammlung der dem Beherrschungsvertrag nach § 293 Abs. 1 AktG per Beschluss zustimmende Aktiengesellschaft ist Stichtag der Berechnung des festen Ausgleichs.[68] *Emmerich* besteht aber darauf, bei Vorliegen eines qualifizierten faktischen Aktienkonzern vor Abschluss des Beherrschungsvertrags diesen Zeitpunkt vorzuverlegen. Denn beim qualifizierten faktischen Konzern könnten die Ertragsaussichten der abhängigen Aktiengesellschaft zum Zeitpunkt der Hauptversammlung nicht mehr

---

65 *Krieger* in Münchener Handbuch des Gesellschaftsrechts Band 4 Aktiengesellschaft, § 70 Rdnr. 70; *Bilda* in Münchener Kommentar zum Aktiengesetz, § 304 Rdnr. 75 (5 Jahre); *Emmerich* in Aktienkonzernrecht, § 304 Rdnr. 27 (3-5 Jahre); *Hüffer*, Aktiengesetz, 4. Aufl., § 304 Rdnr. 9 (3-5 Jahre); *Koppensteiner* in Kölner Kommentar, § 304 Rdnr. 34 (3-5 Jahre)

66 *Krieger* in Münchener Handbuch des Gesellschaftsrechts Band 4 Aktiengesellschaft, § 70 Rdnr. 71; *Emmerich* in Aktien- und GmbH-Konzernrecht, § 304 Rdnr. 29

67 *Emmerich* in Aktien- und GmbH-Konzernrecht, § 304 Rdnr. 29; *Koppensteiner* in Kölner Kommentar, § 304 Rdnr. 32 ff.

68 *Emmerich* in Aktien- und GmbH-Konzernrecht, § 304 Rdnr. 40; *Bilda* in Münchener Kommentar zum Aktiengesetz, § 304 Rdnr. 69; *Koppensteiner* in Kölner Kommentar, § 304 Rdnr. 30; *Krieger* in Münchener Handbuch des Gesellschaftsrechts Band 4 Aktiengesellschaft, § 70 Rdnr. 73

abgeschätzt werden, weil die abhängige Aktiengesellschaft dem Einfluss des herrschenden Unternehmens unterstellt sei.[69] Das kann überzeugen. In diesem Fall muss deshalb der Stichtag für die Berechnung des festen Ausgleichs auf den letzten Zeitpunkt vorverlegt werden, an dem die Ertragsaussichten der unabhängigen Gesellschaft noch geschätzt werden konnten.

### 4.1.3. Anpassung

Wenn der feste Ausgleich zum Stichtag festgelegt, hat er prinzipiell für die gesamte Vertragsdauer Wirkung. Daraus folgt, dass das herrschende Unternehmen nicht zu einer Anpassung berechtigt oder verpflichtet ist, selbst wenn sich die für die Berechnung des Ausgleichs maßgeblichenden Zustände später grundsätzlich verändern. Denn durch Abschluss des Vertrags hat das herrschende Unternehmen das Risiko für die spätere Änderung der Zustände spontan übernommen. Auch die außenstehenden Aktionäre haben dieses Risiko durch die Wahl des Ausgleichs anstelle der Abfindung übernommen.[70] Bei der veränderten Zustände ist deshalb nur eine vorzeitige Kündigung des Beherrschungsvertrags aus wichtigem Grund nach § 297 Abs. 1 AktG zu berücksichtigen.

*Emmerich* geht aber davon aus, dass das herrschende Unternehmen zu einer Anpassung des Ausgleichs an die veränderten Verhältnisse verpflichtet sei, wenn die Geschäftsentwicklung der abhängigen Aktiengesellschaft nach Vertragsabschluß anders als vom herrschenden Unternehmen erwartet günstig verlaufe. Bei einer unerwarteten schlechten Veränderung der wirtschaftlichen Verhältnisse der abhängigen Aktiengesellschaft soll die Anpassung hingegen nicht vorgenommen werden.[71] Das ist nicht überzeugend. Die Auffassung, dass die Anpassung nur bei einer günstigen Geschäftsentwicklung vorzunehmen ist,

---

[69] *Emmerich* in Aktien- und GmbH-Konzernrecht, § 304 Rdnr. 40; *Hüffer*, Aktiengesetz, 4. Aufl., § 304 Rdnr. 10

[70] *Krieger* in Münchener Handbuch des Gesellschaftsrechts Band 4 Aktiengesellschaft, § 70 Rdnr. 86; *Koppensteiner* in Kölner Kommentar, § 304 Rdnr. 30

[71] *Emmerich* in Aktienkonzernrecht, § 304 Rdnr. 63 ff.

hat keinen guten Grund. Wenn die wirtschaftlichen Verhältnisse der abhängigen Aktiengesellschaft unerwartet gut entwickelt oder verschlechtert werden, haben Vertragsparteien nur die Möglichkeiten, den Beherrschungsvertrag aus wichtigem Grund nach § 297 Abs. 1 AktG zu kündigen und einen neuen Beherrschungsvertrag mit dem neuen Ausgleichsbetrag abzuschließen.[72]

### 4.2. Variabler Ausgleich

Ist das herrschende Unternehmen eine Aktiengesellschaft oder Kommanditgesellschaft auf Aktien, können nach § 304 Abs. 2 S. 2 AktG die Vertragsparteien anstelle des festen Ausgleichs den variablen Ausgleich wählen. Der variable Ausgleich umfasst den Betrag, der unter Herstellung eines **„angemessenen Umrechnungsverhältnisses"** auf die Aktien der herrschenden Gesellschaft jeweils als **„Gewinnanteil"** entfällt. Ist das herrschende Unternehmen auch von anderem Unternehmen abhängig, kann die Ausgleichszahlung für die außenstehenden Aktionäre der Enkel-Aktiengesellschaft aufgrund der Dividende der Konzernmutter berechnet werden.[73]

#### 4.2.1. Gewinnanteil

Als der variable Ausgleich wird nach § 304 Abs. 2 S. 2 AktG der Betrag betrachtet, der unter Herstellung eines angemessenen Umrechnungsverhältnisses auf Aktien der herrschenden Gesellschaft jeweils als Gewinnanteil entfällt. Also für den variablen Ausgleich ist nur der ausgeschüttete Gewinn der herrschenden Gesellschaft von Bedeutung.[74] Daraus wird solcher Schluss gezogen, dass sich die außenstehenden Aktionäre der

72 *Krieger* in Münchener Handbuch des Gesellschaftsrechts Band 4 Aktiengesellschaft, § 70 Rdnr. 86

73 *Kübler*, Gesellschaftsrecht, 370

74 *Krieger* in Münchener Handbuch des Gesellschaftsrechts Band 4 Aktiengesellschaft, § 70 Rdnr. 78; *Bilda* in Münchener Kommentar zum Aktiengesetz, § 304 Rdnr. 95

Dividendenpolitik der herrschenden Gesellschaft unterordnen, obwohl sie hierauf keinen Einfluss ausüben können.[75]

### 4.2.2. Umrechnungsverhältnis

Der unter Herstellung eines angemessenen Umrechnungsverhältnisses auf Aktien der herrschenden Gesellschaft entfallende Gewinnanteil stellt die Basis des variablen Ausgleichs dar. Das Verhältnis, in dem bei einer Verschmelzung auf eine Aktie der abhängigen Aktiengesellschaft Aktien der herrschenden Gesellschaft zu gewähren wären, ist Maßstab der angemessene Umrechnung. Für die Festsetzung des variablen Ausgleichs müssen daher sowohl die abhängigen Aktiengesellschaft als auch das herrschende Unternehmen bewertet werden. [76] Die Unternehmensbewertung beim variablen Ausgleich ist mit derjenigen bei der Abfindung identisch.[77]

Nach der Ermittlung der Wertrelation zwischen den beiden Gesellschaften kann man das Umrechnungsverhältnis zwischen den Aktien beider Gesellschaften rechnen. Z.B. wäre der Wert einer Aktie des herrschenden Unternehmens doppelt so hoch wie derjenige einer Aktie der abhängigen Aktiengesellschaft, ist der variable Ausgleich auf eine Aktie der abhängigen Aktiengesellschaft der halbe Betrag des auf eine Aktie des herrschenden Unternehmens entfallende Gewinnanteils.

---

75 *Emmerich* in Aktien- und GmbH-Konzernrecht, § 304 Rdnr. 47; *Koppensteiner* in Kölner Kommentar, § 304 Rdnr. 38 f.

76 *Krieger* in Münchener Handbuch des Gesellschaftsrechts Band 4 Aktiengesellschaft, § 70 Rdnr. 77; *Emmerich* in Aktien- und GmbH-Konzernrecht, § 304 Rdnr. 51; *Koppensteiner* in Kölner Kommentar, § 304 Rdnr. 41 ff.

77 Vgl. unten zweiter Teil III 3

### 4.2.3. Problematik des variablen Ausgleichs

Das Wahlrecht zwischen dem festen und dem variablen Ausgleich stehen den Vertragsparteien zu.[78] Die außenstehenden Aktionäre können auf diese Wahl keinen Einfluss ausüben. *Emmerich* sagt deshalb, **„das herrschende Unternehmen kann beim variablen Ausgleich durch eine strikte Thesaurierungspolitik die außenstehenden Aktionäre der abhängigen Aktiengesellschaft buchstäblich aushungern"**.[79] Also könne es durch überhöhte Rücklagenbildung den Ausgleichsanspruch der außenstehenden Aktionäre beeinträchtigen oder auf Null reduzieren.[80] Nach § 304 Abs. 3 S. 3 AktG ist die Wahl des Ausgleichs durch die Parteien auch für das Spruchstellenverfahren nach § 306 AktG zwingend. In der Praxis herrsche deshalb der für das herrschende Unternehmen in jeder Hinsicht vorteilhafte variable Ausgleich.[81]

Oft erweisen sich Spruchstellenverfahren für die Berechnung des variablen Ausgleichs als langwierig und nachteilig für außenstehende Aktionäre, da der variable Ausgleich im Unterschied zum festen Ausgleich aufgrund der Bewertung von zwei Gesellschaften, der abhängigen und der herrschenden Gesellschaft, berechnet wird.

Um beim variablen Ausgleich die außenstehenden Aktionäre zu schützen, schlug *Hüchting* vor, den variable Ausgleich nur im Fall einer vertraglich zugesagten Ausgleichsuntergrenze in Höhe des festen Ausgleichs nach § 304 Abs. 2 S. 1 AktG zuzulassen.[82] Die herrschende Meinung wendet aber ein, dass dieser Vorschlag mit dem Wortlaut des Aktiengesetzes kaum zu vereinbaren sei, weil § 304 Abs. 2 S. 1 und 2 AktG den festen und den variabln Ausgleich

---

78 *Hommelhoff*, FS Carsten Peter Claussen, 132; *Emmerich* in Aktien- und GmbH-Konzernrecht, § 304 Rdnr. 28; *Koppensteiner* in Kölner Kommentar, § 304 Rdnr. 39 f.

79 *Emmerich* in Aktienkonzernrecht, § 304 Rdnr. 44

80 *Krieger* in Münchener Handbuch des Gesellschaftsrechts Band 4 Aktiengesellschaft, § 70 Rdnr. 78

81 *Emmerich* in Aktien- und GmbH-Konzernrecht, § 304 Rdnr. 28; *Koppensteiner* in Kölner Kommentar, § 304 Rdnr. 39 f.

82 *Hüchting*, Abfindung und Ausgleich im aktienrechtlichen Beherrschungsvertrag, 108

deutlich als zwei verschiedene alternative Möglichkeiten des Ausgleichs regele.[83]

Diese solche herrschende Meinung weicht aber von dem Grundzweck des Ausgleichsanspruchs ab, den außenstehenden Aktionären der abhängigen Aktiengesellschaft die durch die Konzernherrschaft ihnen entstehenden Nachteile zu entschädigen. Nach der herrschenden Meinung werden die außenstehenden Aktionäre beim variablen Ausgleich weiter Verluste erleiden, obwohl sie auf die Gewinnverteilung des herrschenden Unternehmens keinen Einfluss nehmen können. Zum ihren Schutz müsste deshalb der feste Ausgleich als die Untergrenze des variablen Ausgleichs garantiert werden. Auf diese Weise könnten viele Probleme des variablen Ausgleichs gelöst werden.

## 5. Mängel des Vertrags und Spruchstellenverfahren

### 5.1. Mängel des Vertrags

Da § 304 AktG zwingende Regelung ist, müsste ein gegen § 304 AktG verstoßender Beherrschungsvertrag grundsätzlich nichtig sein. Nach § 304 Abs. 3 S. 1 AktG beschränkt sich aber die Nichtigkeit auf den Fall, in dem der Beherrschungsvertrag keinen Ausgleich vorsieht. Selbst bei Unangemessenheit des im Vertrag bestimmten Ausgleichs bleibt der Vertrag in Wirksamkeit. Auch der Zustimmungsbeschluss der Hauptversammlung kann nach § 304 Abs. 3 S. 2 AktG wegen Unangemessenheit des Ausgleichs nicht angefochten werden. Dafür kommt in diesen Fällen nach § 304 Abs. 3 S. 3 und Abs. 4 AktG das Spruchstellenverfahren des § 306 AktG in Betracht.[84]

---

83 *Emmerich* in Aktien- und GmbH-Konzernrecht, § 304 Rdnr. 54; *Koppensteiner* in Kölner Kommentar, § 304 Rdnr. 42; *Krieger* in Münchener Handbuch des Gesellschaftsrechts Band 4 Aktiengesellschaft, § 70 Rdnr. 78

84 *Krieger* in Münchener Handbuch des Gesellschaftsrechts Band 4 Aktiengesellschaft, § 70 Rdnr. 88; *Bilda* in Münchener Kommentar zum Aktiengesetz, § 304 Rdnr. 199; *Emmerich* in Aktien- und GmbH-Konzernrecht, § 304 Rdnr. 76; *Koppensteiner* in Kölner Kommentar, § 304 Rdnr. 60

### 5.2. Spruchstellenverfahren

Der Gesetzgeber hat aus praktischem Grund die Nichtigkeit des Vertrags und die Anfechtung des Zustimmungsbeschlusses wegen der Unangemessenheit des Ausgleichs durch das besondere Spruchstellenverfahren nach § 306 AktG ersetzt.

#### 5.2.1. Antragsberechtigung

Nach § 304 Abs. 4 S. 1 AktG kann jeder außenstehende Aktionär der abhängigen Aktiengesellschaft das Spruchstellenverfahren beantragen. Wer nur eine Aktie hat, kann auch Antrag auf das Spruchstellenverfahren stellen. Auch der Inhaber einer stimmrechtslosen Vorzugsaktie ist antragsberechtigt.[85] Wer in der Hauptversammlung dem Vertrag nach § 293 Abs. 1 AktG zugestimmt oder zunächst den vom herrschenden Unternehmen gegeben niedrigen Ausgleich anstandlos bekommen hat, hat auch eine Antragsberechtigung des Spruchstellenverfahrens.[86]

Hinsichtlich der Antragsberechtigung spielt der Zeitpunkt des Erwerbs der Aktie keine Rolle. Jeder außenstehende Aktionär kann ohne Zusammenhang damit ein Spruchstellenverfahren beantragen, wann er seine Aktien erworben hat, soweit er seine Aktien spätestens bis zum Ablauf der Zweimonatsfrist erworben hat.[87] Denn nach § 304 Abs. 4 AktG kann jeder außenstehende

---

85 *Hüffer*, Aktiengesetz, 4. Aufl., § 304 Rdnr. 23; *Bilda* in Münchener Kommentar zum Aktiengesetz, § 304 Rdnr. 209; *Emmerich* in Aktien- und GmbH-Konzernrecht, § 304 Rdnr. 84; *Koppensteiner* in Kölner Kommentar, § 304 Rdnr. 62; *Krieger* in Münchener Handbuch des Gesellschaftsrechts Band 4 Aktiengesellschaft, § 70 Rdnr. 114

86 *Emmerich* in Aktien- und GmbH-Konzernrecht, § 304 Rdnr. 84; *Bilda* in Münchener Kommentar zum Aktiengesetz, § 304 Rdnr. 210 f.; *Koppensteiner* in Kölner Kommentar, § 304 Rdnr. 62; *Krieger* in Münchener Handbuch des Gesellschaftsrechts Band 4 Aktiengesellschaft, § 70 Rdnr. 114

87 *Krieger* in Münchener Handbuch des Gesellschaftsrechts Band 4 Aktiengesellschaft, § 70 Rdnr. 114; *Emmerich* in Aktien- und GmbH-Konzernrecht, § 304 Rdnr. 85 f.; *Koppensteiner* in Kölner Kommentar, § 304 Rdnr. 63

Aktionär bis zum Ablauf der Zweimonatsfrist das Spruchstellenverfahren beantragen.[88]

### 5.2.2. Zweimonatsfrist

Ein Spruchstellenverfahren muss nach § 304 Abs. 4 S. 2 AktG innerhalb einer Frist von zwei Monaten nach dem Tag, an dem die Eintragung des Bestehens oder einer unter § 295 Abs. 2 AktG fallenden Änderung des Vertrags im Handelsregister nach § 10 Abs. 2 HGB bekanntgemacht wird, beantragt werden. Diese Frist ist nach herrschender Meinung eine zwingende materiellrechtliche Ausschlussfrist, so dass ihre Kürzung unmöglich ist.[89] Sie ist auch nicht von den Parteien des Beherrschungsvertrags zu verlängern.

### 5.2.3. Zuständiges Gericht

Für Spruchstellenverfahren bestimmt § 306 Abs. 1 S. 1 AktG die Zuständigkeit am Landgericht des Sitzbezirks der abhängigen Aktiengesellschaft. Nach § 306 Abs. 3 S. 1 AktG muss das Landgericht den Antrag in den Gesellschaftsblättern der abhängigen Aktiengesellschaft bekanntmachen. Die Bekanntmachung muss unverzüglich geschehen.[90] Nach § 306 Abs. 3 S. 2 AktG können andere außenstehende Aktionäre noch binnen einer Frist von zwei Monaten nach dieser Bekanntmachung eigene Anträge stellen. Auch auf dieses Recht muss nach § 306 Abs. 3 S. 3 AktG in der Bekanntmachung hingewiesen werden.

---

[88] *Emmerich* in Aktien- und GmbH-Konzernrecht, § 304 Rdnr. 85 f.; *Bilda* in Münchener Kommentar zum Aktiengesetz, § 304 Rdnr. 218; *Koppensteiner* in Kölner Kommentar, § 304 Rdnr. 63

[89] *Krieger* in Münchener Handbuch des Gesellschaftsrechts Band 4 Aktiengesellschaft, § 70 Rdnr. 115; *Bilda* in Münchener Kommentar zum Aktiengesetz, § 304 Rdnr. 222; *Emmerich* in Aktien- und GmbH-Konzernrecht, § 304 Rdnr. 88; *Koppensteiner* in Kölner Kommentar, § 304 Rdnr. 62

[90] OLG Düsseldorf vom 27. 1. 1986 = AG 1986, 293 f.; *Krieger* in Münchener Handbuch des Gesellschaftsrechts Band 4 Aktiengesellschaft, § 70 Rdnr. 118

Nach § 306 Abs. 2 AktG in Verbindung mit § 99 Abs. 3 S. 1 und 2 AktG entscheidet das Landgericht durch einen mit Gründen versehenen Beschluss. Nach § 99 Abs. 3 S. 2 AktG ist gegen die Entscheidung des Landesgerichts nur die sofortige Beschwerde an das OLG möglich. Eine weitere Beschwerde zum BGH ist undenkbar.[91] Deshalb sagt *Wenger*, dass für viele im Rahmen eines Spruchstellenverfahrens zu entscheidende Fragen keine einheitliche Rechtsprechung existiere.[92]

Die Wahl der Parteien bezüglich der Ausgleichsform bindet nach § 304 Abs. 3 S. 3 AktG das Gericht bei der Entscheidung über den angemessenen Ausgleich. Nur bei Unzulässigkeit der im Vertrag vorgesehene Ausgleichsform könne das Gericht anstatt der vertraglichen Ausgleichsform einen festen Ausgleich bestimmen.[93]

Die Entscheidung wird nach § 306 Abs. 2 AktG in Verbindung mit § 99 Abs. 5 S. 1 AktG erst mit ihrer Rechtskraft wirksam. Nach § 306 Abs. 6 AktG muss der Vorstand der abhängigen Aktiengesellschaft die rechtskräftige Entscheidung ohne Gründe in den Gesellschaftsblättern bekanntmachen.

### 5.2.4. Nachzahlungs- und Ergänzungsanspruch

Nach § 306 Abs. 2 AktG in Verbindung mit § 99 Abs. 5 S. 2 AktG wirkt die rechtskräftige Entscheidung für und gegen alle. Sie ändert deshalb rückwirkend den Beherrschungsvertrag. Hierauf können auch die am Verfahren nicht teilgenommenene außenstehenden Aktionäre bestehen. Die Entscheidung sei nur zum Vorteil von dem Antragsteller zu treffen. Deshalb sei eine

---

91 *Emmerich* in Aktien- und GmbH-Konzernrecht, § 304 Rdnr. 91

92 *Wenger*, ZBB 1995, 325

93 *Krieger* in Münchener Handbuch des Gesellschaftsrechts Band 4 Aktiengesellschaft, § 70 Rdnr. 128; *Emmerich* in Aktien- und GmbH-Konzernrecht, § 304 Rdnr. 92; *Koppensteiner* in Kölner Kommentar, § 304 Rdnr. 65

Reduzierung des Ausgleichs nicht denkbar.[94] Infolgedessen haben die außenstehenden Aktionäre ein Nachzahlungsanspruch in Höhe der Differenz.[95] Auch wer inzwischen die Abfindung gewählt hat, kann für die Zeit seines Aktienbesitzes noch Ergänzungsansprüche geltend machen.[96]

### 5.2.5. Sonderkündigungsrecht

Nach § 304 Abs. 5 AktG kann das herrschende Unternehmen den Beherrschungsvertrag binnen zwei Monaten nach Rechtskraft der Entscheidung ohne Einhaltung einer Kündigungsfrist kündigen, wenn das Gericht den Ausgleich höher als verabredet bestimmt. Diese Bestimmung bezweckt, dem herrschenden Unternehmen einen Ausweg offen zu lassen, den Beherrschungsvertrag einfach zu kündigen, wenn es durch das Spruchstellenverfahren unerwartet belastet wird.[97] Diese Bestimmung ist aber problematisch, weil im Spruchstellenverfahren der Ausgleich nur höher als im Vertrag zu bestimmen ist. Deshalb ergibt sich solcher Schluss, dass das herrschende Unternehmen nach Rechtskraft der Entscheidung beliebig den Beherrschungsvertrag kündigen kann. Die Vorschrift des § 304 Abs. 5 AktG nimmt nur auf den Standpunkt des herrschenden Unternehmens Rücksicht, nicht auf denjenigen der außenstehenden Aktionäre der abhängigen Aktiengesellschaft.

Jedenfalls wirkt die Kündigung nur für die Zukunft. Daher tut der gerichtlich festgesetzte Ausgleich für die Vergangenheit seine Wirkung, so dass die

---

94 BayObLG, Beschluss vom 19. 10. 1995 = AG 1996, 127; *Krieger* in Münchener Handbuch des Gesellschaftsrechts Band 4 Aktiengesellschaft, § 70 Rdnr. 128; *Emmerich* in Aktien- und GmbH-Konzernrecht, § 304 Rdnr. 92; *Koppensteiner* in Kölner Kommentar, § 304 Rdnr. 65

95 *Krieger* in Münchener Handbuch des Gesellschaftsrechts Band 4 Aktiengesellschaft, § 70 Rdnr. 130; *Bilda* in Münchener Kommentar zum Aktiengesetz, § 304 Rdnr. 231; *Emmerich* in Aktien- und GmbH-Konzernrecht, § 304 Rdnr. 93; *Koppensteiner* in Kölner Kommentar, § 304 Rdnr. 66

96 *Bilda* in Münchener Kommentar zum Aktiengesetz, § 304 Rdnr. 231

97 *Emmerich* in Aktien- und GmbH-Konzernrecht, § 304 Rdnr. 94

außenstehenden Aktionäre einen Nachzahlungsanspruch haben.[98] Selbst wenn das Beherrschungsvertrag ein Rücktrittsrecht des herrschenden Unternehmens vorsieht, ist dies nichtig.[99]

## § 3. Abfindung

Durch den Beherrschungsvertrag unterstellt sich das Eigeninteresse der abhängigen Aktiengesellschaft demjenigen des herrschenden Unternehmens sowie dem Konzerninteresse (§ 308 Abs. 1 S. 2 AktG) und trifft ihren Vorstand die Folgepflicht (§ 308 Abs. 2 S. 1 AktG). Beim Vertragsaktienkonzern kann deshalb die Gefahr entstehen, die mit dem Ausgleich nach § 304 AktG nicht zu überwinden ist und damit diese Aktiengesellschaft bei Beendigung des Beherrschungsvertrags finanziell nicht mehr lebensfähig wird. In einem solchen Ausnahmefall ist es unzumutbar, dass die außenstehenden Aktionäre gegen ihren Willen in der Gesellschaft weiter bleiben.[100]

Beim Vertragsaktienkonzern muss deshalb möglich sein, dass die außenstehenden Aktionäre aus der Gesellschaft ausscheiden.[101] Darum schreibt § 305 Abs. 1 AktG vor, dass das herrschende Unternehmen außer der Verpflichtung zum Ausgleich nach § 304 AktG dazu verpflichtet sei, die Aktien eines außenstehenden Aktionärs auf dessen Verlangen gegen eine angemessene Abfindung zu erwerben. Die außenstehenden Aktionäre haben durch die Abfindung, entweder in Aktien oder in Bar, die Chance, ihre Verwaltungs-

---

98 *Emmerich* in Aktien- und GmbH-Konzernrecht, § 304 Rdnr. 95; *Koppensteiner* in Kölner Kommentar, § 304 Rdnr. 66 f.; *Krieger* in Münchener Handbuch des Gesellschaftsrechts Band 4 Aktiengesellschaft, § 70 Rdnr. 131

99 *Koppensteiner* in Kölner Kommentar, § 304 Rdnr. 67; *Bilda* in Münchener Kommentar zum Aktiengesetz, § 304 Rdnr. 235 f.; *Emmerich* in Aktien- und GmbH-Konzernrecht, § 304 Rdnr. 93

100 *Hommelhoff*, FS Carsten Peter Claussen, 134

101 *Kübler*, Gesellschaftsrecht, 370

rechte in einer anderen Gesellschaft auszuüben oder über ihr Investment neue Entscheidung zu treffen.[102]

Wie oben erwähnt, muss die Abfindung von Anfang an in den Beherrschungsvertrag vorgeschrieben werden (§ 305 Abs. 1 AktG).[103] Wenn keine außenstehenden Aktionäre in der abhängigen Aktiengesellschaft vorhanden sind, braucht der Beherrschungsvertrag das Rechtsinstrument der Abfindung ebenso wenig beim Ausgleich zu enthalten.[104] In diesem Fall endet der Beherrschungsvertrag nach § 307 AktG spätestens am Ende des Geschäftsjahres, in dem erstmals wieder außenstehende Aktionäre an der abhängigen Aktiengesellschaft beteiligt sind.

### 1. Abfindung in Aktien und Barabfindung

Als die Abfindung bestimmt § 305 Abs. 2 AktG zwei Formen, d.h. die Abfindung in Aktien und die Barabfindung. Welche Abfindungsform den außenstehenden Aktionären angeboten werden soll, bestimmt sich von dem rechtlichen Zustand des herrschenden Unternehmens.[105]

Die Abfindung in Aktien wird nach § 305 Abs. 2 Nr. 1 und 2 AktG in zwei Fälle differenziert. Wenn das herrschende Unternehmen eine unabhängige inländische Aktiengesellschaft oder Kommanditgesellschaft auf Aktien ist, wird nach § 305 Abs. 2 Nr. 1 AktG die Abfindung in Aktien der herrschenden Gesellschaft angewandt. Wenn das herrschende Unternehmen eine abhängige oder in Mehrheitsbesitz stehende Aktiengesellschaft oder Kommanditgesellschaft auf Aktien und sein herrschendes Unternehmen eine inländische Aktiengesellschaft oder Kommanditgesellschaft auf Aktien ist, wird nach § 305 Abs. 2 Nr. 2 AktG entweder die Gewährung von Aktien dieser Ober-

---

[102] *Emmerich* in Aktien- und GmbH-Konzernrecht, § 305 Rdnr. 1

[103] *Hommelhoff*, FS Carsten Peter Claussen, 131. Vgl. oben zweiter Teil II 1

[104] Vgl. oben zweiter Teil II 1

[105] *Krieger* in Münchener Handbuch des Gesellschaftsrechts Band 4 Aktiengesellschaft, § 70 Rdnr. 96; *Emmerich* in Aktien- und GmbH-Konzernrecht, § 305 Rdnr. 11

gesellschaft oder eine Barabfindung angewandt.[106] Wer in diesem Fall das Wahlrecht hat, schreibt § 305 Abs. 2 Nr. 2 AktG anders als § 320 b Abs. 1 S. 3 AktG nicht ausdrücklich vor. Nach überwiegender Meinung haben die Vertragsparteien das Wahlrecht.[107] Als Gründe werden der Unterschied im Wortlaut der relevanten Normen, § 320 b Abs. 1 S. 3 AktG und § 305 Abs. 2 Nr. 2 AktG, sowie die fehlende Änderungsmöglichkeit des Gerichts nach vertraglicher Wahl einer Abfindungsform genannt.

In den anderen durch die § 305 Abs. 2 Nr. 1 und 2 AktG nicht erfassten Fällen kommt als Abfindungsform nach § 305 Abs. 2 Nr. 3 nur eine Barabfindung in Betracht.

Die Abfindungsformen bestimmende Vorschrift des § 305 Abs. 2 AktG ist zwingend. Es wird aber nicht ausgeschlossen, dass die Vertragsparteien zusätzlich - alternativ oder kumulativ - andere Abfindungsformen vereinbaren. Z.B. eine zusätzliche Barzahlung neben einer Abfindung in Aktien oder eine Abfindung in Gesellschaftsanteilen anderer Unternehmen ist zu vereinbaren.[108]

## 2. Abfindungsanspruch

### 2.1. Gläubiger

Nach § 305 Abs. 1 AktG steht der Abfindungsanspruch den außenstehenden Aktionären zu. Da jeder außenstehende Aktionär bis zum Ende der Frist des § 305 Abs. 4 AktG die Abfindung verlangen kann, kann auch der außenstehende Aktionär, der dem Abschluss des Beherrschungsvertrags zugestimmt

---

106 *Emmerich* in Aktien- und GmbH-Konzernrecht, § 305 Rdnr. 14; *Krieger* in Münchener Handbuch des Gesellschaftsrechts Band 4 Aktiengesellschaft, § 70 Rdnr. 97 f.

107 *Emmerich* in Aktien- und GmbH-Konzernrecht, § 305 Rdnr. 15 f.; *Hüffer*, Aktiengesetz, 4. Aufl., § 305 Rdnr. 15; *Koppensteiner* in Kölner Kommentar, § 305 Rdnr. 23

108 *Krieger* in Münchener Handbuch des Gesellschaftsrechts Band 4 Aktiengesellschaft, § 70 Rdnr. 101; *Koppensteiner* in Kölner Kommentar, § 305 Rdnr. 26

hat, später die Abfindung wählen.[109] Auch der außenstehende Aktionär, der zuerst den Ausgleich bekommen hat, kann bis zum Ende dieser Frist die Abfindung fordern. Auf den Zeitpunkt des Aktienerwerbs kommt es nicht an.[110]

### 2.2. Schuldner

Der andere Vertragsteil, d.h. das herrschende Unternehmen, ist nach § 305 Abs. 1 AktG zur Abfindung verpflichtet.[111] Die Parteien können keine abweichende Vereinbarung treffen. Der Beherrschungsvertrag, in dem die abhängige Aktiengesellschaft als Schuldner der Abfindung bestimmt wird, wird als ein Vertrag ohne Abfindungsregelung angesehen.[112] Das herrschende Unternehmen kann allerdings die tatsächliche Durchführungsbefugnis der Abfindung der abhängigen Aktiengesellschaft geben.[113]

### 2.3. Frist

Eine vertragliche Befristung der Abfindungspflicht des herrschenden Unternehmens ermöglicht § 305 Abs. 4 S. 1 AktG. Nach § 305 Abs. 4 S. 2 AktG endet die Frist aber frühestens zwei Monate nach dem Tag, an dem die Eintragung des Bestehens des Vertrags im Handelsregister nach § 10 HGB als bekanntgemacht gilt. Wenn der Vertrag eine längere Frist bestimmt, ist diese gültig. Wenn der Vertrag aber eine kürzere Frist bestimmt, wird die Zweimonatsfrist angewandt. Ein Fristende ist bei Beantragung des Spruchstellenverfahrens nach § 305 Abs. 4 S. 3 AktG erst mindestens zwei Monate

---

109 *Hommelhoff*, FS Carsten Peter Claussen, 135

110 Vgl. oben zweiter Teil II 2

111 *Krieger* in Münchener Handbuch des Gesellschaftsrechts Band 4 Aktiengesellschaft, § 70 Rdnr. 91; *Emmerich* in Aktien- und GmbH-Konzernrecht, § 305 Rdnr. 22; *Hüffer*, Aktiengesetz, 4. Aufl., § 305 Rdnr. 5; *Koppensteiner* in Kölner Kommentar, § 305 Rdnr. 16

112 *Emmerich* in Aktien- und GmbH-Konzernrecht, § 305 Rdnr. 22

113 *Bilda* in Münchener Kommentar zum Aktiengesetz, § 305 Rdnr. 33; *Koppensteiner* in Kölner Kommentar, § 305 Rdnr. 16; *Krieger* in Münchener Handbuch des Gesellschaftsrechts Band 4 Aktiengesellschaft, § 70 Rdnr. 91

nach Bekanntmachung der Entscheidung über den zuletzt beschiedenen Antrag möglich.[114]

### 2.4. Zinsen

Die Barabfindung muss gemäß § 305 Abs. 3 S. 3 mit jährlich 2% über dem Diskontsatz der Bundesbank ab dem ersten Tag nach Wirksamwerden des Beherrschungsvertrags durch Handelsregistereintragung verzinst werden. Diese Regelung soll bezwecken, theoretisch durch die Verzinsung den Nutzungswert der Abfindungssumme zu entschädigen, und praktisch es zu verhindern, dass das herrschende Unternehmen das Spruchstellenverfahren verzögert.[115]

## 3. Volle Entschädigung

### 3.1. Grundsatz

§ 305 Abs. 1 AktG schreibt hinsichtlich der Höhe der Abfindung vor, dass die Abfindung **„angemessen"** sein müsse. Außerdem schreibt § 305 Abs. 3 S. 1 AktG vor, dass eine Abfindung in Aktien nur dann als angemessen anzusehen sei, wenn die Aktien in dem Verhältnis gewährt würden, in dem bei einer Verschmelzung auf eine Aktie der abhängigen Gesellschaft Aktien der anderen Gesellschaft zu gewähren wären, und § 305 Abs. 3. S. 2 AktG, dass die angemessene Barabfindung die Verhältnisse der abhängigen Aktiengesellschaft im Zeitpunkt der Beschlussfassung ihrer Hauptversammlung über den Vertrag berücksichtigen müsse.

---

[114] *Krieger* in Münchener Handbuch des Gesellschaftsrechts Band 4 Aktiengesellschaft, § 70 Rdnr. 92; *Bilda* in Münchener Kommentar zum Aktiengesetz, § 305 Rdnr. 104 f.; *Emmerich* in Aktien- und GmbH-Konzernrecht, § 305 Rdnr. 26; *Koppensteiner* in Kölner Kommentar, § 305 Rdnr. 7 f.

[115] *Emmerich* in Aktien- und GmbH-Konzernrecht, § 305 Rdnr. 32; *Bilda* in Münchener Kommentar zum Aktiengesetz, § 305 Rdnr. 94; *Koppensteiner* in Kölner Kommentar, § 305 Rdnr. 11; *Krieger* in Münchener Handbuch des Gesellschaftsrechts Band 4 Aktiengesellschaft, § 70 Rdnr. 93

Um Angemessenheit zu gewährleisten, muss den außenstehenden Aktionären eine nicht geschmälerte Entschädigung für ihr Ausscheiden zukommen. Dies ist zu bejahen, wenn die außenstehenden Aktionäre durch diese Entschädigung bei wirtschaftlicher Betrachtungsweise das gleiche Ergebnis wie bei Weiterbeteiligung an der unabhängigen Aktiengesellschaft erzielen.[116]

## 3.2. Rechtsprechung des BGH und herrschende juristische Lehre

Für die Festsetzung der angemessenen Barabfindung muss der Unternehmenswert der abhängigen Aktiengesellschaft und für die Berechnug der angemessene Abfindung in Aktien müssen die Unternehmenswerte der abhängigen Aktiengesellschaft sowie des herrschenden Unternehmens gegebenenfalls der Obergesellschaft ermittelt werden. Die Unternehmensbewertung bezweckt, den **„wirklichen"** oder **„wahren"** Wert der betreffenden Gesellschaften zu ermitteln und daraus den Wert der einzelnen Aktien zu folgern.[117] Nach der Rechtsprechung des BGH ist der wirkliche Unternehmenswert im allgemeinen der Preis, der bei einer Veräußerung des Unternehmens als Einheit erzielt würde.[118] Nach der Meinung von *Krieger* ist er als der Betrag zu verstehen, den der Aktionär erhalten muss, um bei einer Ersatzinvestition in öffentlichen Anleihen genauso dazustehen, als ob er weiterhin an seiner unabhängigen Gesellschaft beteiligt wäre.[119] Für die Unternehmensbewertung wird das Ertragswertverfahren in der Praxis durchgesetzt.[120]

---

116 *Emmerich* in Aktien- und GmbH-Konzernrecht, § 305 Rdnr. 37; *Koppensteiner* in Kölner Kommentar, § 305 Rdnr. 27; *Krieger* in Münchener Handbuch des Gesellschaftsrechts Band 4 Aktiengesellschaft, § 70 Rdnr. 105

117 *Krieger* in Münchener Handbuch des Gesellschaftsrechts Band 4 Aktiengesellschaft, § 70 Rdnr. 105

118 BGHZ 129, 136

119 *Krieger* in Münchener Handbuch des Gesellschaftsrechts Band 4 Aktiengesellschaft, § 70 Rdnr. 105; *Emmerich* in Aktien- und GmbH-Konzernrecht, 2001, § 305 Rdnr. 38

120 *Krieger* in Münchener Handbuch des Gesellschaftsrechts Band 4 Aktiengesellschaft, § 70 Rdnr. 108

### 3.3. Börsenkurs

Hinsichtlich der angemessenen Abfindung gibt es auch andere Ansicht, dass für die Festsetzung der Abfindung von börsennotierten Gesellschaften der Börsenkurs in Betracht kommen muss, weil der Börsenkurs den Wert der Aktie exakt reflektiert.[121] Demnach spiegelt der Kurs den Mindestwert der Aktie für ihren Inhaber wider, der sie jederzeit zum entsprechenden Preis verkaufen kann.[122] Die Gegenmeinung verweist auf die Abhängigkeit des Börsenkurses von Zufälligkeiten und Manipulationsmöglichkeiten etwa durch herrschende Unternehmen oder außenstehende Aktionäre mit dem Ziel der potentiell niedrigsten oder höchsten Abfindung.[123] Daher sagt *Kort*, dass der Börsenkurs nur in Ausnahmefällen für die Anteilsbewertung heranziehbar sei und keine starre Untergrenze der Abfindung bilde.[124] *Emmerich* spricht aber davon, dass diese Auffassung zu dem schwer erträglichen Ergebnis geführt habe, dass in vielen Fällen die von dem herrschenden Unternehmen tatsächlich angebotene Abfindung niedriger als der Börsenkurs gewesen sei.[125]

Die Möglichkeit, den Börsenkurs zu manipulieren, hat in der Tat nur das herrschende Unternehmen, nicht die außenstehenden Aktionäre. Zum Schutz der außenstehenden Aktionäre ist deshalb zu verhindern, dass der Börsenkurs zu niedrig manipuliert wird. Nach der empirischen Untersuchung von *Wenger* war im betrachteten Untersuchungszeitraum der Börsenkurs zwei Tage vor der ersten Veröffentlichung des Abfindungsangebotes durchschnittlich höher als

---

121 *Busse von Colbe*, FS Markus Lutter, 1057 f.; *Emmerich* in Aktien- und GmbH-Konzernrecht, § 305 Rdnr. 43; *Krieger*, BB 2002, 56; *Krieger* in Münchener Handbuch des Gesellschaftsrechts Band 4 Aktiengesellschaft, § 70 Rdnr. 106; *Wenger*, ZBB 1995, 326, 339 f.

122 *Wenger*, ZBB 1995, 326, 339 f.

123 *Emmerich* in Aktien- und GmbH-Konzernrecht, § 305 Rdnr. 42; *Koppensteiner* in Kölner Kommentar, § 305 Rdnr. 37; *Krieger* in Münchener Handbuch des Gesellschaftsrechts Band 4 Aktiengesellschaft, § 70 Rdnr. 106

124 *Kort*, ZGR 1999, 415

125 *Emmerich* in Aktien- und GmbH-Konzernrecht, § 305 Rdnr. 43

der Barwert der Abfindung im Zeitpunkt der Veröffentlichung.[126] Der Börsenkurs könnte darum eine geeignete Grundlage sein, die angemessene Abfindung festzusetzen.

Auch besteht die Möglichkeit auf Beantragung eines Spruchstellenverfahrens für die angemessene Abfindung. Das gerichtliche Verfahren ist jedoch von hohen Kosten und langjähriger Verschleppung bedroht. *Wenger* sagt deshalb, dass das unter großen Mühen erstrittene Ergebnis den Unternehmenswert nicht besser reflektiere als der leicht verfügbare Börsenkurs.[127] *Emmerich* spricht auch davon, dass kein Sachverständiger über größeres Wissen als die Börse verfügen könne.[128] Daher sieht es angemessen aus, bei börsennotierten Gesellschafen den Börsenkurs als Basis der angemessenen Abfindungen anzusehen. Nach dieser Auffassung gibt es den großen Vorteil, dass bei börsennotierten Gesellschaften Kosten und Zeiten für die Spruchstellenverfahren gespart werden.[129]

Auch das Bundesverfassungsgericht folgt dieser Auffassung. Den Börsenkurs bei der Berechnung der Abfindung zu ignorieren, stellt nach dem **„DAT/Altana-Beschluss"**[130] des Bundesverfassungsgerichts einen Verstoß gegen Art. 14 GG dar. Sonst erhielten die Minderheitsaktionäre für ihre Aktien weniger, als sie ohne die zur Entschädigung verpflichtende Intervention des Mehrheitsaktionärs bei einem Verkauf erlöst hätten. Börsennotierte Aktien erfahren an der Börse eine Wertbestimmung, an der sich die Aktionäre bei ihren Investitionsentscheidungen orientieren. Daher stelle sich der Vermögensverlust, den der Minderheitsaktionär durch den Beherrschungsvertrag erleide, für ihn als Verlust der Verkehrswerts der Aktie dar. Der Verkehrswert sei mit dem Börsenkurs regelmäßig identisch und grundsätzlich der **„vollen Entschädigung"**,

126 *Wenger*, ZBB 1995, 326

127 *Wenger*, ZBB 1995, 339

128 *Emmerich* in Aktien- und GmbH-Konzernrecht, § 305 Rdnr. 46

129 *Emmerich* in Aktien- und GmbH-Konzernrecht, § 305 Rdnr. 46; *Krieger* in Münchener Handbuch des Gesellschaftsrechts Band 4 Aktiengesellschaft, § 70 Rdnr. 106

130 BverfG vom 27. 4. 1999 = ZIP 1999, 1436

die Art. 14 Abs. 1 GG für die Entwertung oder Aufgabe der Anteilsrechte fordere. Der Börsenwert der abhängigen Gesellschaft bilde deshalb die **„Untergrenze"** der Bewertung dieser Gesellschaft.

Selbst beim Fall, in dem der Börsenkurs als Grundlage der Abfindung angenommen wird, muss der Durchschnittskurs der letzten Monate vor dem Stichtag in Betracht kommen. Denn es kann solche Gefahr geben, dass das herrschende Unternehmen durch kurzfristige Einflussnahme den Börsenkurs der abhängigen Aktiengesellschaft nach unten manipuliert. Deshalb ist der Tageskurs am Bewertungsstichtag, d.h. der Zeitpunkt der Beschlussfassung der Hauptversammlung über den Beherrschungsvertrag, nicht genügend aussagekräftig.[131] Das Bundesverfassungsgericht neigt auch dahin, auf den Durchschnittskurs der letzten Monate abzuzielen.[132] Hierzu haben Autoren unterschiedliche Vorschläge gemacht, von einem Monat bis zu mehreren Jahren.[133] Der BGH setzt jetzt einen Zeitraum von drei Monaten voraus.[134]

Die Abfindung muss aber nicht immer den Börsenkurs befolgen, weil solcher Fall, in dem Börsenkurse die ökonomische Situation eines Unternehmens nicht vollkommen reflektieren können, sein kann. Wenn die außenstehenden Aktionäre auch in diesem Fall nur zum Börsenkurs abgefunden werden sollten, würde das herrschende Unternehmen den Börsenkurs möglichst niedrig zu manipulieren versuchen und hätten die außenstehenden Aktionäre damit offenbar einen Verlust.[135] In diesem Fall, in dem der Börsenkurs nicht das Ergebnis eines funktionierenden Markts darstellt, muss deshalb etwas anders berücksichtigt werden.[136] Auch das Bundesverfassungsgericht will den

---

131 *Emmerich* in Aktien- und GmbH-Konzernrecht, § 305 Rdnr. 47; *Wenger*, ZBB 1995, 339

132 BverfG vom 27. 4. 1999 = ZIP 1999, 1442

133 *Krieger*, BB 2002, 56 (3 Monate); *Wilken*, ZIP 1999, 1444 (30 oder 100 Tage); *Luttermann*, ZIP 2001, 872 (mindestens 1 Jahr, möglichst 2-3 Jahre); *Vetter*, AG 1999, 571 f. (2 bis 3 Jahre)

134 BGH vom 12. 3. 2001 = ZIP 2001, 734, 737 „DAT/Altana"

135 *Wenger*, ZBB 1995, 339

136 *Hüttemann*, ZGR 2001, 476 f.

Börsenkurs dann nicht als Untergrenze der Bewertung berücksichtigen, falls er im Einzelfall keine Reflektion des Werts der Aktie ist.[137] Diese Ausnahmefälle seien nur dann anzunehmen, wenn die Börsenkurse manipuliert seien, wenn den außenstehenden Aktionären zu den angeblichen Börsenkursen eine Veräußerung ihrer Aktien tatsächlich gar nicht möglich gewesen wäre oder wenn an der Börse nur gelegentlich einzelne Aktien der betreffenden Gesellschaft gehandelt werden, so dass sich tatsächlich keine aussagekräftigen Kurse herausbilden können.[138] Dabei muss ein höherer oder gegebenenfalls ein niedrigerer Entschädigungsbetrag in Betracht kommen.[139] Die Details für eine den Börsenkurs überschreitenden Abfindung muss der außenstehende Aktionär, diejenigen für eine den Börsenkurs unterschreitenden Abfindung das herrschende Unternehmen beweisen.[140]

Außerdem muss der sog. Paketpreis, d.h. ein möglicherweise hoher Preis für größere Aktienpakete, den das herrschende Unternehmen zur Erlangung der für den Vertragsabschluss nötigen Mehrheit außerhalb der Börse an Dritte gezahlt hat, berücksichtigt werden. Eine Abfindung zum Tiefstkurs nach der verdeckten Zahlung eines Höchstpreises muss dem herrschenden Unternehmen versagt sein. Unterhalb des Börsenkurses oder des Paketpreises ist keine Abfindung möglich.[141] Schließlich kann der Börsenkurs und der Paketpreis als die Untergrenze für die Abfindung bezeichnet werden.[142]

---

137 BverfG vom 27. 4. 1999 = ZIP 1999, 1441

138 *Emmerich* in Aktien- und GmbH-Konzernrecht, § 305 Rdnr. 46

139 *Henze*, FS Markus Lutter, 1109; *Emmerich* in Aktien- und GmbH-Konzernrecht, § 305 Rdnr. 46

140 *Henze*, FS Markus Lutter, 1110

141 *Emmerich* in Aktien- und GmbH-Konzernrecht, § 305 Rdnr. 46

142 *Wenger*, ZBB 1995, 340

## 4. Mängel des Vertrags und Spruchstellenverfahren

### 4.1. Keine Nichtigkeit

Da § 305 AktG zwingende Regelung ist, müsste ein gegen § 305 AktG verstoßender Beherrschungsvertrag grundsätzlich nichtig sein. § 305 Abs. 5 S. 2 AktG schreibt aber vor, dass beim Fall, in dem der Vertrag überhaupt keine oder eine dem § 305 Abs. 1 bis 3 AktG nicht entsprechende Abfindung vorsieht, ein außenstehender Aktionär bei Gericht die Bestimmung der Abfindung beantragen kann. Selbst wenn ein Beherrschungsvertrag keine Abfindungsregelung hat, wird er wirksam. Nach § 305 Abs. 5 S. 1 AktG kann auch die Anfechtung des Zustimmungsbeschlusses nicht darauf gestützt werden, dass der Vertrag keine angemessene Abfindung vorsieht.[143]

### 4.2. Spruchstellenverfahren

Wenn der Beherrschungsvertrag überhaupt keine Abfindung vorsieht oder die Abfindung nicht angemessen ist, muss das in § 306 Abs. 1 AktG bestimmte Gericht nach § 305 Abs. 5 S. 2 AktG auf Antrag eines außenstehenden Aktionärs die angemessene Abfindung bestimmen. Nach § 305 Abs. 5 S. 4 AktG in Verbindung mit § 304 Abs. 4 S. 1 AktG ist jeder außenstehende Aktionär antragsberechtigt. Nach § 305 Abs. 5 S. 4 AktG in Verbindung mit § 304 Abs. 4 S. 2 AktG wird die Antragsfrist von zwei Monaten angewandt. Die Wahl der Parteien bezüglich der Abfindungsform bindet nach § 305 Abs. 5 S. 3 AktG das die angemessen Abfindung berechnende Gericht.

### 4.3. Abfindungsergänzungsanspruch

Nach § 306 Abs. 2 AktG in Verbindung mit § 99 Abs. 5 S. 2 AktG wirkt die gerichtliche Festsetzung der Abfindung für und gegen alle. Deshalb hat jeder

---

[143] *Emmerich* in Aktien- und GmbH-Konzernrecht, § 305 Rdnr. 82; *Koppensteiner* in Kölner Kommentar, § 305 Rdnr. 50; *Krieger* in Münchener Handbuch des Gesellschaftsrechts Band 4 Aktiengesellschaft, § 70 Rdnr. 103

außenstehende Aktionär bei gerichtlicher Festsetzung einer höheren Abfindung als im Vertrag ein Abfindungsergänzungsanspruch. Auch wer schon das erste Abfindungsangebot des herrschenden Unternehmens angenommen hat, kann nachträgliche Erhöhung der Barabfindung oder nachträgliche Gewährung weiterer Aktien verlangen.[144]

### 4.4. Sonderkündigungsrecht

Nach § 305 Abs. 5 S. 4 AktG in Verbindung mit § 304 Abs. 5 AktG kann das herrschende Unternehmen den Beherrschungsvertrag binnen zwei Monaten nach Rechtskraft der Entscheidung ohne Einhaltung einer Kündigungsfrist kündigen, wenn das Gericht eine höhere Abfindung bestimmt. Ebenso wie beim Ausgleich[145] wirkt die Kündigung nur für die Zukunft. Deshalb haben die außenstehenden Aktionäre, die vor dem Wirksamwerden der Kündigung schon ihren Abfindungsanspruch durchgesetzt haben, einen Abfindungsergänzungsanspruch.[146]

## 5. Verhältnis von Ausgleichs- und Abfindungsansprüchen

### 5.1. Möglichkeit, zuerst die Ausgleichszahlung zu empfangen und später die Barabfindung zu wählen

Der Ausgleichsanspruch und das Wahlrecht auf die Abfindung bestehen zuerst zusammen. Ausgleichsansprüche geschehen mit In-Kraft-Treten der Unternehmensverträge und schwinden für die Zukunft mit Verlangen der Abfindung.

---

144 *Emmerich* in Aktien- und GmbH-Konzernrecht, § 305 Rdnr. 86; *Bilda* in Münchener Kommentar zum Aktiengesetz, § 305 Rdnr. 125; *Krieger* in Münchener Handbuch des Gesellschaftsrechts Band 4 Aktiengesellschaft, § 70 Rdnr. 130

145 Vgl. oben zweiter Teil II 5.2.5

146 *Bilda* in Münchener Kommentar zum Aktiengesetz, § 305 Rdnr. 132; *Emmerich* in Aktien- und GmbH-Konzernrecht, § 305 Rdnr. 85; *Koppensteiner* in Kölner Kommentar, § 305 Rdnr. 57; *Krieger* in Münchener Handbuch des Gesellschaftsrechts Band 4 Aktiengesellschaft, § 70 Rdnr. 131

Die Auffassung, dass der Aktionär sein Wahlrecht auf die Abfindung verliere, wenn er Ausgleichsleistungen bekomme,[147] ist nicht anzunehmen. Das Verzicht des Wahlrechts auf Abfindung wird nur dann festgestellt, wenn der Aktionär ausdrücklich auf die Abfindungsoption verzichtet. Die Tatsache, dass der außenstehende Aktionär einstweilen seinen Ausgleich bekommen hat, ist aber kein dafür ausreichender Beweis. Denn sie bedeutet nicht, dass er gegebenenfalls bis zum Ende der Überlegungszeit (§ 305 Abs. 4 AktG) die Abfindungsoption nicht mehr benutzen will. Deshalb ist es kein gesetzwidriges Verhalten, dass der Aktionär zuerst Ausgleichsbeträge bekommt und später die Abfindung verlangt.[148]

## 5.2. Anrechnung der Ausgleichszahlung

Bei der Abfindung in Aktien führt das Zusammenbestehen von Ausgleichs- und Abfindungsansprüchen zu keinen besonderen Problemen. Der Aktionär erhält Dividendenausgleich aus der alten Aktiengesellschaft bis zur Ausübung ihres Wahlrechts. Nach dem Aktienumtausch bekommt er Dividenden aus der neuen Aktiengesellschaft. Der Aktionär kann die schon gegebenen Ausgleichszahlungen endgültig behalten, auch wenn er später die Abfindung wählt.[149]

Bei der Barabfindung ergibt sich aber Probleme. Nach § 305 Abs. 3 S. 3 AktG muss die Abfindungssumme nach Ablauf des Tages, an dem der Beherrschungvertrag wirksam geworden ist, mit jährlich 2% über dem Diskontsatz der Deutschen Bundesbank verzinst werden. Diese Regelung bezweckt, theoretisch durch die Verzinsung den Nutzungswert der Abfindungssumme zu entschädigen. Wenn aber der Aktionär durch die Abfindungssumme und deren Verzinsung vollständig angemessen zu kompensieren ist, entsteht die Frage, ob er dennoch die inzwischen gegebenen Ausgleichsbeträge behalten kann.[150]

---

[147] *Lehmann*, WM 1972, 990 ff.

[148] *Stimpel*, AG 1998, 260; *Koppensteiner* in Kölner Kommentar, § 305 Rdnr. 6; *Krieger* in Münchener Handbuch des Gesellschaftsrechts Band 4 Aktiengesellschaft, § 70 Rdnr. 94

[149] *Stimpel*, AG 1998, 260

[150] *Stimpel*, AG 1998, 260 f.

Das Bayerische Oberste Landesgericht hat in mehreren Spruchstellen-entscheidungen festgestellt, dass für denselben Zeitraum Ausgleich und Zinsen nicht nebeneinander gezahlt werden dürften.[151] Danach müssen die als Ausgleich gezahlten Beträge auf die einschließlich Zinsen zu leistende Barabfindung angerechnet werden. Das OLG München hat die von einer Aktionärin empfangenen Ausgleichsbeträge von der Gesamtsumme, die aus dem festgesetzten Abfindungsbetrag und deren Zinsen bestanden hat, abgezogen und das verklagte Unternehmen zur Zahlung dieser Differenz verurteilt.[152] Auch das OLG Düsseldorf[153] und das OLG Stuttgart[154] haben sich an diese Meinung angeschlossen und beschließen, dass die Ausgleichsbeträge mit den Zinsen zu verrechnen seien.

Dagegen wird vorgebracht, dass sich die Zinsen für den außenstehenden Aktionär - 2% über Bundesbankdiskontsatz - nur auf die Barabfindung gemäß § 305 AktG abzüglich bereits erhaltener Ausgleichszahlungen beziehen und so eine Anrechnung letzterer erforderlich ist.[155] Andernfalls, nämlich bei bloßer Subtraktion der Ausgleichszahlungen von der Abfindungssumme mit Verzinsung, trüge das verpflichtete Unternehmen die Last der effektiven Verzinsung des vollen Betrags für die gesamte Periode ab Vertragswirksamkeit, ungeachtet der schon erfolgten Ausgleichszahlungen. Resultat wären eine nicht verhältnismäßige Vorzugsstellung für erst eine Ausgleichszahlung und dann die Abfindung wählende Aktionäre und ein über die Richtlinie des § 305 AktG hinaus gehender Nachteil für das verpflichtete Unternehmen.

Nicht beachtet wird aber der mangelnde Ausgleich durch die unterschiedlichen Berechnungsdaten. Also findet die Bestimmung der Barabfindung beim Hauptversammlungsbeschluss, eine Zinszahlung aber nicht vor Geltung des

---

151 BayObLG vom 19. 10. 1995 = AG 1996, 131; BayObLG vom 11. 12. 1995 = AG 1996, 180

152 OLG München vom 11. 6. 1997 = AG 1998, 147

153 OLG Düsseldorf vom 2. 4. 1998 = AG 1999, 92

154 OLG Stuttgart vom 4. 2. 2000 = AG 2000, 432

155 *Stimpel*, AG 1998, 262

Beherrschungsvertrags statt. Trotz der fehlenden Zinsen für die Abfindung in diesen Periode muss bei der Berechnung der Barabfindung eine Abzinsung bezüglich der zu erwartenden Erträge des Unternehmens bis zur Hauptversammlung erfolgen. Bei der praktischen Berechnung der Barabfindung wird der abzufindende Aktionär so behandelt, als ob er die Abfindung bereits am Tag der Hauptversammlung erhalten hätte. Letztlich fehlt es dem außenstehenden Aktionär durch die mangelhaft harmonisierte Bestimmung der Zeitpunkte an einer Entschädigung für entgangene Gewinne innerhalb dieser Zeit. Andererseits wird die Abfindungspflicht des Vertragspartners geschmälert, indem die Zukunftserträge dieser Periode abgezinst werden.[156]

Darüber hinaus übersteigt der Gerichten bei der Abzinsung der Zukunftserträge zugrunde liegende Kapitalisierungszins normalerweise den in § 305 Abs. 3 S. 3 AktG bestimmten Barabfindungszins erheblich, so dass durch die Verzinsung gemäß § 305 Abs. 3 S. 3 AktG keine gänzliche Entschädigung der außenstehenden Aktionäre für den nachteiligen Erhalt der Abfindung nach Beendigung des Spruchstellenverfahrens erfolgt. Zumindest von einer **„Überkompensation"** der außenstehenden Aktionäre kann aufgrund dieser Lücke so nicht gesprochen werden.[157]

*Meilicke* schlägt deshalb vor, ebenso wie das Bayerische Oberste Landesgericht, die Ausgleichszahlung als Vorauszahlung erst auf den Zinsanspruch und danach auf die Barabfindungsanspruch anzurechnen.[158] Diese Meinung ist anzunehmen. Denn meiner Meinung nach ist die Tatsache, dass das herrschende Unternehmen zwischenzeitlich kleinen Dividendenausgleich bezahlt hat, kein genügender Grund zur Annahme, dass die Verzinsung der vollen Abfindungssumme unangemessen ist. Die Verzinsung der Abfindungssumme bezweckt, theoretisch den Nutzungswert der Abfindungssumme zu entschädigen, und praktisch es zu verhindern, dass das herrschende Unternehmen das

---

156 *Meilicke*, AG 1999, 104

157 *Meilicke*, AG 1999, 103 f.

158 *Meilicke*, AG 1999, 106, 108; *Krieger* in Münchener Handbuch des Gesellschaftsrechts Band 4 Aktiengesellschaft, § 70 Rdnr. 94

Spruchstellenverfahren verzögert, so dass die Frage, ob das herrschende Unternehmes zwischenzeitlich den Dividendenausgleich bezahlt hat, mit der Verzinsung der vollen Abfindungssumme nicht zu tun haben dürfte.

Darüber hinaus ist der Zweck des Konzernrechts Schutz der Minderheitsaktionäre und Gläubiger gegen Nachteile, die aus dem beherrschenden Einfluss des herrschenden Unternehmens entstehen. Bei Undeutlichkeit gesetzlicher Vorschriften muss man deshalb diese zugunsten der Minderheitsaktionäre oder Gesellschaftsgläubiger auslegen. Hinsichtlich der Anrechnung der Ausgleichszahlung sieht deshalb der Vorschlag von *Meilicke* angemessen aus.

## 5.3. Rechtsnachfolger von außenstehenden Aktionären

Verkauft der außenstehende Aktionär nach Erhalt der Ausgleichszahlungen, aber vor Ablauf der Frist für das Abfindungsverlangen seine Aktien, entsteht ebenfalls ein Anrechnungsproblem. Nach der herrschenden Meinung erwirbt er mit dem Aktienerwerb künftige Ausgleichsansprüche und das Wahlrecht auf die Abfindung, sofern er außenstehender Aktionär ist.[159] Auch solche Ausgleichszahlungen, die er selbst nach dem Aktienerwerb erhalten hat, muss der Erwerber auf seine Abfindung anrechnen lassen. Ob auch diejenigen Ausgleichsbeträge, die der Veräußerer schon erhalten hat, als die Abfindung des Erwerbers angerechnet werden muss, ist fraglich.

Man kann nicht etwas, was ihm nicht gehört, anderem Person übertragen. Nach dem Erhalt der Ausgleichszahlung kann der Veräußerer der Aktie deshalb auf den Erwerber neben den künftigen Ausgleichsansprüche nur ein Wahlrecht einer Abfindung übergeben, die schon mit anzurechnenden Ausgleichszahlungen belastet ist. Außerdem wusste oder hätte wissen können der Erwerber beim Kauf von Aktien einer abhängigen Gesellschaft, dass Ausgleichsbeträge schon dem Veräußerer bezahlt worden sind.[160] Die Höhe der

---

159 *Stimpel*, AG 1998, 262; *Hüffer*, Aktiengesetz, 4. Aufl., § 304 Rdnr. 2, 5; *Koppensteiner* in Kölner Kommentar, § 304 Rdnr. 12, 14

160 *Stimpel*, AG 1998, 264

Abfindung, die das herrschende Unternehmen bezahlen muss, hängt daher nicht davon ab, ob außenstehende Aktionäre zwischenzeitlich ihre Aktien verkauft haben.[161]

## § 4. Verlustausgleich

Nach § 302 Abs. 1 AktG muss das herrschende Unternehmen im Vertragsaktienkonzern jeden während der Vertragsdauer bei der abhängigen Aktiengesellschaft entstehenden Jahresfehlbetrag ausgleichen, soweit dieser nicht durch Entnahme aus anderen während der Vertragsdauer gebildeten Gewinnrücklagen gedeckt werden kann. Im Vertragskonzern ist es bedeutungslos, die Haftung der abhängigen Aktiengesellschaft auf ihr Vermögen zu beschränken, weil das herrschende Unternehmen im Vertragskonzern für die abhängige Aktiengesellschaft nachteilige Weisungen erteilen darf, so dass das Vermögen der abhängigen Aktiengesellschaft leicht ausgehöhlt werden kann. Aus diesem Grund hat der Gesetzgeber in § 302 AktG für den Kapitalerhaltungsschutz der abhängigen Gesellschaft die Verlustübernahmepflicht des herrschenden Unternehmens geregelt.[162] § 302 AktG fungiert im Vertragsaktienkonzern zusammen den §§ 300, 303 AktG also als das wichtigste Schutzinstrument für die abhängige Gesellschaft und ihre Gläubiger.[163]

### 1. Jahresfehlbetrag

Im Vertragsaktienkonzern muss das herrschende Unternehmen **„jeden während der Vertragsdauer entstehenden Jahresfehlbetrag"** ausgleichen, soweit dieser

---

161 *Meilicke*, AG 1999, 107

162 *Emmerich* in Aktien- und GmbH-Konzernrecht, § 302 Rdnr. 1; *Krieger* in Münchener Handbuch des Gesellschaftsrechts Band 4 Aktiengesellschaft, § 70 Rdnr. 55

163 *Altmeppen* in Münchener Kommentar zum Aktiengesetz, § 302 Rdnr. 2; *Emmerich* in Aktien- und GmbH-Konzernrecht, § 302 Rdnr. 2

nicht durch „**Entnahme aus anderen Gewinnrücklagen**" gedeckt werden kann, die während der Vertragsdauer eingestellt worden sind.

### 1.1. Jeder während der Vertragsdauer entstehende Jahresfehlbetrag

Der Jahresfehlbetrag ist der fiktive negative Saldo, der in der Gewinn- und Verlustrechnung nach § 275 Abs. 2 Nr. 20 oder Abs. 3 Nr. 19 HGB auszuweisen wäre.[164] Dieser Jahresfehlbetrag entsteht nicht tatsächlich, weil er vom herrschenden Unternehmen ausgeglichen wird. Deshalb ist er fiktiv und nur in der ordnungsmäßig aufgestellten Bilanz der abhängigen Aktiengesellschaft vorhanden. Auf die Ursache des Fehlbetrags kommt es nicht an. Deshalb zählt auch solcher Verlust, der nicht auf Einflussnahme des herrschenden Unternehmens beruht, zum Fehlbetrag und muss ausgeglichen werden.[165]

Die Verlustübernahmepflicht beschränkt sich auf einen während der Vertragsdauer entstehenden Jahresfehlbetrag, so dass das herrschende Unternehmen Verlustvorträge aus dem Geschäftsjahr vor Abschluss des Beherrschungsvertrags nicht übernehmen soll. Sämtliche Verluste, die im Geschäftsjahr des Vertragsabschlusses entstanden sind, muss das herrschende Unternehmen aber ausgleichen, auch wenn die betreffenden Verluste aus der Zeit vor Wirksamwerden des Vertrags entstanden sind. Wird ein Rumpfgeschäftsjahr bei Vertragsbeginn gebildet, können sich der Fehlbetrag und damit die Höhe der Ausgleichspflicht durch eine Zwischenbilanz exakt auf den Zeitraum des Vertrags bestimmen.[166]

---

164 *Altmeppen* in Münchener Kommentar zum Aktiengesetz, § 302 Rdnr. 16; *Emmerich* in Aktien- und GmbH-Konzernrecht, § 302 Rdnr. 28; *Krieger* in Münchener Handbuch des Gesellschaftsrechts Band 4 Aktiengesellschaft, § 70 Rdnr. 55 f.; *Raiser*, Recht der Kapitalgesellschaften, § 54 Rdnr. 53

165 *Emmerich* in Aktien- und GmbH-Konzernrecht, § 302 Rdnr. 28; *Krieger* in Münchener Handbuch des Gesellschaftsrechts Band 4 Aktiengesellschaft, § 70 Rdnr. 55 f.

166 *Altmeppen* in Münchener Kommentar zum Aktiengesetz, § 302 Rdnr. 21; *Hüffer*, Aktiengesetz, 4. Aufl., § 302 Rdnr. 12

### 1.2. Ausgleich des Jahresfehlbetrags aus anderen Gewinnrücklagen

Eine Verlustübernahmepflicht entsteht, soweit der fiktive Jahresfehlbetrag nicht durch Entnahme aus anderen während der Vertragsdauer gebildeten Gewinnrücklagen gedeckt werden kann. Als die anderen Gewinnrücklagen kommen die Rücklagen im Sinne der §§ 272 Abs. 3 S. 2, 158 Abs. 1 S. 1 Nr. 4 HGB in Betracht. Davon dürfen nur die während der Vertragsdauer eingestellten Rücklagen den Jahresfehlbetrag ergänzen. Die Kapitalrücklage und die gesetzliche Rücklage sind nicht dafür zu benutzen.[167]

## 2. Gläubiger des Verlustausgleichsanspruchs

### 2.1. Abhängige Aktiengesellschaft

Die Geltendmachung der Verlustausgleichsanspruch ist die Sache der abhängigen Aktiengesellschaft. Ihr Vorstand kann diesen Anspruch nach Ende des Geschäftsjahres unverzüglich geltend machen. Die Verzögerung der Geltendmachung des Anspruchs führt zur Schadensersatzhaftung des Vorstandes nach § 93 Abs. 2 AktG. Außerdem darf der Vorstand die Weisung des herrschenden Unternehmens, den Verlustausgleichsanspruch nicht geltend zu machen, nicht befolgen, weil solche Weisung unzulässig ist. Befolgt er diese, ist er nach § 310 Abs. 1 AktG zum Schadensersatz verpflichtet.[168]

### 2.2. Aktionäre der abhängigen Aktiengesellschaft

Auch jeder Aktionär kann den Verlustausgleichsanspruch dann entsprechend der §§ 309 Abs. 4, 317 Abs. 4 AktG geltend machen, wenn der Vorstand der abhängigen Aktiengesellschaft die Geltendmachung dieses Anspruchs pflicht-

---

167 *Altmeppen* in Münchener Kommentar zum Aktiengesetz, § 302 Rdnr. 44; *Emmerich* in Aktien- und GmbH-Konzernrecht, § 302 Rdnr. 34 f.; *Krieger* in Münchener Handbuch des Gesellschaftsrechts Band 4 Aktiengesellschaft, § 70 Rdnr. 58; *Raiser*, Recht der Kapitalgesellschaften, § 54 Rdnr. 56

168 Vgl. unten zweiter Teil V 2.1

widrig verzögert.[169] Dagegen wird vorgebracht, dass die Regelung des Gesetzes differenziert ist und Aktionärsschutz durch § 302 AktG nur reflexartige Wirkung hat. [170] Allerdings ist ein aus qualifizierter Konzernherrschaft beruhender Verlust der Aktionäre durch den Ausgleichs- oder Abfindungsanspruch zu entschädigen. Wenn das Gesellschaftsvermögen aber dadurch ausgehöhlt werden, dass die Gesellschaft den Verlustausgleichsanspruch nicht geltend macht, wird der Börsenkurs der Aktien niedriger als der bei der Zustimmung des Beherrschungsvertrags erwartete Kurs. Damit erleiden die Aktionäre zusätzliche Verluste. Wenn der Aktionär gegen Abfindung bereits aus der Gesellschaft ausgeschieden ist, entsteht in diesem Fall kein Problem. Wenn er aber gegen Ausgleich in der Gesellschaft geblieben ist, erleidet er unerwartete Verluste. Denn er müsste den Verbleib in der Gesellschaft unter der Voraussetzung entschieden haben, dass der Verlustausgleich vom herrschenden Unternehmen ordnungsmäßig durchgesetzt würde. Wird diese Voraussetzung nicht erfüllt, ist es erforderlich, den Aktionären die Möglichkeit einzuräumen, diese Voraussetzung selbst zu erfüllen. Jeder Aktionär kann also den Verlustausgleichsanspruch geltend machen. In diesem Fall kann der Aktionär allerdings nur Leistung an die Gesellschaft fordern.

Die Gesellschaftsgläubiger haben aber kein Recht auf Geltendmachung des Verlustausgleichsanspruchs.[171] Denn sie werden durch § 303 AktG hinreichend geschützt. Ihr Ziel, d.h. die Befriedigung seiner Forderung, wird durch die

---

[169] *Emmerich* in Aktien- und GmbH-Konzernrecht, § 302 Rdnr. 44; *Emmerich/Sonnenschein/Habersack*, Konzernrecht, 296; *Habersack*, DStR 1998, 536; *Koppensteiner* in Kölner Kommentar, § 302 Rdnr. 22 f.

[170] *Altmeppen* in Münchener Kommentar zum Aktiengesetz, § 302 Rdnr. 76; *Hüffer*, Aktiengesetz, 4. Aufl., § 302 Rdnr. 20; *Krieger* in Münchener Handbuch des Gesellschaftsrechts Band 4 Aktiengesellschaft, § 70 Rdnr. 59; *Raiser*, Recht der Kapitalgesellschaften, § 54 Rdnr. 57

[171] *Altmeppen* in Münchener Kommentar zum Aktiengesetz, § 302 Rdnr. 75; *Emmerich* in Aktien- und GmbH-Konzernrecht, § 302 Rdnr. 44; *Emmerich/Sonnenschein/Habersack*, Konzernrecht, 296; *Hüffer*, Aktiengesetz, 4. Aufl., § 302 Rdnr. 20; *Krieger* in Münchener Handbuch des Gesellschaftsrechts Band 4 Aktiengesellschaft, § 70 Rdnr. 59; *Raiser*, Recht der Kapitalgesellschaften, § 54 Rdnr. 57

Pflicht zur Sicherheitsleistung des herrschenden Unternehmens gewährleistet. Den Gesellschaftsgläubigern die Möglichkeit einzuräumen, den Verlustausgleichsanspruch geltend zu machen, ist deshalb nicht nötig.

### 3. Schuldner des Verlustausgleichs

Das herrschende Unternehmen trifft die Verlustausgleichspflicht. Auch ein ausländisches Unternehmen oder die öffentliche Hand kann die Verlustübernahmepflicht treffen. [172] Wenn der Vertragskonzern zwischen einer Aktiengesellschaft und mehreren Muttergesellschaften vorhanden ist, haften diese mehreren herrschenden Unternehmen für den Verlustausgleich gesamtschuldnerisch.[173]

### 4. Verzicht und Vergleich des Verlustausgleichsanspruchs

#### 4.1. Sperrfrist

Nach § 302 Abs. 3 S. 1 AktG kann die abhängige Aktiengesellschaft auf den Verlustausgleichsanspruch erst drei Jahre nach dem Tag, an dem die Eintragung der Beendigung des Beherrschungsvertrags in das Handelsregister nach § 10 HGB als bekanntgemacht gilt, verzichten oder sich über ihn vergleichen. Damit wird verhindert, dass die Gesellschaft vorschnell über ihren Anspruch gegen das herrschende Unternehmen entscheidet.

#### 4.2. Sonderbeschluss der außenstehenden Aktionäre

Der Verzicht auf den Anspruch und der Abschluss eines Vergleichs steht dem Vorstand der abhängigen Aktiengesellschaft zu. Nach § 302 Abs. 3 S. 3 AktG

---

172 *Emmerich* in Aktien- und GmbH-Konzernrecht, § 302 Rdnr. 18

173 *Altmeppen* in Münchener Kommentar zum Aktiengesetz, § 302 Rdnr. 79 f.; *Emmerich* in Aktien- und GmbH-Konzernrecht, § 302 Rdnr. 19; *Krieger* in Münchener Handbuch des Gesellschaftsrechts Band 4 Aktiengesellschaft, § 70 Rdnr. 59; *Raiser*, Recht der Kapitalgesellschaften, § 54 Rdnr. 57

braucht er aber eine Zustimmung der außenstehenden Aktionäre durch Sonderbeschluss. Für den Sonderbeschluss genügt die einfache Mehrheit der außenstehenden Aktionäre, die bei der Beschlussfassung vertreten sind. Darüber hinaus wird der Verzicht oder Vergleich nur dann wirksam, wenn nicht eine Minderheit, deren Anteile insgesamt ein Zehntel des bei der Beschlussfassung vertretenen Grundkapitals erreichen, gegen den Sonderbeschluss keinen Widerspruch erhebt.

## § 5. Verantwortlichkeit der gesetzlichen Vertreter des herrschenden Unternehmens und der Verwaltungsmitglieder der abhängigen Aktiengesellschaft

### 1. Verantwortlichkeit der gesetzlichen Vertreter des herrschenden Unternehmens

Nach § 309 Abs. 1 AktG müssen die gesetzlichen Vertreter des herrschenden Unternehmens bei Erteilung von Weisungen gegenüber der abhängigen Aktiengesellschaft die Sorgfalt eines ordentlichen und gewissenhaften Geschäftsleiters anwenden. Gegenüber ihrer eigenen Gesellschaft treffen sie diese Verpflichtung aus allgemeinem Haftungsrecht. Für die Haftung des herrschenden Unternehmens ist im Fall einer Aktiengesellschaft § 93 AktG, einer GmbH § 43 GmbHG und einer KG § 161 Abs. 2 HGB in Verbindung mit § 105 Abs. 2 HGB und § 708 BGB maßgeblich. Im Vertragsaktienkonzern kann das herrschende Unternehmen den Vorstand der abhängigen Aktiengesellschaft zur Geschäftsführung der Aktiengesellschaft anweisen,[174] so dass die gesetzlichen Vertreter des herrschenden Unternehmens die Funktion des Vorstandes der abhängigen Aktiengesellschaft bedeutungslos machen. Um

[174] *Altmeppen* in Münchener Kommentar zum Aktiengesetz, § 308 Rdnr. 2; *Henn*, Handbuch des Aktienrechts, Rdnr. 259; *Emmerich* in Aktien- und GmbH-Konzernrecht, § 308 Rdnr. 1; *Koppensteiner* in Kölner Kommentar, § 308 Rdnr. 4; *Krieger* in Münchener Handbuch des Gesellschaftsrechts Band 4 Aktiengesellschaft, § 70 Rdnr. 133

dieser Gefahr vorzubeugen, hat das Aktiengesetz Sorgfaltspflicht und Verantworlichkeit des Vorstands aus § 93 AktG auf die gesetzlichen Vertreter des herrschenden Unternehmens ausgedehnt.[175] Als Kompensation für die Leitungsmacht dehnt § 309 Abs. 1 AktG den Gegenstand dieser Sorgfaltspflicht auf die abhängige Aktiengesellschaft aus.[176] Wenn die gesetzlichen Vertreter des herrschenden Unternehmens diese Sorgfaltspflicht gegenüber der abhängigen Aktiengesellschaft verletzen, sind sie deshalb nach § 309 Abs. 2 S. 1 AktG der abhängigen Aktiengesellschaft zum Schadensersatz verpflichtet.

### 1.1. Haftungsmaßstab

Ansprüche auf Schadensersatz von den gesetzlichen Vertreter des herrschenden Unternehmens kommen hauptsächlich in zwei Fällen in Frage. Zuerst resultiert die Haftung aus Sorgfaltspflichtverletzung bei Weisungserteilung. Also wenn die gesetzlichen Vertreter des herrschenden Unternehmens den Vorstand der abhängigen Aktiengesellschaft zu den geschäftspolitisch nicht zu rechtfertigenden Maßnahmen anweisen, bei denen elementare kaufmännische Vorsichtsmaßnahmen und betriebswirtschaftliche Erkenntnisse vernachlässigt werden, haften sie.[177] Sie verpflichten sich auch zum Schadensersatz, wenn sie bei der Weisungserteilung die Schranken, die durch den Beherrschungsvertrag, die Satzung der abhängigen Aktiengesellschaft und das Gesetz dem Weisungsrecht gegeben werden, verantwortlich übertreten.[178] Die Schadensersatzhaftung der gesetzlichen Vertreter des herrschenden Unternehmens ist also dann anzunehmen, wenn nachteilige Weisungen nicht dem Konzerninteresse dienen, wenn solche Weisungen die Lebensfähigkeit der abhängigen Aktiengesellschaft

---

175 *Emmerich* in Aktien- und GmbH-Konzernrecht, § 309 Rdnr. 1; *Krieger* in Münchener Handbuch des Gesellschaftsrechts Band 4 Aktiengesellschaft, § 70 Rdnr. 143

176 *Henn*, Handbuch des Aktienrechts, 7. Aufl., Rdnr. 267; *Krieger* in Münchener Handbuch des Gesellschaftsrechts Band 4 Aktiengesellschaft, § 70 Rdnr. 143

177 *Emmerich* in Aktien- und GmbH-Konzernrecht, § 309 Rdnr. 32 f.; *Krieger* in Münchener Handbuch des Gesellschaftsrechts Band 4 Aktiengesellschaft, § 70 Rdnr. 144

178 *Emmerich* in Aktien- und GmbH-Konzernrecht, § 309 Rdnr. 34

vernichten oder wenn das durch die Weisungen verfolgte Ziel auch durch eine weniger nachteilige Maßnahme zu erreichen ist.[179]

Wenn die gesetzlichen Vertreter des herrschenden Unternehmens ihre Pflicht verletzen und durch die sorgfaltswidrigen Weisung der abhängigen Gesellschaft ein Schaden entsteht, sind die gesetzlichen Vertreter des herrschenden Unternehmens nach § 309 Abs. 2 S. 1 AktG der abhängigen Aktiengesellschaft zum Ersatz dieses Schadens als Gesamtschuldner verpflichtet. Bei Entstehung eines Schadens wird die Sorgfaltspflichtverletzung durch die gesetzliche Vertreter widerlegbar vermutet.[180] Deshalb tragen die gesetzlichen Vertreter, nicht der Kläger, die Beweislast dafür, dass sie die erforderliche Sorgfalt angewandt haben (§ 309 Abs. 2 S. 2 AktG). Allerdings setzt diese Haftung eine Kausalität zwischen der sorgfaltswidrigen Weisungserteilung und dem bei der abhängigen Aktiengesellschaft eingetretenen Schaden voraus. Die Beweislast hierfür liegt nach überwiegender Meinung beim Kläger, d.h. entweder bei der abhängigen Gesellschaft oder bei ihren Aktionären und Gläubigern. Es ist aber unzumutbar, dass die außenstehenden Aktionäre und die Gesellschaftsgläubiger das Bestehen der Kausalität beweisen, weil es ihnen an dem Einblick in die Konzerninterna fehlt. Es wird deshalb in Schriftum verschiedentlich vorgeschlagen, die in § 309 Abs. 2 S. 2 AktG vorgeschriebene Beweislastumkehr auch auf die Kausalität anzuwenden.[181]

### 1.2. Gläubiger der Ersatzansprüche

Die Geltendmachung des Ersatzanspruchs ist prinzipiell Sache der abhängigen Aktiengesellschaft. Die Geltendmachung des Ersatzanspruchs durch die Gesellschaft lässt sich aber ebenso wenig wie bei Verlustausgleichsansprüche erwarten, weil die Verwaltungsmitglieder der abhängigen Aktiengesellschaft

---

179 Vgl. oben zweiter Teil I 3.1

180 *Henn*, Handbuch des Aktienrechts, Rdnr. 267

181 *Emmerich* in Aktien- und GmbH-Konzernrecht, § 309 Rdnr. 36

vom herrschenden Unternehmen abhängig sind.[182] § 309 Abs. 4 S. 1 AktG bestimmt deshalb ergänzend, dass der Ersatzanspruch der Gesellschaft auch von jedem Aktionär der abhängigen Aktiengesellschaft geltend zu machen sei.[183] Fordert der Aktionär die Leistung, kann dies aber gemäß § 309 Abs. 4 S. 2 AktG nur für die Gesellschaft erfolgen. Auch können die Gläubiger der abhängigen Aktiengesellschaft nach § 309 Abs. 4 S. 3 AktG einen Anspruch auf Ersatz im Falle mangelnder Befriedigungsmöglichkeit geltend machen. Anders als der Aktionär kann der Gläubiger Leistung an sich selbst verlangen.[184] In der Insolvenz der abhängigen Aktiengesellschaft ist gemäß § 309 Abs. 4 S. 5 AktG allein der Insolvenzverwalter oder der Sachverwalter zur Erhebung der Ansprüche befugt.

### 1.3. Verjährung, Verzicht und Vergleich der Ersatzansprüche

Nach § 309 Abs. 5 AktG verjähren die Ersatzansprüche in fünf Jahren. Nach § 309 Abs. 3 S. 1 AktG ist es für die abhängige Aktiengesellschaft auch vor der Verjährung erst drei Jahre nach der Entstehung des Anspruchs möglich, auf Ersatzansprüche zu verzichten oder sich darüber zu vergleichen. Dies gilt aber nur dann, wenn außerstehende Aktionäre in Form eines Sonderbeschlusses zustimmen. Außerdem muss eine Aktionärsminderheit, deren Anteile insgesamt ein Zehntel des bei der Beschlussfassung vertretenen Grundkapitals erreichen, keinen Widerspruch ergeben. Das Klagerecht der Gläubiger wird aber nach § 309 Abs. 4 S. 4 AktG durch einen Verzicht oder Vergleich der Gesellschaft nicht ausgeschlossen.

---

182 *Sonnenschein*, Der Schutz von Minderheitsgesellschaftern und Gläubigern der abhängigen Gesellschaft im deutschen Recht, in: Das Gesellschaftsrecht der Konzerne im internationalen Vergleich, 80

183 *Emmerich* in Aktien- und GmbH-Konzernrecht, § 309 Rdnr. 49; *Altmeppen* in Münchener Kommentar zum Aktiengesetz, § 309 Rdnr. 121, 131; *Koppensteiner* in Kölner Kommentar, § 309 Rdnr. 29 f.; *Krieger* in Münchener Handbuch des Gesellschaftsrechts Band 4 Aktiengesellschaft, § 70 Rdnr. 146

184 *Altmeppen* in Münchener Kommentar zum Aktiengesetz, § 309 Rdnr. 131; *Emmerich* in Aktien- und GmbH-Konzernrecht, § 309 Rdnr. 51

### 1.4. Die Verantwortlichkeit des herrschenden Unternehmens selbst

§ 309 AktG ordnet eine persönliche Haftung der gesetzlichen Vertreter des herrschenden Unternehmens an, nicht dagegen eine Haftung des betreffenden Unternehmens selbst. Auch bei Bestehen eines Beherrschungsvertrags gelten die §§ 31, 89 BGB.[185] Das herrschende Unternehmen trägt deshalb auch die Organhaftung, wenn die gesetzlichen Vertreter des herrschenden Unternehmens zum Schadensersatz verpflichtet sind.

## 2. Verantwortlichkeit der Verwaltungsmitglieder der abhängigen Aktiengesellschaft

Wenn die Verwaltungsmitglieder der abhängigen Aktiengesellschaft, d.h. die Vorstandsmitglieder und die Aufsichtsratsmitglieder, unter Verletzung ihrer Pflichten gehandelt haben, haften sie nach § 310 Abs. 1 S. 1 AktG neben den gesetzlichen Vertretern des herrschenden Unternehmens als Gesamtschuldner.[186]

### 2.1. Haftung der Vorstandsmitglieder

Nach § 310 Abs. 1 S. 1 AktG sind die Vorstandsmitglieder im Vertragsaktienkonzern gegenüber ihrer Gesellschaft neben den nach § 309 AktG haftenden gesetzlichen Vertretern des herrschenden Unternehmens gesamtschuldnerisch zum Schadensersatz verpflichtet, wenn sie ihre mit unzulässigen Weisungen des herrschenden Unternehmens im Zusammenhang stehenden

---

185 *Henn*, Handbuch des Aktienrechts, Rdnr. 269; *Altmeppen* in Münchener Kommentar zum Aktiengesetz, § 309 Rdnr. 136; *Emmerich* in Aktien- und GmbH-Konzernrecht, § 309 Rdnr. 20 f.; *Koppensteiner* in Kölner Kommentar, § 309 Rdnr. 25 f.; *Krieger* in Münchener Handbuch des Gesellschaftsrechts Band 4 Aktiengesellschaft, § 70 Rdnr. 145

186 *Henn*, Handbuch des Aktienrechts, Rdnr. 271; *Koppensteiner* in Kölner Kommentar, § 310 Rdnr. 4; *Krieger* in Münchener Handbuch des Gesellschaftsrechts Band 4 Aktiengesellschaft, § 70 Rdnr. 148

Pflichten verletzt haben. Im Vertragsaktienkonzern muss der Vorstand der abhängigen Aktiengesellschaft nach § 308 Abs. 2 AktG grundsätzlich die Weisungen des herrschenden Unternehmens befolgen. Darum schreibt § 310 Abs. 3 AktG vor, dass eine Ersatzpflicht der Vorstandsmitglieder nicht bestehe, wenn die schädigende Handlung auf einer Weisung beruhe, die nach § 308 Abs. 2 AktG zu befolgen ware. Daraus wird solcher Schluss gezogen, dass die Vorstandsmitglieder der abhängigen Aktiengesellschaft nur dann die Ersatzhaftung nach § 310 Abs. 1 S. 1 AktG treffen, wenn sie die unzulässigen Weisungen des herrschenden Unternehmens befolgt haben.[187] Die Schadensersatzhaftung der Vorstandsmitglieder nach § 310 Abs. 1 S. 1 AktG setzt deshalb voraus, dass die gesetzlichen Vertreter eine unzulässigen Weisung erteilt haben, dass die Vorstandsmitglieder unter Verletzung der Sorgfalt eines ordentlichen und gewissenhaften Geschäftsführers diese Weisung befolgt haben und dass durch diese Befolgung der abhängigen Aktiengesellschaft die Schädigung entstanden ist. Also setzt die Schadensersatzhaftung der Vorstandsmitglieder voraus, dass die Schadensersatzhaftung der gesetzlichen Vertreter des herrschenden Unternehmens besteht.

Deshalb ist der Vorstand der abhängigen Aktiengesellschaft verpflichtet, bei jeder Weisung auf ihre Zulässigkeit zu prüfen.[188] Wenn er bei dieser Prüfung die Sorgfalt eines ordentlichen und gewissenhaften Geschäftsleiters angewandt hat, ist er nicht zum Schadensersatz verpflichtet.[189] Hier gilt aber nach § 310 Abs. 1 S. 2 AktG die Umkehr der Beweislast hinsichtlich der Sorgfaltspflichtverletzung.[190] Bei Entstehung eines Schadens wird also die Sorgfaltspflichtverletzung der Vorstandsmitglieder vermutet, so dass diese die Beweislast dafür tragen, dass sie die erforderliche Sorgfalt angewandt haben. Ein Ausschluss der Ersatzpflicht wegen Billigung des Aufsichtsrats kommt nach

---

187 *Emmerich* in Aktien- und GmbH-Konzernrecht, § 310 Rdnr. 8

188 Vgl. oben zweiter Teil I 3

189 *Emmerich* in Aktien- und GmbH-Konzernrecht, § 310 Rdnr. 10

190 *Henn*, Handbuch des Aktienrechts, Rdnr. 271; *Emmerich* in Aktien- und GmbH-Konzernrecht, § 310 Rdnr. 15 ff.; *Krieger* in Münchener Handbuch des Gesellschaftsrechts Band 4 Aktiengesellschaft, § 70 Rdnr. 148

§ 310 Abs. 2 AktG nicht in Betracht. Auch die Billigung durch die Hauptversammlung kann die Ersatzpflicht nicht ausschließen. Denn sonst wird die gesetzliche Regelung durch die Hauptversammlungsmehrheit des herrschenden Unternehmens bedeutungslos.[191]

Nach § 310 Abs. 4 AktG in Verbindung mit § 309 Abs. 4 S. 1 AktG kann jeder Aktionär der abhängigen Aktiengesellschaft diese Schadensersatzansprüche geltend machen. Auch der Gläubiger der abhängigen Aktiengesellschaft kann die Ersatzansprüche geltend machen, soweit er von der Gesellschaft keine Befriedigung erlangen kann (§ 310 Abs. 4 AktG im Verbindung mit § 309 Abs. 4 S. 3 AktG). Der Aktionär kann nur Leistung an die Gesellschaft, dagegen die Gläubiger Leistung an sich selbst fordern (§ 310 Abs. 4 AktG im Verbindung mit § 309 Abs. 4 S. 2). Nach § 310 Abs. 4 S. 4 AktG im Verbindung mit § 309 Abs. 4 S. 4 AktG wird das Klagerecht des Gläubigers durch einen Verzicht oder Vergleich der Gesellschaft nicht ausgeschlossen.

Gleich stehen die Fälle von Verzicht, Vergleich und Verjährung der Ersatzansprüche nach § 310 Abs. 4 AktG dem Fall, dass die gesetzlichen Vertreter des herrschenden Unternehmens ihre Sorgfaltspflicht verletzen.[192]

Auch wenn die Haftungsvoraussetzungen des § 310 AktG nicht vorliegen, kommt § 93 AktG zur Anwendung. Im weisungsfreien Raum und bei den zulässigen Weisungen wird deshalb für die Haftung der Vorstandsmitglieder § 93 Abs. 2 AktG angewandt. In diesen Fällen muss der Vorstand der abhängigen Aktiengesellschaft weiterhin für die Interessen der eigenen Gesellschaft die Geschäfte führen.[193] Verletzt er diese Pflicht, haftet er nach § 93 Abs. 2 AktG.

---

191 *Emmerich* in Aktien- und GmbH-Konzernrecht, § 310 Rdnr. 19; *Koppensteiner* in Kölner Kommentar, § 310 Rdnr. 8

192 *Henn*, Handbuch des Aktienrechts, Rdnr. 271; *Krieger* in Münchener Handbuch des Gesellschaftsrechts Band 4 Aktiengesellschaft, § 70 Rdnr. 148

193 *Emmerich* in Aktien- und GmbH-Konzernrecht, § 310 Rdnr. 12; *Altmeppen* in Münchener Kommentar zum Aktiengesetz, § 310 Rdnr. 31 f.; *Koppensteiner* in Kölner

## 2.2. Haftung der Aufsichtsratsmitglieder

Eine gesamtschuldnerische Haftung der Aufsichtsratsmitglieder neben jener der Vorstandsmitglieder greift nach § 310 Abs. 1 S. 1 AktG auch ein, wenn sie ihre mit unzulässigen Weisungen des herrschenden Unternehmens im Zusammenhang stehenden Pflichten verletzt haben und dadurch der abhängigen Aktiengesellschaft ein Schaden entstanden ist.

Die Aufsichtsratsmitglieder sind in zwei Fällen zum Schadensersatz verpflichtet. Zuerst haften sie bei der Pflichtverletzung bei der allgemeinen Überwachung der Geschäftsführung des Vorstandes, also wenn sie schuldhaft diese Befolgung unzulässiger Weisungen nicht verhindern konnten. Sie haften auch bei der Pflichtverletzung bei der Erteilung der Zustimmung nach § 111 Abs. 4 S. 2 AktG zu einem auf einer unzulässigen Weisung des herrschenden Unternehmens beruhenden Geschäft, also wenn sie die Zustimmung erteilen, obwohl sie bei Anwendung der gebotenen Sorgfalt die Unzulässigkeit der Weisung erkennen können und müssen.[194] Nur wenn die Folgepflicht des Vorstandes der abhängigen Aktiengesellschaft nach § 308 Abs. 2 AktG vorhanden ist, sind die Aufsichtsratsmitglieder nach § 310 Abs. 3 AktG nicht zum Schadensersatzhaftung verpflichtet. Das Bestehen der Schadensersatzhaftung von gesetzlichen Vertreter des herrschenden Unternehmens ist auch für die Aufsichtsratsmitglieder ebenso eine Voraussetzung wie die Schadensersatzhaftung der Vorstandsmitglieder. Die Schadensersatzansprüche gegenüber den Aufsichtsratsmitgliedern können auch Aktionäre und Gläubiger der abhängigen Aktiengesellschaft geltend machen. Für Verzicht, Vergleich und Verjährung gelten die mit den Ersatzansprüche gegenüber den Vorstandsmitglieder gleichen Vorschriften (§ 310 Abs. 4 AktG im Verbindung mit § 309 Abs. 1, 3 und 5 AktG).

---

Kommentar, § 310 Rdnr. 10; *Krieger* in Münchener Handbuch des Gesellschaftsrechts Band 4 Aktiengesellschaft, § 70 Rdnr. 148

194 *Emmerich* in Aktien- und GmbH-Konzernrecht, § 310 Rdnr. 21 f.; *Koppensteiner* in Kölner Kommentar, § 310 Rdnr. 5; *Krieger* in Münchener Handbuch des Gesellschaftsrechts Band 4 Aktiengesellschaft, § 70 Rdnr. 148

Jenseits des Anwendungsbereichs des § 310 AktG haften die Aufsichtsratsmitglieder nach § 116 AktG. Wenn sie im weisungsfreien Raum und bei den zulässigen Weisungen ihre Kontrollpflicht des Vorstandes verletzen, haften sie nach § 116 AktG.[195]

## § 6. Sonderbeschluss der außenstehenden Aktionäre der abhängigen Aktiengesellschaft

Gemäß §§ 295 Abs. 2 und 296 Abs. 2 AktG werden eine Änderung der Bestimmungen des Beherrschungsvertrags hinsichtlich des Ausgleichs oder der Abfindung und die Aufhebung des Beherrschungsvertrags nur dann wirksam, wenn die außenstehenden Aktionäre der abhängigen Aktiengesellschaft ihnen mit einem Sonderbeschluss zustimmen. Gemäß § 297 Abs. 2 AktG bedarf die abhängige Aktiengesellschaft für die ordentliche Kündigung des Beherrschungsvertrags auch eines Sonderbeschlusses der außenstehenden Aktionäre.

Für den Sonderbeschluss ist eine Mehrheit von drei Vierteln des bei der Beschlussfassung vertretenen Grundkapitals nötig (§§ 295 Abs. 2 S. 2, 296 Abs. 2 S. 2 und 297 Abs. 2 S. 2 AktG in Verbindung mit § 293 Abs. 1 und 2 AktG). Die Satzung kann nur eine größere Kapitalmehrheit und weitere Erfordernisse bestimmen. Jedem außenstehenden Aktionär müssen, sofern er dies in der Hauptversammlung, die über die Zustimmung beschließt, fordert, auch alle wesentlichen Informationen des Vertragspartners präsentiert werden (§§ 295 Abs. 2 S. 3, 296 Abs. 2 S. 2 und 297 Abs. 2 S. 2 AktG).

---

195 *Emmerich* in Aktien- und GmbH-Konzernrecht, § 310 Rdnr. 22; *Krieger* in Münchener Handbuch des Gesellschaftsrechts Band 4 Aktiengesellschaft, § 70 Rdnr. 148

## 1. Änderung des Beherrschungsvertrags

### 1.1. Vertragsänderung

Die Änderung des Beherrschungsvertrags im Sinne des § 295 AktG bedeutet, dass die Vertragsparteien die während der Laufzeit des Vertrags wirksam werdende Änderung des Vertragsinhalts durch zweiseitiges Rechtsgeschäft vereinbaren.[196] Die Aufhebung einzelner Bestimmungen, die Änderung der Vertragsdauer und der Parteiwechsel gehören also dazu.[197]

Ein Beherrschungsvertrag kann nur mit dem Zustimmung der Hauptversammlung der abhängigen Aktiengesellschaft mit qualifizierter Mehrheit geändert werden (§ 295 Abs. 1 AktG in Verbindung mit § 293 Abs. 1 AktG). Ist das herrschende Unternehmen Aktiengesellschaft oder KGaA, ist noch die Zustimmung der Hauptversammlung der herrschenden Gesellschaft ebenfalls mit qualifizierter Mehrheit erforderlich (§ 295 Abs. 1 S. 2 AktG in Verbindung mit § 293 Abs. 2 AktG).

Für die Modifikation von auf den Ausgleich oder die Abfindung bezogenen Vertragsklauseln ist nach § 295 Abs. 2 AktG zusätzlich ein qualifizierter Mehrheitsbeschluss der zu diesem Zeitpunkt beteiligten außenstehenden Aktionäre erforderlich.[198] Denn diese Bestimmungsänderung beeinträchtigt die Rechte der außenstehenden Aktionäre, die diese aufgrund der ursprünglichen Bestimmung des Beherrschungsvertrags schon erworben haben, so dass zum Schutz der außenstehenden Aktionäre § 295 Abs. 2 AktG ihren Sonder-

---

196 *Koppensteiner* in Kölner Kommentar, § 295 Rdnr. 4; *Altmeppen* in Münchener Kommentar zum Aktiengesetz, § 295 Rdnr. 3

197 *Emmerich* in Aktien- und GmbH-Konzernrecht, § 295 Rdnr. 7; *Koppensteiner* in Kölner Kommentar, § 295 Rdnr. 4 f.

198 *Emmerich* in Aktien- und GmbH-Konzernrecht, § 295 Rdnr. 24; *Altmeppen* in Münchener Kommentar zum Aktiengesetz, § 295 Rdnr. 29; *Koppensteiner* in Kölner Kommentar, § 295 Rdnr. 12; *Krieger* in Münchener Handbuch des Gesellschaftsrechts Band 4 Aktiengesellschaft, § 70 Rdnr. 158

beschluss verlangt. Auch Vertragsänderung, welche die Ausgleichs- und Abfindungsansprüche lediglich mittelbar beeinflusst, z.B. Änderung der Bemessungsgrundlage, braucht einen Sonderbeschluss.[199] Nach der herrschenden Meinung ist es nicht erforderlich, dass der Hauptversammlungsbeschluss für die Vertragsänderung früher als der Sonderbeschluss der außenstehenden Aktionäre stattfindet.[200]

### 1.2. Parteiwechsel auf der Seite des herrschenden Unternehmens

#### 1.2.1. Beitritt als Vertragsänderung

Ob der Parteiwechsel auf der Seite des herrschenden Unternehmens zur Vertragsänderung im Sinne des § 295 AktG zählt, ist fraglich. Der Parteiwechsel durch die Gesamtrechtsnachfolge (Eingliederung, Fusion, übertragende Umwandlung) gehört nicht der Vertragsänderung, weil die Gesamtrechtsnachfolge unabhängig vom Bestehen eines Beherrschungsvertrags zulässig ist. Aber die Frage, ob der Beitritt eines weiteren herrschenden Unternehmens zum Beherrschungsvertrag als Vertragsänderung zu bewerten ist, muss anders beantwortet werden.[201] Denn durch die Form des Beitritts wird das beteiligte Unternehmen der Form **„Beendigung und Neuabschluss des Beherrschungsvertrags"** gegenüber erheblich privilegiert.[202] Im Aktiengesetz gibt es aber keine Regelung über den Beitritt. Diese Gesetzeslücke muss deshalb unter Berücksichtigung des Ziels von Konzernrecht, d.h. des Schutzes der außenstehenden Aktionäre, geschlossen werden.[203]

Der BGH und die überwiegende Meinung halten den Parteiwechsel auf der Seite des herrschenden Unternehmens für eine Vertragsänderung im Sinne des

[199] *Altmeppen* in Münchener Kommentar zum Aktiengesetz, § 295 Rdnr. 30; *Emmerich* in Aktien- und GmbH-Konzernrecht, § 295 Rdnr. 26

[200] *Emmerich* in Aktien- und GmbH-Konzernrecht, § 295 Rdnr. 33

[201] *Koppensteiner* in Kölner Kommentar, § 295 Rdnr. 5

[202] *Röhricht*, ZHR 1998, 249

[203] *Hommelhoff*, FS Carsten Peter Claussen, 130 f.

§ 295 AktG.[204] Für den Beitritt zum Beherrschungsvertrag ist deshalb die Zustimmung der Hauptversammlung der abhängigen Aktiengesellschaft erforderlich, unter Umständen auch diejenige des herrschenden Unternehmens. Verändert sich die Ausgleichs- oder die Abfindungsleistung an die außenstehenden Aktionäre durch den Beitritt, bedarf der Beitritt gemäß § 295 Abs. 2 AktG auch eines Sonderbeschlusses der außenstehenden Aktionäre der abhängigen Aktiengesellschaft.

Wenn der Ausgangsvertrag einen festen Ausgleich oder eine Barabfindung bestimmt hat, führt der Beitritt zum Beherrschungsvertrag zu keiner Änderung der Ausgleichs- oder der Abfindungsleistung an die außenstehenden Aktionäre. Denn ein fester Ausgleich und eine Barabfindung werden ausschließlich im Zeitpunkt festgesetzt, in dem die beherrschungsvertragliche Konzernherrschaft nicht entsteht, so dass in diesen Fällen der nachträchtliche Beitritt die für die bereits festgesetzten Ausgleich und Abfindung maßgeblichen Wertrelationen nicht verändert.[205] Dabei ist ein Sonderbeschluss der außenstehenden Aktionäre deshalb nicht erforderlich. Das gilt auch für den Fall, dass der außenstehende Aktionär nach dem Ausgangsvertrag schon die Abfindung in Aktien durchgesetzt hat.

Wenn der Ausgangsvertrag einen variablen Ausgleich bestimmt hat, braucht der Beitritt zum Beherrschungsvertrag einen Sonderbeschluss der außenstehenden Aktionäre. Denn in diesem Fall verändert der Beitritt eines weiteren herrschenden Unternehmens den Gewinnanteil des herrschenden Unternehmens, der dem Ausgleich an die außenstehenden Aktionäre zugrunde liegt. Auch bei der Abfindung in Aktien ist ein Sonderbeschluss der außenstehenden Aktionäre erforderlich, soweit der Beitritt vor dem Ablauf der Abfindungsfrist erfolgt.

---

[204] BGH vom 15. 6. 1992 = ZIP 1992, 1227; *Emmerich* in Aktien- und GmbH-Konzernrecht, 2. Aufl., § 295 Rdnr. 7, 13 f.; *Koppensteiner* in Kölner Kommentar, § 295 Rdnr. 5; *Krieger* in Münchener Handbuch des Gesellschaftsrechts Band 4 Aktiengesellschaft, § 70 Rdnr. 162 f.

[205] *Hommelhoff*, FS Carsten Peter Claussen, 139

Denn die Obergesellschaft, der die als Abfindung zu gewährenden Aktien gehören, verändert sich.[206]

### 1.2.2. Erneutes Wahlrecht zwischen Ausgleich und Abfindung

Außerdem wird den in der Gesellschaft verbliebenen Aktionären durch den Beitritt erneut das Wahlrecht zwischen dem Ausgleich und die Abfindung gegeben.[207] Denn durch den späteren Beitritt eines weiteren herrschenden Unternehmens kann sich die Situation maßgeblich verändern, aufgrund deren die außenstehenden Aktionäre sich für einen Verbleib in der Gesellschaft gegen Ausgleich entschieden haben. Im Vertragskonzern entscheiden die außenstehenden Aktionäre in der Regel aufgrund eigener Risikoabwägung mit Rücksicht auf das im Beherrschungsvertrag konkret bezeichnete herrschende Unternehmen einen Verbleib in der Gesellschaft oder ein Ausscheiden aus der Gesellschaft. Durch den späteren Beitritt eines weiteren herrschenden Unternehmens verändert sich aber der Grund der Entscheidung. Dann muss den außenstehenden Aktionären neue Chance gegeben werden, einen weiteren Verbleib in der Gesellschaft oder ein Ausscheiden aus der Gesellschaft mit Rücksicht auf die veränderte Situation wieder zu entscheiden. Die außenstehenden Aktionäre können also erneut das Wahlrecht zwischen dem Ausgleich und der Abfindung ausüben, auch wenn die Abfindungsfrist aus dem Ausgangsvertrag inzwischen abgelaufen ist.[208] Damit könnte die Gefahr, dass das herrschende Unternehmen durch den späteren Beitritt für seinen eigenen Vorteil die außenstehenden Aktionäre benachteilt, merklich verringert werden.[209]

---

[206] *Röhricht*, ZHR 1998, 251 ff.

[207] *Röhricht*, ZHR 1998, 254, 260; *Kort*, ZGR 1999, 424

[208] *Hommelhoff*, FS Carsten Peter Claussen, 140; *Röhricht*, ZHR 1998, 253; *Krieger* in Münchener Handbuch des Gesellschaftsrechts Band 4 Aktiengesellschaft, § 70 Rdnr. 163

[209] *Röhricht*, ZHR 1998, 254

Das neue Wahlrecht braucht aber keine Neufestsetzung der Höhe des Ausgleichs und der Abfindung.[210] Denn bei einem festen Ausgleich oder einer Barabfindung wird den außenstehenden Aktionären nur ein neues Wahlrecht ohne Änderung der Ausgleichs- oder der Abfindungsleistung eingeräumt. Auch wenn der ursprüngliche Beherrschungsvertrag einen variablen Ausgleich oder eine Abfindung in Aktien vorgesehen hat, können die außenstehenden Aktionäre nur unter dem neuen Umrechnungs- oder Umtauschverhältnis ein neues Wahlrecht ausüben.

Beim Fall, in dem die außenstehenden Aktionäre das neue Wahlrecht zwischen dem Ausgleich und der Abfindung ausüben, muss das neue Umrechnungs- oder Umtauschverhältnis nach den Verhältnissen am Stichtag des Beherrschungsvertrags, d.h. im Zeitpunkt der Zustimmung der Hauptversammlung zu dem Beherrschungsvertrag, berechnet werden.[211] *Hommelhoff* spricht aber davon, dass alles in einem konzeptionell geschlossenen System des Aktionärsschutzes auf den Moment des Beitritts zu konzentrieren sei.[212] Nach dem Abschluss des Beherrschungsvertrags wird aber die wirtschaftliche Lage der abhängigen Aktiengesellschaft in der Regel schlecht. Würde in diesem Fall das neue Umrechnungs- oder Umtauschverhältniss im Zeitpunkt des Beitritts berechnet, wäre das den außenstehenden Aktionären nachteilig. Den außenstehenden Aktionären beim Beitritt ein neues Wahlrecht zwischen dem Ausgleich und der Abfindung einzuräumen, bezweckt die außenstehenden Aktionäre so zu stellen, als ob diese den Ausgangsvertrag von Anfang an mit dem beitretenden Unternehmen abgeschlossen hätten. Das neue Umrechnungs- oder Umtauschverhältnis muss deshalb nach den Verhältnissen im Zeitpunkt der Zustimmung der Hauptversammlung zu dem ursprünglichen Beherrschungsvertrag berechnet werden.

---

210 *Kort*, ZGR 1999, 424, 426

211 *Krieger* in Münchener Handbuch des Gesellschaftsrechts Band 4 Aktiengesellschaft, § 70 Rdnr. 163; *Röhricht*, ZHR 1998, 254 f., 260

212 *Hommelhoff*, FS Carsten Peter Claussen, 138 ff.

### 1.2.3. Kein Recht auf Wiedereintritt

Beim Beitritt zum Beherrschungsvertrag kann ein Wahlrecht zwischen Ausgleich und Abfindung nur den außenstehenden Aktionären eingeräumt werden, die gegen den Ausgleich in der abhängigen Aktiengesellschaft verblieben sind. Ein Recht, auf dem die ehemaligen Aktionäre wieder als außenstehende Aktionäre in die Gesellschaft eintreten, kann nicht in Betracht kommen, weil die vor dem Beitritt Ausgeschiedenen nach dem ursprünglichen Beherrschungsvertrag schon angemessen entschädigt worden sind. Deshalb gibt es keinen Grund, ihnen das neue Wahlrecht zu geben. Außerdem kann ein solcher Wiedereintritt in die Gesellschafterstellung Interessen der Mitaktionäre beträchtlich beeinträchtigen. Darüber hinaus können sich die wirtschaftliche Lage und die rechtlichen Strukturen der betroffenen Gesellschaften inzwischen stark geändert haben. Die wieder entstehende Möglichkeit, das neue Wahlrecht zwischen Ausgleich und Abfindung auszuüben, ist deshalb nur den außenstehenden Aktionären zu geben, die in der Gesellschaft bleiben.[213] Aus diesem Grund bezeichnet *Kort* dieses Wahlrecht als „**Einbahnstraße**".[214]

## 2. Aufhebung des Beherrschungsvertrags

Nach § 305 BGB können die Vertragsparteien aufgrund der Vertragsfreiheit jederzeit den Beherrschungsvertrag aufheben. § 296 Abs. 1 AktG schreibt aber einige Beschränkungen vor. Danach kann der Beherrschungsvertrag nur zum Ende des Geschäftsjahrs oder des sonst vertraglich bestimmten Abrechnungszeitraums aufgehoben werden. § 296 Abs. 1 S. 2 AktG verbietet eine rückwirkende Aufhebung. Deshalb dürfen die Vertragsparteien die Ausgleichs- und Abfindungsansprüche den außenstehenden Aktionären der abhängigen Aktiengesellschaft nicht nachträglich entziehen.[215] Nur in schriftlicher Form ist

---

213 *Kort*, ZGR 1999, 425

214 *Kort*, ZGR 1999, 425

215 *Emmerich* in Aktien- und GmbH-Konzernrecht, § 296 Rdnr. 15

die Aufhebung nach § 296 Abs. 1 S. 3 AktG gültig. Diese Bestimmung soll bezwecken, mündliche Aufhebungen zu verhindern.[216]

Darüber hinaus bedarf die Aufhebung des Beherrschungsvertrags nach § 296 Abs. 2 AktG zusätzlich eines Sonderbeschlusses der außenstehenden Aktionäre mit qualifizierter Mehrheit. § 296 Abs. 2 AktG kommt aber nur bei der einverständlichen Aufhebung eines Beherrschungsvertrags durch die Vertragsparteien nach § 305 BGB zur Anwendung.[217] Denn der Zweck des § 296 AktG, die außenstehenden Aktionäre zu schützen, ist bei einer ordentlichen oder außerordentlichen Kündigung des herrschenden Unternehmens und einer außerordentlichen Kündigung der abhängigen Aktiengesellschaft sowieso nicht zu erreichen.[218] In solchen Fällen ist der Effekt der Vertragsaufhebung immer ohne Sonderbeschluss der außenstehenden Aktionäre zu erzielen. Praktisch spielt § 296 Abs. 2 AktG deshalb keine Rolle.

### 3. Kündigung des Beherrschungsvertrags

Nach § 297 Abs. 1 S. 1 AktG kann jede Partei den Beherrschungsvertrag aus wichtigem Grunde ohne Einhaltung einer Kündigungsfrist kündigen. Ein wichtiger Grund liegt namentlich vor, wenn der andere Vertragsteil voraussichtlich nicht in der Lage sein wird, seine auf Grund des Vertrags bestehenden Verpflichtungen zu erfüllen. Eine nur kurzfristige Leistungsstockung soll nicht genügen.[219]

---

216 *Altmeppen* in Münchener Kommentar zum Aktiengesetz, § 296 Rdnr. 27; *Emmerich* in Aktien- und GmbH-Konzernrecht, § 296 Rdnr. 11; *Koppensteiner* in Kölner Kommentar, § 296 Rdnr. 3

217 *Emmerich* in Aktien- und GmbH-Konzernrecht, § 296 Rdnr. 3, 18; *Koppensteiner* in Kölner Kommentar, § 296 Rdnr. 1, 11

218 *Sonnenschein*, Der Schutz von Minderheitsgesellschaftern und Gläubigern der abhängigen Gesellschaft im deutschen Recht, in: Das Gesellschaftsrecht der Konzerne im internationalen Vergleich, 88

219 *Krieger* in Münchener Handbuch des Gesellschaftsrechts Band 4 Aktiengesellschaft, § 70 Rdnr. 169; *Emmerich* in Aktien- und GmbH-Konzernrecht, § 297 Rdnr. 21

Die ordentliche Kündigung durch das herrschende Unternehmen braucht weder einen Grund noch weitere Voraussetzungen.[220] Nur für eine ordentliche Kündigung des Beherrschungsvertrags durch den Vorstand der abhängigen Aktiengesellschaft ist nach § 297 Abs. 2 AktG ein Sonderbeschluss der außenstehenden Aktionäre mit qualifizierter Mehrheit erforderlich.[221] Denn der Anwendungsbereich des § 297 Abs. 2 AktG beschränkt sich auf die ordentliche Kündigung durch den Vorstand der abhängigen Aktiengesellschaft. Hieraus folgt, dass der Zweck des § 297 Abs. 2 AktG, die außenstehenden Aktionäre zu schützen, bei der ordentlichen Kündigung durch das herrschenden Unternehmen praktisch nicht zu erreichen ist.[222]

Um diese Gefahr zu verringern, hält die überwiegende Meinung eine ordentliche Kündigung des Beherrschungsvertrags nur dann für möglich, wenn der Vertrag ein Kündigungsrecht ausdrücklich vorsieht.[223] In der heutigen Praxis sollen die meisten Beherrschungsverträge deshalb nach Ablauf einer festen Vertragsdauer von fünf Jahren ordentlich gekündigt werden können.[224]

*Sonnenschein* geht aber davon aus, dass zum ausreichenden Schutz der außenstehenden Aktionäre diesen bei einer ordentlichen Kündigung durch das herrschende Unternehmen neue Abfindungsansprüche eingeräumt werden sollen. Diese werde nach den Verhältnissen im Zeitpunkt der Vertragsbeendigung bemessen.[225] Beim Beitritt eines weiteren herrschenden Unternehmens zum Beherrschungsvertrag wird ein neues Wahlrecht den außenstehenden Aktionären eingeräumt, auch wenn die Abfindungsfrist schon

---

220 *Altmeppen* in Münchener Kommentar zum Aktiengesetz, § 297 Rdnr. 87; *Emmerich* in Aktien- und GmbH-Konzernrecht, § 297 Rdnr. 10

221 *Emmerich* in Aktien- und GmbH-Konzernrecht, § 297 Rdnr. 8 f.; *Koppensteiner* in Kölner Kommentar, § 297 Rdnr. 1 f., 8

222 *Emmerich* in Aktien- und GmbH-Konzernrecht, § 297 Rdnr. 9; *Koppensteiner* in Kölner Kommentar, § 297 Rdnr. 2

223 *Emmerich* in Aktien- und GmbH-Konzernrecht, § 297 Rdnr. 5; *Koppensteiner* in Kölner Kommentar, § 297 Rdnr. 2, 6

224 *Emmerich* in Aktien- und GmbH-Konzernrecht, § 297 Rdnr. 6

225 *Sonnenschein*, ZGR 1981, 438

abgelaufen ist. Denn die außenstehenden Aktionäre konnten zum Zeitpunkt der Entscheidung des Ausgleichs auf das zum Beherrschungsvertrag beitretenden Unternehmen kaum Rücksicht nehmen. Bei einer ordentlichen Kündigung durch das herrschende Unternehmen verändert sich aber nichts im Vergleich mit den Situationen, auf die die außenstehenden Aktionäre im Zeitpunkt der dem Beherrschungsvertrag zugestimmten Hauptversammlung Rücksicht genommen haben. Es gibt also keinen rechtlichen Grund, bei einer ordentlichen Kündigung durch das herrschende Unternehmen den außenstehenden Aktionären neue Abfindungsanprüche einzuräumen. Die überwiegende Meinung spricht deshalb davon, dass die ordentliche Kündigung eines Beherrschungsvertrags zu berücksichten sei, insoweit das Kündigungsrecht ausdrücklich im Vertrag vorgesehen sei.

Nach § 297 Abs. 3 AktG bedarf die Kündigung auch der schriftlichen Form.

# Dritter Teil
# Minderheitenschutz der abhängigen Aktiengesellschaft im einfachen faktischen Aktienkonzern

§§ 311 bis 318 AktG beinhalten die Vorschriften für den Minderheitenschutz im einfachen faktischen Aktienkonzern, in dem das herrschende Unternehmen ohne Beherrschungsvertrag aufgrund des durch die Mehrheitsbeteiligung tatsächlich entstehenden Beherrschungsverhältnisses auf die abhängige Aktiengesellschaft einen Einfluss ausüben kann. Im faktischen Konzern hat das herrschende Unternehmen anders als im Vertragskonzern keine gesetzlich legitimierte Leitungsmacht. Damit verpflichten sich der Vorstand der abhängigen Aktiengesellschaft keine Folgepflicht. Das herrschende Unternehmen darf deshalb nur dann auf die abhängige Aktiengesellschaft einen nachteiligen Einfluss ausüben, wenn es die Nachteile ausgleicht (§ 311 Abs. 1 AktG). Der Nachteilsausgleich muss aber nicht sofort erfolgen. Nach § 311 Abs. 2 AktG reicht es aus, wenn bis zum Ende des Geschäftsjahres bestimmt wird, wann und durch welche Vorteile der Nachteil ausgeglichen werden soll. Wenn der Nachteilsausgleich unterbleibt, tritt eine Schadensersatzpflicht des herrschenden Unternehmens nach § 317 AktG ein. Der Schadensersatzanspruch ist außer von der abhängigen Aktiengesellschaft auch von ihren Aktionären und Gläubigern geltend zu machen (§ 317 Abs. 4 AktG in Verbindung mit § 309 Abs. 4 AktG). Dies ist nur dann möglich, wenn Informationen über die Konzerninterna ausreichend sind. Daher verpflichtet § 312 AktG die abhängige Aktiengesellschaft zur Aufstellung eines Abhängigkeitsberichts.[226] Dieser Abhängigkeitsbericht muss durch den Abschlussprüfer (§ 313 AktG) und den Aufsichtsrat der abhängigen Aktiengesellschaft (§ 314 AktG) geprüft werden.

---

[226] *Sonnenschein*, Der Schutz von Minderheitsgesellschaftern und Gläubigern der abhängigen Gesellschaft im deutschen Recht, in: Das Gesellschaftsrecht der Konzerne im internationalen Vergleich, 85

Bei Vorliegen bestimmter Voraussetzungen [227] ist sie auch durch den Sonderprüfer zu prüfen (§ 315 AktG). Wenn die Vorstands- und Aufsichtsratsmitglieder der abhängigen Aktiengesellschaft ihre Berichts- und Prüfungspflicht schuldhaft verletzen, sind sie nach § 318 AktG ihrer Gesellschaft gegenüber zum Schadensersatz verpflichtet.

## § 1. Einflussnahme unter der Voraussetzung des Nachteilsausgleichs

### 1. Einfacher faktischer Aktienkonzern

#### 1.1. Zulässigkeit des einfachen faktischen Aktienkonzerns

Wenn ein herrschendes Unternehmen und eine abhängige Aktiengesellschaft einen Beherrschungsvertrag nicht abschließen, darf das herrschende Unternehmen gemäß § 311 Abs. 1 AktG seinen Einfluss nicht dazu benutzen, eine abhängige Aktiengesellschaft zu veranlassen, ein für sie nachteiliges Rechtsgeschäft vorzunehmen oder Maßnamen zu ihrem Nachteil zu treffen oder zu unterlassen, es sei denn, dass die Nachteile ausgeglichen werden.

Die für die abhängige Aktiengesellschaft nachteilige Einflussnahme des herrschenden Unternehmens verbietet § 311 AktG also nicht völlig. Er erlaubt vielmehr die nachteilige Einflussnahme, insofern die Nachteile ausgeglichen werden.[228] Zwar gewährt § 311 AktG dem herrschenden Unternehmen keine rechtliche Leitungsmacht, er erlaubt aber, dass die faktische Leitungsmacht aufgrund der Mehrheitsbeteiligung ausgeübt wird.[229] Daher kann man aus dem Nachteilsausgleichssystem von § 311 AktG schließen, dass der Gesetzgeber

---

227 Vgl. unten dritter Teil III 2.3

228 *Henn*, Handbuch des Aktienrechts, Rdnr. 277

229 *Geßler*, FS Harry Westermann, 151

den einfachen faktischen Konzern zulässt.[230] Der Nachteilsausgleich rechtfertigt eine für die abhängige Aktiengesellschaft nachteilige Maßnahme des herrschenden Unternehmens.[231] Deshalb spricht *Habersack* davon, dass § 311 AktG neben seiner Schutzfunktion gegenüber der abhängigen Aktiengesellschaft, ihren Aktionären und Gläubigern auch eine Privilegierungsfunktion gegenüber dem herrschenden Unternehmen habe.[232] Diese Privilegierungsfunktion gilt allerdings nur als sekundär und die Schutzfunktion als primär. Jedenfalls darf das herrschende Unternehmen nur dann seinen Einfluss auf die abhängige Aktiengesellschaft ausüben, wenn die bei der abhängigen Aktiengesellschaft entstehenden Nachteile ausgeglichen werden.

## 1.2. Abhängigkeitsverhältnis ohne Beherrschungsvertrag

### 1.2.1. Tatsächlich entstehendes Abhängigkeitsverhältnis

Wenn eine Aktiengesellschaft ohne Abschluss eines Beherrschungsvertrags von einem anderen Unternehmen abhängig ist, ist der einfache faktische Aktienkonzern vorhanden. Wenn das Abhängigkeitsverhältnis aus einem Beherrschungsvertrag folgt, handelt es sich um einen Vertragsaktienkonzern.[233] Beim einfachen faktischen Aktienkonzern bestimmen sich das Abhängigkeitsverhältnis deshalb nach § 17 Abs. 2 AktG. Also wenn eine Mehrheitbeteiligung im Sinne des § 16 AktG vorliegt, wird das Bestehen eines Abhängigkeitsverhältnisses vermutet. Eine Mehrheitsbeteiligung liegt nach § 16 Abs. 1 AktG vor, wenn einem Unternehmen die Mehrheit der Anteile einer Aktiengesellschaft gehört oder wenn ihm die Mehrheit ihrer Stimmrechte zusteht.

---

[230] *Emmerich/Sonnenschein/Habersack*, Konzernrecht, 393 f.; *Habersack* in Aktien- und GmbH-Konzernrecht, § 311 Rdnr. 2; *Koppensteiner* in Kölner Kommentar, § 311 Rdnr. 103; *Kropff* in Münchener Kommentar zum Aktiengesetz, § 311 Rdnr. 25

[231] *Habersack* in Aktien- und GmbH-Konzernrecht, § 311 Rdnr. 5

[232] *Habersack* in Aktien- und GmbH-Konzernrecht, § 311 Rdnr. 2; *Koppensteiner* in Kölner Kommentar, Vor § 311 Rdnr. 3

[233] *Emmerich/Sonnenschein/Habersack*, Konzernrecht, 396; *Kropff* in Münchener Kommentar zum Aktiengesetz, § 311 Rdnr. 67

Kurz zu sagen, bedeutet der einfache faktische Aktienkonzern das ohne Beherrschungsvertrag durch die Mehrheitsbeteiligung tatsächlich entstehende Herrschafts- und Abhängigkeitsverhältnis.[234]

### 1.2.2. Mehrstufige Abhängigkeitsverhältnisse

In der Praxis gibt es aber viele Abhängigkeitsverhältnisse, die sich über mehrere Ebenen erstrecken. In diesen mehrstufigen Abhängigkeitsverhältnissen befinden sich Mutter-, Tochter- und Enkelgesellschaft. Dabei leitet die Mutter über die von ihr unmittelbar beherrschte Tochter mittelbar den Enkel. Dabei wird der Enkel teils vertraglich durch den Beherrschungsvertrag, teils nur faktisch beherrscht. Bei mehrstufigen Abhängigkeitsverhältnissen kommen deshalb teils das Schutzsystem des Vertragsaktienkonzerns und teils dasjenige des faktischen Konzerns zur Anwendung.[235] In diesem Fall muss es erklärt werden, welches Schutzsystem für die abhängige Aktiengesellschaft angewandt wird. Auch für die Praxis ist das wichtig, weil die Frage, ob ein Abhängigkeitsbericht erstattet werden muss, davon abhängt. Wenn überhaupt kein Beherrschungsvertrag zwischen allen Beteiligten besteht, ist die Rechtslage einfach. Die §§ 311 ff. AktG sind in allen Abhängigkeitsverhältnissen untereinander anzuwenden. Wenn ein Beherrschungsvertrag teilweise besteht, ist die Rechtslage nicht so einfach. Dabei sind folgende Möglichkeiten zu unterscheiden:

(1) Besteht zwischen Mutter und Tochter sowie zwischen Tochter und Enkel ein Beherrschungsvertrag, kommen die §§ 311 ff. AktG im Verhältnis Mutter-Enkel nicht zur Anwendung, obwohl zwischen Mutter und Enkel kein Beherrschungsvertrag vorliegt.[236] Die Beziehungen zwischen Mutter

---

234 Vgl. oben erster Teil II 1

235 *Kropff* in Münchener Kommentar zum Aktiengesetz, § 311 Anh. Rdnr. 1 ff.

236 *Habersack* in Aktien- und GmbH-Konzernrecht, § 311 Rdnr. 18; *Koppensteiner* in Kölner Kommentar, Vor § 311 Rdnr. 34; *Krieger* in Münchener Handbuch des Gesellschaftsrechts Band 4 Aktiengesellschaft, § 69 Rdnr. 60; *Kropff* in Münchener Kommentar zum Aktiengesetz, § 311 Anh. Rdnr. 20 f.

und Enkel sind ebenfalls durch die beiden bestehenden Beherrschungsverträge indirekt vertraglich geregelt. Die Mutter hat das Weisungsrecht gegenüber der Tochter und auch die Tochter hat dieses gegenüber der Enkelgesellschaft. Im Ergebnis hat die Mutter das mittelbare Weisungsrecht gegenüber dem Enkel. Aus Sicht vom Enkel ist deshalb indifferent, ob die Mutter die Weisung auf ihn über die Tochter oder direkt erteilt. In diesem Fall haftet die Mutter deshalb gegenüber der Enkelgesellschaft nicht nach den Vorschriften des faktischen Konzerns, sondern nach denjenigen des Vertragskonzerns.

(2) Besteht nur zwischen Mutter und Tochter ein Beherrschungsvertrag, kommen die §§ 311 ff. AktG auch nach herrschender Meinung sowohl im Verhältnis Mutter-Enkel als auch im Verhältnis Tochter-Enkel zur Anwendung.[237] Denn durch einen solchen Beherrschungsvertrag entsteht keine gesetzliche Leitungsmacht im Verhältnis Mutter-Enkel und Tochter-Enkel. In diesem Fall können die Mutter und die Tochter nur dann den Enkel beeinflussen, wenn die aus ihrem Einfluss dem Enkel entstehende Nachteile ausgeglichen werden.

(3) In dem Fall, dass nur zwischen Mutter und Enkel ein Beherrschungsvertrag besteht, sind die §§ 311 ff. AktG für das Verhältnis Mutter und Tochter anwendbar, aber für das Verhältnis Tochter-Enkel nach herrschender Meinung nicht.[238] Sie geht davon aus, dass dann die Tochter bei Veranlassungen gegenüber dem Enkel die beherrschungsvertraglichen Rechte von der Mutter ausübt. Zwar kann die Mutter über die Tochter

---

237 *Emmerich/Sonnenschein/Habersack*, Konzernrecht, 397; *Habersack* in Aktien- und GmbH-Konzernrecht, § 311 Rdnr. 18; *Koppensteiner* in Kölner Kommentar, Vor §311 Rdnr. 34; *Krieger* in Münchener Handbuch des Gesellschaftsrechts Band 4 Aktiengesellschaft, § 69 Rdnr. 60; *Kropff* in Münchener Kommentar zum Aktiengesetz, § 311 Anh. Rdnr. 10

238 *Habersack* in Aktien- und GmbH-Konzernrecht, § 311 Rdnr. 18; *Koppensteiner* in Kölner Kommentar, Vor § 311 Rdnr. 34; *Krieger* in Münchener Handbuch des Gesellschaftsrechts Band 4 Aktiengesellschaft, § 69 Rdnr. 60; *Kropff* in Münchener Kommentar zum Aktiengesetz, § 311 Anh. Rdnr. 51

Einfluss auf den Enkel ausüben. Dies ist aber kein Grund, die Anwendung der §§ 311 ff. AktG für das Verhältnis Tochter-Enkel auszuschließen. Die Tochter hat durch den Beherrschungsvertrag zwischen Mutter und Enkel kein Recht, nachteiligen Einfluss auf den Enkel ohne Ausgleich auszuüben. Deshalb müssen die §§ 311 ff. AktG auch für das Verhältnis Tochter-Enkel angewandt werden.[239] In diesem Fall kann die Tochter ihren Einflus auf den Enkel nur unter der Voraussetzung des Nachteilsausgleichs ausüben.

(4) Besteht nur zwischen Tochter und Enkel ein Beherrschungsvertrag, kommen nach allgemeiner Meinung nur im Verhältnis Mutter-Tochter die §§ 311 ff. AktG zur Anwendung. Im Verhältnis Mutter-Enkel sei kein Platz für die Anwendung der §§ 311 ff. AktG.[240] Die herrschende Meinung bejaht diese Absonderung unter Hinweis auf das Übermaß an Schutz, das der Enkel bei gleichzeitiger Anwendbarkeit der §§ 300 ff. AktG im Verhältnis zur Tochter und §§ 311 ff. AktG im Verhältnis zur Mutter erfahren würde. Diese Meinung ist aber nicht überzeugend. Falls nun § 311 ff. AktG nicht eingreifen sollten, wären der Enkel und dessen Gläubiger ohne rechtlicher Schutz gestellt, sofern die Tochter ihrer Verpflichtungen aus §§ 302 f. AktG nicht nachkommt.[241] Außerdem ist wegen unterschiedlicher Finanzkraft im Einzelfall ein Anspruch gegen die Mutter mehr wert. Andernfalls wäre die Möglichkeit gegeben, einfach eine Zwischenholding zur Umgehung der §§ 311 ff. AktG einzuschieben.[242] Auch in diesem Verhältnis zwischen Mutter und Enkel müssen daher die §§ 311 ff. AktG angewandt werden.[243] Die Mutter kann deshalb ihren Einfluss auf den Enkel ausüben, soweit sie die bei dem Enkel entstehenden Nachteile ausgleicht.

---

239 *Heyder*, Der qualifizierte faktische Aktienkonzern, 57

240 *Koppensteiner* in Kölner Kommentar, Vor § 311 Rdnr. 34; *Krieger* in Münchener Handbuch des Gesellschaftsrechts Band 4 Aktiengesellschaft, § 69 Rdnr. 60; *Kropff* in Münchener Kommentar zum Aktiengesetz, § 311 Anh. Rdnr. 20 f.

241 *Habersack* in Aktien- und GmbH-Konzernrecht, § 311 Rdnr. 19

242 *Heyder*, Der qualifizierte faktische Aktienkonzern, 57

243 *Emmerich/Sonnenschein*, Konzernrecht, 6. Aufl., 336; *Habersack* in Aktien- und GmbH-Konzernrecht, § 311 Rdnr. 19

## 1.3. Herrschaft von einem Unternehmen

### 1.3.1. Unternehmensaktionäre

Die abhängige Aktiengesellschaft muss von einem Unternehmen abhängig sein.[244] Für herrschende Aktionäre, die kein Unternehmen sind, kommen die Vorschriften der §§ 311 ff. AktG nicht zur Anwendung. Allein die unternehmerische Eigeninteressen verfolgenden und so unter Umständen gesellschaftsschädigend vorgehenden Aktionäre sind Zielgruppe der Konzernhaftung der §§ 311 ff. AktG.[245] Diese Gefahr eines Interessenkonflikts besteht nicht bei einem Privataktionär, der sich ohne andere Beteiligung ausschließlich für die Interessen seiner Aktiengesellschaft interessiert.[246] Seine Interessen sind grundsätzlich denjenigen der Aktiengesellschaft gleich. Deshalb kommt das Konzernrecht nicht auf die Privataktionäre zur Anwendung. Wenn der Privataktionär seine Herrschaftsmacht missbraucht, werden nicht die Vorschriften des Konzernrechts, sondern die Haftungsnormen der §§ 93, 116 und 117 AktG sowie die Beschlusskontrollrechte gemäß §§ 241 ff. AktG und eine Haftung wegen Verletzung der mitgliedschaftlichen Treuepflicht angewandt.[247]

Sowohl nach den Rechtsprechungen des BGH [248] als auch nach der herrschenden Meinung[249] ist jeder Aktionär, der außerhalb seiner Beteiligung

---

244 *Emmerich/Sonnenschein/Habersack*, Konzernrecht, 396; *Kropff* in Münchener Kommentar zum Aktiengesetz, 2. Aufl., § 311 Rdnr. 47 ff.

245 *Kropff* in Münchener Kommentar zum Aktiengesetz, § 311 Rdnr. 48; *Bayer*, ZGR 2002, 934 f.; *Emmerich* in Aktien- und GmbH-Konzernrecht, § 15 Rdnr. 6

246 *Bayer*, ZGR 2002, 937; *Emmerich* in Aktien- und GmbH-Konzernrecht, § 15 Rdnr.10; *Krieger* in Münchener Handbuch des Gesellschaftsrechts Band 4 Aktiengesellschaft, § 68 Rdnr. 7

247 *Bayer*, ZGR 2002, 938

248 BGHZ 69, 334 = NJW 1978, 104; BGHZ 74, 359 = NJW 1979, 2401; BGHZ 80, 69 = NJW 1981, 1512; BGHZ 85,84 = NJW 1983, 569; BGHZ 95, 330 = NJW 1986, 188; BGHZ 114, 203 = NJW 1991, 2765; BGHZ 135, 107 = NJW 1997, 1855

249 *Bayer*, ZGR 2002, 938; *Emmerich* in Aktien- und GmbH-Konzernrecht, § 15 Rdnr. 10; *Emmerich/Sonnenschein/Habersack*, Konzernrecht, 32; *Koppensteiner* in Kölner Kom-

an der Aktiengesellschaft selbst noch anderweitig eigenständig unternehmerisch tätig oder an weiteren Unternehmen maßgeblich beteiligt ist, Unternehmen im Sinne von § 311 AktG. Eine maßgebliche Beteiligung ist in der Regel bei einer Mehrheitsbeteiligung an wenigstens einer weiteren Gesellschaft anzunehmen.[250] Dann kann der Aktionär mit seiner Stimmenmehrheit in der Hauptversammlung die personelle Organisation des Aufsichtsrats und dadurch auch diejenige des Vorstandes nach seinem Gedanke bestimmen. Damit beherrscht er die von ihm mehrheitlich beteiligte weitere Gesellschaft. Durch diese weitere Beteiligung entsteht aber die Gefahr, dass der Aktionär seinen Einfluss auf die abhängige Aktiengesellschaften zum Vorteil weiterer Gesellschaft und zum Nachteil seiner Aktiengesellschaft ausnutzt. Daher wird in solchen Fällen der Aktionär für herrschendes Unternehmen gehalten. Die Mehrheitsbeteiligung ist aber nicht unbedingt erforderlich. Auch die sogenannte faktische Hauptversammlungsmehrheit, mit der der Aktionär nur bei einer Stimmrechtsquote von unter 50% wegen des Streubesitzes der Aktien und wegen traditionell niedriger Hauptversammlungspräsenz die Verwaltungsorgane der anderen Gesellschaft besitzen und damit dort die Herrschaft übernehmen kann, hat gleiche Wirkung mit der Mehrheitsbeteiligung. Deshalb wird die faktische Hauptversammlungsmehrheit als die maßgabliche Beteiligung betrachtet. Außerdem werden auch die nicht zur Abhängigkeit führenden Minderheitsbeteiligungen als eine maßgebliche Beteiligung angenommen, soweit der Aktionär an einer Personengesellschaft beteiligt ist und damit für ihre Verbindlichkeiten persönlich haftet.[251]

---

mentar, § 15 Rdnr. 21 ff.; *Krieger* in Münchener Handbuch des Gesellschaftsrechts Band 4 Aktiengesellschaft, § 68 Rdnr. 8; *Kropff* in Münchener Kommentar zum Aktiengesetz, § 311 Rdnr. 50

[250] *Bayer*, ZGR 2002, 935 f., 939; *ders*, in Münchener Kommentar zum Aktiengesetz, § 15 Rdnr. 22; *Emmerich* in Aktien- und GmbH-Konzernrecht, § 15 Rdnr. 14; *Emmerich/ Sonnenschein/Habersack*, Konzernrecht, 33 f.; *Krieger* in Münchener Handbuch des Gesellschaftsrechts Band 4 Aktiengesellschaft, § 68 Rdnr. 8; *Kropff* in Münchener Kommentar zum Aktiengesetz, § 311 Rdnr. 50

[251] *Bayer* in Münchener Kommentar zum Aktiengesetz, § 15 Rdnr. 23; *Krieger* in Münchener Handbuch des Gesellschaftsrechts Band 4 Aktiengesellschaft, § 68 Rdnr. 8; *Koppensteiner* in Kölner Kommentar, § 15 Rdnr. 39

Für die Eigenschaft des Unternehmensaktionärs spielt die Rechtsform des herrschenden Aktionärs keine Rolle. Außer jeder natürlichen und juristischen Person sowie jeder Personenhandelsgesellschaft können auch Vereine und Stiftungen Unternehmen im Sinne von § 311 AktG sein.[252] Auch der Freiberufler, der auf die Aktiengesellschaft beherrschenden Einfluss ausüben kann und daneben an keiner weiteren Gesellschaft beteiligt ist, ist herrschendes Unternehmen.[253] Für die Unternehmenseigenschaft der Aktionär kommt es darauf an, dass ein Aktionär außerhalb seiner Aktiengesellschaft noch anderweitige unternehmerische Interessen hat.

### 1.3.2. Holdinggesellschaften

Eine Holdinggesellschaft ist eine Gesellschaft, durch die ein oder mehrere Gesellschafter ihren Anteilbesitz an anderen Gesellschaften verwalten.[254] In der Regel arbeitet sie nicht selbst unternehmerisch. In Bezug auf die Holdinggesellschaft stellt sich deshalb die Frage, ob die Holdinggesellschaft und ihr herrschender Gesellschafter (Holdinggesellschafter) gegenüber der von der Holdinggesellschaft abhängigen Gesellschaft (Holdingtochter) als herrschende Unternehmen zu betrachten sind.

Nach herrschender Meinung wird die Holdinggesellschaft nicht als herrschendes Unternehmen gehalten, wenn diese nur ihre Beteiligungen an einer einzigen Gesellschaft verwaltet.[255] Denn die typische Gefahr eines Interessenkonflikts entsteht hier nicht. Dagegen ist die Holdinggesellschaft

---

252 *Bayer* in Münchener Kommentar zum Aktiengesetz, § 15 Rdnr. 16; *Emmerich* in Aktien- und GmbH-Konzernrecht, § 15 Rdnr. 11; *Emmerich/Sonnenschein/Habersack*, Konzernrecht, 32; *Hommelhoff*, ZGR 1994, 397 ff.; *Krieger* in Münchener Handbuch des Gesellschaftsrechts Band 4 Aktiengesellschaft, § 68 Rdnr. 10; *Kropff* in Münchener Kommentar zum Aktiengesetz, § 311 Rdnr. 50

253 BGH vom 19. 9. 1994 = NJW 1994, 3288

254 *Lutter*, Holding-Handbuch, Rdnr. A 11 ff.

255 *Bayer* in Münchener Kommentar zum Aktiengesetz, § 15 Rdnr. 26 f.; *ders*, ZGR 2002, 942; *Emmerich* in Aktien- und GmbH-Konzernrecht, § 15 Rdnr. 16; *Mülbert*, ZHR 1999, 34

dann herrschendes Unternehmen, wenn sie neben der Verwaltung ihres Beteiligungsbesitzes zumindest an einer anderer Gesellschaft maßgeblich beteiligt ist oder sich selbst anderweitig unternehmerisch betätigt. Das gleiche gilt, wenn die Holdinggesellschaft über eine andere Zwischenholdinggesellschaft mehrere Tochtergesellschaften leitet.

Der herrschende Gesellschafter der Holdinggesellschaft, die herrschendes Unternehmen ist, ist auch dann herrschendes Unternehmen, wenn er die von der Holdinggesellschaft gehaltenen Beteiligungen an den Holdingtöchtern selbst verwaltet, obwohl er selbst nicht an der Holdingtochter beteiligt.[256] Denn durch die mittelbare maßgebliche Beteiligung an den Holdingtöchtern, die durch die Holdinggesellschaft vermittelt wird, kann der Holdinggesellschafter nur für seine Interessen seinen Einfluss auf die Holdingtöchter ausüben. Dann erleiden die Holdingtöchter Verluste.

### 1.3.3. Öffentliche Hand

Bund, Länder, Gemeinden und andere Körperschaften der öffentlichen Hand gelten auch als Unternehmen im Sinne von § 311 AktG.[257] Früher wurde die Unternehmenseigenschaft der öffentlichen Hand im Schriftum überwiegend abgelehnt.[258] Das öffentliche Recht habe Vorrang vor dem Privatrecht, so dass die Verfolgung öffentlicher Zwecke der öffentlichen Hand beliebige Durchbrechungen des Privatrechts gestatte.[259] Heute wird aber ein derartiger

---

256 *Bayer* in Münchener Kommentar zum Aktiengesetz, § 15 Rdnr. 30 ff.; *ders*, ZGR 2002, 943; *Emmerich* in Aktien- und GmbH-Konzernrecht, § 15 Rdnr. 17; *Krieger* in Münchener Handbuch des Gesellschaftsrechts Band 4 Aktiengesellschaft, § 68 Rdnr. 9

257 *Emmerich/Sonnenschein/Habersack*, Konzernrecht, 38 ff.; *Koppensteiner* in Kölner Kommentar, § 15 Rdnr. 39 ff.; *Krieger* in Münchener Handbuch des Gesellschaftsrechts Band 4 Aktiengesellschaft, § 68 Rdnr. 12

258 *Wiedemann/Martens*, AG 1976, 197; *Rittner*, FS Werner Flume Band II, 241; *Zöllner*, AG 1978, 40; *Brohm*, NJW 1994, 281

259 *Brohm*, NJW 1994, 281

Vorrang des öffentlichen Rechts nicht mehr angenommen.[260] Der BGH hat im **„Veba/Gelsenberg-Urteil"** [261] die Unternehmenseigenschaft des Bundes bestätigt. Zum Schutz der privaten Minderheitsaktionäre hat der BGH den Unternehmensbegriff ausgedehnt. Der BGH folgt dieser Auffassung auch im **„VW-Urteil"**.[262] Nunmehr genügt es, **„wenn die öffentliche Hand lediglich ein in privater Rechtsform organisiertes Unternehmen beherrscht"**. [263] Denn die öffentliche Hand lasse sich bei der Ausübung ihres Einflusses auf die beherrschte Aktiengesellschaft nicht nur von typischen Aktionärsinteressen, sondern auch von anderen auf ihrer öffentlich-rechtlichen Aufgabenstellung beruhenden Interessen leiten. Für die Unternehmenseigenschaft der öffentlichen Hand kommt es infolgedessen auf die zusätzliche Verfolgung unternehmerischer Interessen außerhalb der Gesellschaft nicht an. Das gleiche gilt für die Gewerkschaften und Religionsgemeinschaften. Aufgrund ihrer politischen und religiösen Zielsetzungen seien sie als Unternehmen anzusehen.[264]

## 2. Veranlassung aufgrund Einfluss

Das herrschende Unternehmen darf nach § 311 AktG seinen Einfluss dazu benutzen, die abhängige Aktiengesellschaft zu veranlassen, ein für sie nachteiliges Rechtsgeschäft vorzunehmen oder Maßnahmen zu ihrem Nachteil zu treffen oder zu unterlassen, wenn die Nachteile ausgeglichen werden.

---

260 *Emmerich/Sonnenschein/Habersack*, Konzernrecht, 38; *Bayer* in Münchener Kommentar zum Aktiengesetz, § 15 Rdnr. 42; *Mülbert*, ZHR 1999, 15 ff.; *Raiser*, ZGR 1996, 458

261 BGHZ 69, 334 = NJW 1978, 104

262 BGHZ 135, 107 = NJW 1997, 1855

263 BGHZ 135, 113 f. = NJW 1997, 1856

264 *Krieger* in Münchener Handbuch des Gesellschaftsrechts Band 4 Aktiengesellschaft, § 68 Rdnr. 12; *Bayer* in Münchener Kommentar zum Aktiengesetz, § 15 Rdnr. 43

## 2.1. Begriff der Veranlassung

Eine Veranlassung bedeutet, dass das herrschende Unternehmen aufgrund seines Einflusses das Verhalten der abhängigen Aktiengesellschaft nach seinem Gedanken zu bestimmen versucht. Besteht zwischen der Einflussnahme des herrschenden Unternehmens auf die abhängige Aktiengesellschaft und dem Verhalten der abhängigen Aktiengesellschaft eine Kausalität, ist der äußere Ausdruck des Willens des herrschenden Unternehmens nicht wichtig. Dieser Wille kann deshalb in Form eines Ratschlags, einer Anregung, einer Weisung, einer Rede oder auf sonstige Weise ausgedrückt werden.[265] Deshalb sagt *Habersack*, es sei nicht erforderlich, dass der Wille des herrschenden Unternehmens nachdrücklich ausgedrückt werde oder dass der abhängigen Aktiengesellschaft für den Fall der Nichtbefolgung Nachteil angedroht werde.[266] Die Definition der Veranlassung deckt sich mit derjenigen der Weisung im Sinne von § 308 AktG.[267]

## 2.2. Wirkung der Veranlassung

Das herrschende Unternehmen darf unter der Voraussetzung des Nachteilsausgleichs die abhängige Aktiengesellschaft veranlassen, ein für die nachteiliges Rechtsgeschäft vorzunehmen oder Maßnahmen zu ihrem Nachteil zu treffen oder zu unterlassen. Der Begriff der Maßnahme muss im weitesten Sinne verstanden werden. Dann bedeutet das Rechtsgeschäft den gegenseitigen Vertrag im Sinne der §§ 320 bis 327 BGB und die Maßnahme bedeutet jedes rechtliche und tatsächliche Geschäft, das sich auf die Vermögens- oder Ertragslage der abhängigen Aktiengesellschaft auswirken kann und nicht

---

265 *Habersack* in Aktien- und GmbH-Konzernrecht, § 311 Rdnr. 22; *Koppensteiner* in Kölner Kommentar, § 311 Rdnr. 2; *Kropff* in Münchener Kommentar zum Aktiengesetz, § 311 Rdnr. 73

266 *Habersack* in Aktien- und GmbH-Konzernrecht, § 311 Rdnr. 22

267 *Emmerich/Sonnenschein/Habersack*, Konzernrecht, 401; *Habersack* in Aktien- und GmbH-Konzernrecht, § 311 Rdnr. 22; *Koppensteiner* in Kölner Kommentar, § 311 Rdnr. 2

bereits zum Rechtsgeschäft gehört. Danach ist das Unterlassen eines Rechtsgeschäfts eine bestimmte Form der Maßnahme,[268] und deshalb ein Gegenstand der Veranlassung. Für § 311 AktG ist aber dieser Unterschied zwischen Rechtsgeschäft und sonstigen Maßnahmen nicht von Bedeutung.

Zwischen dem Verhalten der abhängigen Aktiengesellschaft und der Veranlassung des herrschenden Unternehmens muss eine Kausalität bestehen.[269] Wenn sich die abhängige Aktiengesellschaft andernfalls genauso verhalten hätte, fehlt es an einem kausalen Zusammenhang. In diesem Fall ist das herrschende Unternehmen der abhängigen Aktiengesellschaft nicht zum Nachteilsausgleich verpflichtet.

Grundsätzlich muss die Kausalität zwischen der Veranlassung und dem Verhalten von dem Kläger, d.h. der abhängigen Aktiengesellschaft, ihrem außenstehenden Aktionär oder ihrem Gläubiger, die oder der vom herrschenden Unternehmen den Ausgleich oder den Schadensersatz verlangt, beweisen werden. Die außenstehende Aktionäre und Gläubiger können aber in der Regel die Kausalität nicht bewiesen, denn ihnen ist der Einblick in die Konzerninterna nicht möglich. Die herrschende Meinung behaupt deshalb, dass den außenstehenden Aktionären und den Gläubigern der abhängigen Aktiengesellschaft die Beweiserleichterung gegeben werden müsse.[270]

---

[268] *Emmerich/Sonnenschein/Habersack*, Konzernrecht, 404; *Habersack* in Aktien- und GmbH-Konzernrecht, § 311 Rdnr. 37; *Koppensteiner* in Kölner Kommentar, § 311 Rdnr. 8

[269] *Habersack* in Aktien- und GmbH-Konzernrecht, § 311 Rdnr. 38; *Koppensteiner* in Kölner Kommentar, § 311 Rdnr. 4

[270] *Habersack* in Aktien- und GmbH-Konzernrecht, § 311 Rdnr. 32; *Emmerich/Sonnenschein/Habersack*, Konzernrecht, 403; *Koppensteiner* in Kölner Kommentar, § 311 Rdnr. 6 f.; *Kropff* in Münchener Kommentar zum Aktiengesetz, § 311 Rdnr. 81

## 3. Nachteilsausgleich

### 3.1. Nachteil

#### 3.1.1. Entstehen eines Nachteils

Eine Beeinflussung der abhängigen Aktiengesellschaft durch das herrschende Unternehmen kann im Einzelfall erlaubt sein. Sie ist zulässig, wenn die Nachteile ausgeglichen werden. Wenn die Nachteile eigentlich nicht entstanden sind, ist die Einflussnahme des herrschenden Unternehmens zulässig.[271]

Jede Minderung oder Gefährdung der Vermögens- oder Ertragslage der abhängigen Aktiengesellschaft zählt zu dem Nachteil. [272] Wenn durch ein Handeln, das nicht zum Schaden führt, die abhängige Atiengesellschaft einen andernfalls erzielbaren höheren Gewinn nicht erzielt, entsteht auch der Nachteil.[273] Allerdings muss der Nachteil durch das auf der Veranlassung des herrschenden Unternehmens beruhende Verhalten der abhängigen Aktiengesellschaft verursacht werden. Wenn ein ordentlicher und gewissenhafter Geschäftsleiter einer unabhängigen Gesellschaft sich verhalten hätte wie der Vorstand der abhängigen Aktiengesellschaft, würde es einem kausalen Zusammenhang fehlen. Unter diesen Umständen ist das herrschende Unternehmen nicht zum Nachteilsausgleich verpflichtet. Das herrschende Unternehmen haftet nicht für das allgemeine unternehmerische Risiko. Das Aktiengesetz schreibt deshalb in § 317 Abs. 2 vor, dass die Ersatzpflicht nicht eintrete, wenn auch ein ordentlicher und gewissenhafter Geschäftsleiter einer unabhängigen Gesellschaft das Rechtsgeschäft vorgenommen oder die Maßnahme getroffen oder unterlassen hätte.

---

271 *Henn*, Handbuch des Aktienrechts, Rdnr. 277

272 *Emmerich/Sonnenschein/Habersack*, Konzernrecht, 405; *Habersack* in Aktien- und GmbH-Konzernrecht, § 311 Rdnr. 39; *Koppensteiner* in Kölner Kommentar, § 311 Rdnr. 28; *Kropff* in Münchener Kommentar zum Aktiengesetz, § 311 Rdnr. 138

273 *Habersack* in Aktien- und GmbH-Konzernrecht, § 311 Rdnr. 45

Anders als der Schaden muss sich der Nachteil im Zeitpunkt der Veranlassung im voraus zu rechnen sein.[274] Ein Nachteil kann deshalb bestehen, auch wenn ein Schaden später wirklich nicht gescheht. Also verliert die Maßnahmen nicht den nachteiligen Charakter, auch wenn sich der im voraus gerechnete Nachteil später nicht verwirklicht. Dagegen gehört ein nicht abzusehender oder den voraussehbaren Nachteil übersteigender Schaden nicht dem Nachteil im Sinne des § 311 AktG.

### 3.1.2. Ausgleichsfähigkeit des Nachteils

Im einfachen faktischen Aktienkonzern kann das herrschende Unternehmen seinen Einfluss auf die abhängigen Aktiengesellschaft ausüben, insoweit die der abhängigen Aktiengesellschaft entstehenden Nachteile ausgeglichen werden. Wenn die Nachteile nicht ausgeglichen werden können, wird es deshalb von Anfang an nicht zugelassen, dass das herrschende Unternehmen den für die abhängige Aktiengesellschaft nachteiligen Einfluss ausübt. Denn der Nachteilsausgleich ist die unbedingt notwendige einzige Voraussetzung, welche die Einflussnahme des herrschenden Unternehmens rechtfertigt. Der einfache faktische Aktienkonzern setzt deshalb die Ausgleichsfähigkeit des Nachteils voraus. Die nicht auszugleichende, nachteilige Einflussnahme kann nur durch Abschluss eines Beherrschungsvertrags legalisiert werden. Wenn das herrschende Unternehmen aber einen unausgleichsfähigen Einfluss ohne Abschluss eines Beherrschungsvertrags ausübt, tritt die Form des qualifizierten faktischen Aktienkonzerns auf.[275]

### 3.1.3. Quantifizierbarkeit des Nachteils

Nach herrschender Meinung hängt das Entstehen des Nachteils nicht von der Quantifizierbarkeit des Nachteils ab. Denn trotz der Unquantifizierbarkeit

---

[274] *Geßler*, FS Harry Westermann, 163f

[275] *Emmerich/Sonnenschein/Habersack*, Konzernrecht, 394

bestehe der nachteilige Charakter der Einflussnahme weiter.[276] Ein nicht quantifizierbarer Nachteil sei durch einen ebenfalls nicht quantifizierbaren Vorteil auszugleichen. Nach § 311 AktG ist aber der Ausgleich eines nicht quantifizierbares Nachteils nicht möglich, obwohl der unquantifizierbare Nachteil weiter den nachteiligen Charakter hat. Denn zum Ausgleich muss die Höhe des Nachteils zuerst ermittelt werden und dann erst ist ein entsprechender Vorteil zu bewerten. Wenn die Quantifizierung des Nachteils unmöglich ist, ist ein entsprechender Vorteil nicht festzusetzen, und damit ist die Voraussetzung der Einflussnahme, d.h. der Nachteilsausgleich, nicht durchzuführen. Ein unquantifizierbarer Nachteil macht deshalb von Anfang an den einzelnen Ausgleich des Nachteils unmöglich und damit die Einflussnahme des herrschenden Unternehmens unrechtmäßig.[277] Für die Qualifikation einfaches faktisches Konzern bedarf deshalb der Quantifizierbarkeit des Nachteils. Wenn die Quantifizierung des Nachteils unmöglich ist, ist der Nachteilsausgleich auch unmöglich, so dass ein qualifizierter faktischer Konzern eintritt.[278]

Wenn die Quantifizierung des Nachteils im Zeitpunkt der Einflussnahme möglich aber diejenige des später entstandenen Schadens nicht möglich ist, tritt wie bei Unmöglichkeit der Quantifizierung des Nachteils eine qualifizierte faktische Konzernhaftung ein, weil der Schadensersatz nicht möglich ist. Wenn weder Nachteil noch Schaden bezifferbar sind, wird die am Anfang eingetretene qualifizierte faktische Konzernhaftung fortgesetzt. Ist der Nachteil im Zeitpunkt der Einflussnahme unbezifferbar aber der später entstandene Schaden bezifferbar, handelt es sich dagegen um eine Schadensersatzhaftung nach § 317 AktG. In diesem Fall wird also die schon eingetretene qualifizierte

---

276 *Habersack* in Aktien- und GmbH-Konzernrecht, § 311 Rdnr. 43; *Koppensteiner* in Kölner Kommentar, § 311 Rdnr. 31; *Krieger* in Münchener Handbuch des Gesellschaftsrechts Band 4 Aktiengesellschaft, § 69 Rdnr. 70; *Kropff* in Münchener Kommentar zum Aktiengesetz, § 311 Rdnr. 156 ff.

277 *Emmerich/Sonnenschein/Habersack*, Konzernrecht, 406

278 *Emmerich/Sonnenschein/Habersack*, Konzernrecht, 406; *Habersack* in Aktien- und GmbH-Konzernrecht, § 311 Rdnr. 43; *Kropff* in Münchener Kommentar zum Aktiengesetz, § 311 Rdnr. 216

faktische Konzernhaftung durch die Schadensersatzhaftung nach § 317 AktG ersetzt.[279]

### 3.1.4. Für den Gesamtkonzern nicht vorteilhafte Einflussnahme

Die Frage, ob auch die für den Gesamtkonzern nicht vorteilhafte Einflussnahme zulässig ist, ist umstritten. Im Vertragsaktienkonzern ist gemäß § 308 Abs. 1 S. 2 AktG die für die abhängige Aktiengesellschaft nachteilige Weisung nur dann zulässig, wenn sie den Belangen des Gesamtkonzerns dient. Im Vertragsaktienkonzern ist deshalb die auch für den Gesamtkonzern nicht vorteilhafte Weisung unzulässig.

Auch beim einfachen faktischen Aktienkonzern geht die herrschende Meinung analog § 308 Abs. 1 S. 2 AktG davon aus, dass die nachteilige Maßnahme für das herrschende Unternehmen oder ein mit diesem verbundenes Unternehmen vorteilhaft sein müsse.[280] Hinsichtlich der Sorgfaltspflicht des Vorstands der abhängigen Aktiengesellschaft ist *Geßler* auch dieser Ansicht.[281]

Er sagt: „**Nach § 76 Abs. 1 AktG hat der Vorstand unter eigener Verantwortung die Gesellschaft zu leiten. § 308 AktG schreibt entgegen § 76 AktG ein Weisungsrecht mit Folgepflicht vor, aber § 311 AktG nicht. Ob der Vorstand einer Veranlassung folgen darf, bestimmt sich deshalb allein nach § 93 AktG. Danach haben die Vorstandsmitglieder bei ihrer Geschäftsführung die Sorgfalt eines ordentlichen und gewissenhaften Geschäftsleiters anzuwenden. Er verletzt bereits seine Sorgfaltspflicht, wenn er ein Geschäft vornimmt, das nur im eigensüchtigen Interesse eines mit seiner Gesellschaft in keiner Verbindung stehenden Dritten liegt und sich weder durch das eigene Interesse der Gesellschaft noch durch dasjenige der mit ihr verbundenen Konzernunternehmen rechtfertigen lässt. Der Ausgleich entlastet den Vorstand nicht**".

---

279 *Habersack* in Aktien- und GmbH-Konzernrecht, § 311 Rdnr. 43

280 *Habersack* in Aktien- und GmbH-Konzernrecht, § 311 Rdnr. 60; *Koppensteiner* in Kölner Kommentar, § 311 Rdnr. 61; *Kropff* in Münchener Kommentar zum Aktiengesetz, § 311 Rdnr. 217

281 *Geßler*, FS Harry Westermann, 158

Dagegen sagt *Henn*: **„Im einfachen faktischen Aktienkonzern ist jede Einflussnahme zulässig, solange die dadurch bei der abhängigen Aktiengesellschaft entstehenden Nachteile ausgeglichen werden"**. Auf die Frage, ob die Einflussnahme für den Gesamtkonzern vorteilhaft ist, soll nicht ankommen, weil für den einfachen faktischen Aktienkonzern keine Vorschrift wie § 308 Abs. 1 S. 2 AktG ist.[282]

Die Frage, ob es eine solche Sorgfaltspflicht gibt, dass der Vorstand der abhängigen Aktiengesellschaft im einfachen faktischen Aktienkonzern nicht nur auf die Interessen der eigenen Gesellschaft, sondern auch auf diejenigen anderer Konzernunternehmen Rücksicht nehmen muss, ist zweifelhaft. Im Falle einer Einflussnahme des herrschenden Unternehmens dürfte die Sorgfaltspflicht des Vorstands der abhängigen Aktiengesellschaft genügend sein, solange er den Nachteilsausgleich der eigenen Gesellschaft berücksichtigt. Es ist unbillig, dass man im einfachen faktischen Aktienkonzern vom Vorstand der abhängigen Aktiengesellschaft auch Rücksicht auf die Belange der anderen Konzernunternehmen verlangt. Für den einfachen faktischen Aktienkonzern gibt es keine dem § 308 AktG entsprechende Vorschrift. Die Frage, ob der Vorstand der abhängigen Aktiengesellschaft eine Weisung des herrschenden Unternehmens befolgen darf, bestimmt sich darum nach §§ 76, 93 und 311 AktG. Der Vorstand der abhängigen Aktiengesellschaft darf deshalb die Weisung des herrschenden Unternehmens befolgen, solange die dadurch bei der abhängigen Aktiengesellschaft entstehende Nachteile ausgeglichen werden, ohne die Belange des Gesamtkonzerns zu berücksichtigen. Denn im faktischen Aktienkonzern ist der Vorstand der abhängigen Aktiengesellschaft nicht verpflichtet, die Interessen anderer Unternehmen zu berücksichtigen. Beim faktischen Konzern, in dem keine Folgepflicht existiert, darf man vom Vorstand der abhängigen Aktiengesellschaft nicht die Sorgfaltspflicht verlangen, die der Vorstand der abhängigen Aktiengesellschaft im Vertragskonzern aus der Folgepflicht berücksichtigen muss. Kommt in diesem Fall der Gesamtkonzern zu Schaden, müsste der Vorstand des herrschenden

---

[282] *Henn*, Handbuch des Aktienrechts, Rdnr. 279

Unternehmens, der dem Gesamtkonzern nachteiligen Einfluss ausgeübt hat, wegen der Verletzung der Sorgfaltspflicht nach § 93 Abs. 2 AktG zum Ersatz des beim Gesamtkonzern entstandenen Schadens verpflichtet sein.

### 3.2. Ausgleich

Wenn die Nachteile durch die Einflussnahme des herrschenden Unternehmens entstehen, darf das herrschenden Unternehmen nur unter der Voraussetzung seinen Einfluss ausüben, dass die Nachteile ausgeglichen werden. Gemäß § 311 Abs. 2 AktG muss spätestens am Ende des Geschäftsjahres bestimmt werden, wann und durch welche Vorteil der Nachteil ausgeglichen werden soll, wenn der Ausgleich nicht während des Geschäftsjahres tatsächlich erfolgt ist. Die abhängige Aktiengesellschaft soll deshalb durch den Nachteilsausgleich wenigstens im wirtschaftlichen Ergebnis so gestellt werden, als ob ihre Gesellschaft weiterhin im gemeinsamen Interesse aller Aktionäre unabhängig geführt würde.[283]

#### 3.2.1. Vorteil

Der Nachteil ist nur dadurch auszugleichen, dass das herrschende Unternehmen der abhängigen Aktiengesellschaft einen Vorteil gewährt, der zumindest den entstehenden Nachteil wiedergutmacht. Deshalb muss zunächst die Höhe des Nachteils ermittelt werden.[284] Selbstverständlich können nur konkrete Vorteile für den Nachteilsausgleich geeignet sein.

---

283 *Sonnenschein*, Der Schutz von Minderheitsgesellschaftern und Gläubigern der abhängigen Gesellschaft im deutschen Recht, in: Das Gesellschaftsrecht der Konzerne im internationalen Vergleich, 82; *Mülbert*, Aktiengesellschaft, Unternehmensgruppe und Kapitalmarkt, 494

284 *Habersack* in Aktien- und GmbH-Konzernrecht, § 311 Rdnr. 67

### 3.2.2. Erfüllung der Ausgleichspflicht

Der Nachteilsausgleich muss nicht sofort durch bestimmte Vorteile ausgeglichen werden. Am Anfang genügt eine Vereinbarung, dass der Nachteil ausgeglichen wird.[285] Danach kann das herrschende Unternehmen nach § 311 Abs. 2 S. 1 AktG während des betreffenden Geschäftsjahres den Nachteil tatsächlich ausgleichen oder bis zum Ende des Geschäftsjahres bestimmen, wann und durch welche Vorteile der Nachteil ausgeglichen werden soll. Im letzten Fall muss der abhängigen Aktiengesellschaft ein Rechtsanspruch auf Nachteilsausgleich nach § 311 Abs. 2 S. 2 AktG gewährt werden. Solange der Nachteilsausgleich noch nicht konkretisiert ist, kann sich der Nachteil im Laufe der Zeit durch die Schäden oder die Vorteile, die im Zeitpunkt der Veranlassung nicht voraussehbar waren, erhöhen oder vermindern. Dann kann sich der Zeitpunkt für die Beurteilung der Höhe der Ausgleichsleistung auf den Zeitpunkt ihrer Konkretisierung verschieben. Bestätigt es sich bis zur Konkretisierung des Ausgleichs, dass weitere Nachteile eintreten werden, die im Zeitpunkt der Veranlassung nicht vorauszusehen waren, muss der Vorstand der abhängigen Aktiengesellschaft deshalb auch ihren Ausgleich fordern. Andernfalls ist er zum Schadensersatz verpflichtet.[286] Ist der Ausgleich konkretisiert, ändert sich dieser durch später entstandene Schäden oder Vorteile nicht mehr. Wenn der Ausgleichsleistung bis zum Ende des Geschäftsjahres nicht bestimmt wird, wird die Ausgleichspflicht durch die Schadensersatzpflicht nach § 317 AktG ersetzt.[287]

### 3.2.3. Bewertung des hinausgeschobenen Ausgleichs

Unter dem Gesichtspunkt des Minderheitenschutzes wurde der spätere Nachteilsausgleich früher teilweise für „ein Weniger“ gegenüber einem Schadensersatz gehalten. Denn der Nachteilsausgleich berücksichtige nur die

---

285 *Geßler*, FS Harry Westermann, 162

286 *Geßler*, FS Harry Westermann, 164

287 *Habersack* in Aktien- und GmbH-Konzernrecht, § 311 Rdnr. 75

vorhersehbaren Schäden aber dagegen könne das herrschende Unternehmen zwischen Schadensersatz und Nachteilsausgleich beliebig wählen.[288]

Jetzt stimmt aber jeder darin überein, dass der Ausgleich auch alle durch das spätere Akzept der Ausgleichspflicht von dem herrschenden Unternehmen entstehenden Nachteile und Verzögerungsschäden abdecken muss.[289] Und nicht unvermeidlich folgt ein Nachteil aus dem hinausgeschobenen Nachteilsausgleich. Denn bei unerwartet negativer Entwicklung kann der hinausgeschobene Nachteilsausgleich zwar ein Weniger, aber bei unerwartet positiver Entwicklung ein Mehr sein. Deshalb bezeichnet *Kropff* diesen **„etwas anderes"**.[290]

*Kropff* schreibt aber, dass der hinausgeschobene Ausgleich in einer künftigen gesetzlichen Regelung des einfachen faktischen Aktienkonzerns entfallen sollte, um das System des Einzelausgleichs nach §§ 311 ff. AktG wirksamer zu machen.[291]

## § 2. Schadensersatz

### 1. Schadensersatz nach § 317 AktG

#### 1.1. Schuldner

Wenn das herrschende Unternehmen die Nachteile bis zum Ende des Geschäftsjahres nicht ausgleicht, also wenn die Nachteile bis zum Ende des Geschäftsjahres tatsächlich nicht ausgeglichen werden oder die Verhandlung

---

288 *Kropff*, FS Walther Kastner, 287

289 *Koppensteiner* in Kölner Kommentar, § 311 Rdnr. 10; *Kropff* in Münchener Kommentar zum Aktiengesetz, § 311 Rdnr. 38. Vgl. unten dritter Teil IV 1.2

290 *Kropff*, FS Walther Kastner, 287; *Koppensteiner* in Kölner Kommentar, § 311 Rdnr. 23 ff.

291 *Kropff*, FS Walther Kastner, 289, 291

über die Ausgleichsleistung zwischen dem herrschenden Unternehmen und der abhängigen Aktiengesellschaft nicht abgeschlossen wird, ist das herrschende Unternehmen nach § 317 Abs. 1 AktG gegenüber der abhängigen Aktiengesellschaft zum Ersatz des ihr aus der nachteiligen Maßnahme tatsächlich entstandenen Schadens verpflichtet.[292] Eigentlich erfolgt nicht die Schadensersatzhaftung bis zum Ende des Geschäftsjahres. Nach § 317 Abs. 2 AktG tritt die Schadensersatzhaftung nicht ein, wenn auch ein ordentlicher und gewissenhafter Geschäftsleiter einer unabhängigen Gesellschaft das Rechtsgeschäft vorgenommen oder die Maßnahme getroffen oder unterlassen hätte. In diesem Fall fehlt es an der Kausalität der Veranlassung.

Nach § 317 Abs. 3 AktG tragen auch die für die Veranlassung verantwortlichen gesetzlichen Vertreter des herrschenden Unternehmens die Schadensersatzhaftung. Gemeinsam mit dem herrschenden Unternehmen haften sie als Gesamtschuldner. Allerdings haften nur diejenigen gesetzlichen Vertreter des herrschenden Unternehmens, welche die abhängige Aktiengesellschaft zu dem Rechtsgeschäft oder der Maßnahme veranlasst haben. Die übrigen gesetzlichen Vertreter tragen nicht die Schadensersatzhaftung.[293] Darin unterscheidet sich die Schadensersatzhaftung der gesetzlichen Vertreter des herrschenden Unternehmens im faktischen Aktienkonzern von deren Schadensersatzhaftung im Vertragsaktienkonzern, die grundsätzlich alle gesetzlichen Vertreter trifft.

### 1.2. Gläubiger

Der Schadensersatzanspruch ist prinzipiell von der Gesellschaft geltend zu machen. Das ist aber kaum zu erwarten, weil die Verwaltungsmitglieder der

[292] *Geßler*, FS Harry Westermann, 163

[293] *Habersack* in Aktien- und GmbH-Konzernrecht, § 317 Rdnr. 24; *Koppensteiner* in Kölner Kommentar, § 317 Rdnr. 32; *Krieger* in Münchener Handbuch des Gesellschaftsrechts Band 4 Aktiengesellschaft, § 69 Rdnr. 108; *Kropff* in Münchener Kommentar zum Aktiengesetz, § 317 Rdnr. 85

Gesellschaft vom herrschenden Unternehmen abhängig sind.[294] Deshalb bestimmt § 317 Abs. 4 AktG in Verbindung mit § 309 Abs. 4 AktG ergänzend, dass auch jeder Aktionär der abhängigen Aktiengesellschaft den Ersatzanspruch geltend machen kann, und dass die Gläubiger der abhängigen Aktiengesellschaft im Fall mangelnder Befriedigungsmöglichkeit ferner den Ersatzanspruch geltend machen können. Der Aktionär kann jedoch nach § 309 Abs. 4 S. 2 AktG nur Leistung an die Gesellschaft fordern. Die Gläubiger können nach § 309 Abs. 4 S. 3 AktG Leistung an sich selbst verlangen.[295] In der Insolvenz der abhängigen Aktiengesellschaft kann nach § 309 Abs. 4 S. 5 AktG allein der Insolvenzverwalter oder der Sachverwalter den Ersatzanspruch der Gesellschaft geltend machen.

Die Aktionäre können nach § 317 Abs. 1 S. 2, Abs. 3 AktG den Schadensersatz vom herrschenden Unternehmen und von dessen für die Veranlassung verantwortlichen gesetzlichen Vertretern auch direkt verlangen, insofern ihnen ein eigener Schaden entstanden ist, der nicht auf der Schädigung der Gesellschaft beruht. Der auf der Schädigung der Gesellschaft beruhende Reflexschaden wird durch den Schadensersatzanspruch der Gesellschaft ausgeglichen. Der eigene Schaden des Aktionärs wird aber durch die Geltendmachung des Schadensersatzanspruchs der Gesellschaft nicht ausgeglichen. Deshalb kann der Aktionär den Ersatzanspruch auf seinen eigenen Schaden direkt geltend machen und Leistung auch an sich selbst verlangen.[296]

---

294 *Sonnenschein*, Der Schutz von Minderheitsgesellschaftern und Gläubigern der abhängigen Gesellschaft im deutschen Recht, in: Das Gesellschaftsrecht der Konzerne im internationalen Vergleich, 80

295 *Habersack* in Aktien- und GmbH-Konzernrecht, § 317 Rdnr. 27 f.; *Kropff* in Münchener Kommentar zum Aktiengesetz, § 317 Rdnr. 68

296 *Habersack* in Aktien- und GmbH-Konzernrecht, § 317 Rdnr. 13; *Kropff* in Münchener Kommentar zum Aktiengesetz, § 317 Rdnr. 78 f.

### 1.3. Rechtsfolgen

Durch den Nachteilsausgleich nach § 311 AktG werden alle im Zeitpunkt der Veranlassung voraussehbaren Nachteile kompensiert. Der Schadensersatzanspruch nach § 317 AktG bezweckt aber, alle durch die Veranlassung tatsächlich entstandenen Schäden zu ersetzen. Die Kompensationen der beiden Ansprüche sind daher nicht identisch. Der Schadensausgleich muss nach § 249 S. 1 BGB primär im Wege der Naturalrestitution ausgeglichen werden.[297] Wenn die Naturalrestitution unmöglich ist, muss das herrschende Unternehmen nach § 251 S. 1 BGB mit dem Geld ausgleichen. Wenn der Schaden nicht quantifizierbar ist, tritt der qualifizierte faktische Aktienkonzern auf.[298]

## 2. Schadensersatz nach § 117 AktG

Wenn die Veranlassung zu einer nachteiligen Maßnahme im Sinne des § 311 AktG vorligt, wird auch der Tatbestand des § 117 AktG regelmäßig zugleich erfüllt. Denn nach § 117 AktG ist zum Schadensersatz verpflichtet, wer vorsätzlich seinen Einfluss auf ein bestimmtes Verwaltungsmitglied oder die Organe einer Gesellschaft benutzt, um eine gesellschaftsschädliche Maßnahme durchzusetzen. Deshalb muss sich das herrschende Unternehmen auch nach § 117 AktG zum Schadensersatz verpflichten. Darüber hinaus ist es auch den Aktionären zum Ersatz ihres eigenen Schadens verpflichtet, der nicht durch Schädigung der Gesellschaft zugefügt worden ist. Wenn diese Bestimmung streng angewandt wird, spielt der Nachteilsausgleich nach § 311 Abs. 2 AktG keine Rolle. Während die Festlegung des Ausgleichs nach § 311 Abs. 2 AktG

---

[297] *Emmerich/Sonnenschein/Habersack*, Konzernrecht, 434; *Habersack* in Aktien- und GmbH-Konzernrecht, § 317 Rdnr. 15; *Koppensteiner* in Kölner Kommentar, § 317 Rdnr. 18; *Kropff* in Münchener Kommentar zum Aktiengesetz, § 317 Rdnr. 28; *Sonnenschein*, Der Schutz von Minderheitsgesellschaftern und Gläubigern der abhängigen Gesellschaft im deutschen Recht, in: Das Gesellschaftsrecht der Konzerne im internationalen Vergleich, 83

[298] *Emmerich/Sonnenschein/Habersack*, Konzernrecht, 406, 435; *Kropff* in Münchener Kommentar zum Aktiengesetz, § 317 Rdnr. 28 f.. Vgl. oben dritter Teil I 3.1.3

bis zum Ende des Geschäftsjahre hinausgeschoben werden kann, tragen das herrschende Unternehmen und seine gesetzlichen Vertreter nach § 117 AktG schon vor der Jahresende die Schadensersatzhaftung. Dann wird § 311 Abs. 2 AktG bedeutungslos, aus der der hinausgeschobene Nachteilsausgleich zugelassen wird. Überwiegend wird angenommen, dass die Regelung des § 311 AktG derjenigen des § 117 AktG vorgeht.[299] Wenn das herrschende Unternehmen jedoch die Nachteile bis zum Ende des Geschäftsjahres nicht ausgleicht, sind das herrschende Unternehmen und seine gesetzlichen Vertreter nach der Meinung von Habersack nicht nur aus § 317 AktG, sondern auch aus § 117 AktG zum Schadensersatz verpflichtet.[300] Nach der Meinung von *Brüggemeier* werden aber sowohl die Regelung des § 311 AktG als auch diejenige des § 317 AktG derjenigen des § 117 AktG vorgehen, so dass auch in diesem Fall das herrschende Unternehmen und seine gesetzlichen Vertreter nur aus § 317 AktG zum Schadensersatz verpflichtet sind.[301] Allerdings spielt die Vorschrift des § 117 AktG in Bezug auf die Haftung des herrschenden Unternehmens und seiner gesetzlichen Vertreter praktisch keine Rolle.[302]

---

[299] *Brüggemeier*, AG 1988, 101 f.; *Habersack* in Aktien- und GmbH-Konzernrecht, § 311 Rdnr. 88; *Koppensteiner* in Kölner Kommentar, § 311 Rdnr. 108; *Krieger* in Münchener Handbuch des Gesellschaftsrechts Band 4 Aktiengesellschaft, § 69 Rdnr. 110; *Kropff* in Münchener Kommentar zum Aktiengesetz, § 317 Rdnr. 108

[300] *Habersack* in Aktien- und GmbH-Konzernrecht, § 311 Rdnr. 88

[301] *Brüggemeier*, AG 1988, 101 f.

[302] *Krieger* in Münchener Handbuch des Gesellschaftsrechts Band 4 Aktiengesellschaft, § 69 Rdnr. 110; *Kropff* in Münchener Kommentar zum Aktiengesetz, § 317 Rdnr. 108

# § 3. Abhängigkeitsbericht

## 1. Aufstellung eines Abhängigkeitsberichts

### 1.1. Verpflichtung zur Aufstellung eines Abhängigkeitsberichts

Wenn die Nachteile bis zum Ende des Geschäftsjahres nicht ausgeglichen werden, kann die abhängige Aktiengesellschaft Schadensersatzanspruch vom herrschenden Unternehmen verlangen. Neben der abhängigen Aktiengesellschaft können auch ihre Aktionäre und Gläubiger den Schadensersatzanspruch geltend machen. Dafür müssen ihnen ausreichende Informationen über die Konzerninterna gewährt werden. Mit Bezug darauf verpflichtet § 312 AktG die abhängige Aktiengesellschaft zur Aufstellung eines Abhängigkeitsberichts.[303] Nach § 312 Abs. 1 AktG muss der Vorstand der abhängigen Aktiengesellschaft in den ersten drei Monaten nach Ablauf des Geschäftsjahres einen Bericht über die Beziehungen der Gesellschaft zu verbundenen Unternehmen aufstellen. Der Vorstand muss im Rahmen einer Gesamtverantwortung den Abhängigkeitsbericht aufstellen.[304] Auch der Vorstand einer abhängigen Einmann-Aktiengesellschaft muss nach § 312 AktG den Abhängigkeitsbericht aufstellen.[305]

Nicht nur im Fall, in dem die Abhängigkeitsverhältnisse während ganzes Geschäftsjahres bestanden haben, sondern auch im Fall, in dem das Bestehen der Abhängigkeitsverhältnisse nur während eines Teils des Geschäftsjahres

---

303 *Sonnenschein*, Der Schutz von Minderheitsgesellschaftern und Gläubigern der abhängigen Gesellschaft im deutschen Recht, in: Das Gesellschaftsrecht der Konzerne im internationalen Vergleich, 85

304 *Habersack* in Aktien- und GmbH-Konzernrecht, § 312 Rdnr. 14; *Emmerich/Sonnenschein/Habersack*, Konzernrecht, 422; *Kropff* in Münchener Kommentar zum Aktiengesetz, § 312 Rdnr. 51

305 *Emmerich/Sonnenschein/Habersack*, Konzernrecht, 422; *Koppensteiner* in Kölner Kommentar, § 312 Rdnr. 6; *Kropff* in Münchener Kommentar zum Aktiengesetz, § 312 Rdnr. 27

angenommen wird, muss ein Abhängigkeitsbericht aufgestellt werden.[306] Im letzten Fall genügt es, wenn der Abhängigkeitsbericht nur für den Zeitraum, in dem die Abhängigkeitsverhältnisse bestanden haben, aufgestellt wird. Die Aufstellungspflicht des Abhängigkeitsberichts entfällt, wenn die abhängige Aktiengesellschaft eingegliedert ist (§ 312 Abs. 1 S. 3 AktG) oder wenn ein Beherrschungsvertrag oder ein Gewinnabführungsvertrag besteht (§§ 312 Abs. 1 S. 1, 316 AktG).

Unbedingt erforderlich ist, dass der Abhängigkeitsbericht nach den Prinzipien einer gewissenhaften und getreuen Rechenschaft erstellt wird. Er muss deshalb wahrheitsgemäß aufgestellt werden und eine vollständige und übersichtliche Darstellung der Konzernbeziehungen enthalten. Der Abhängigkeitsbericht muss nämlich unter der Beachtung von Klarheit, Übersichtlichkeit, Wahrheit und Vollständigkeit aufgestellt werden.[307]

### 1.2. Inhalt des Abhängigkeitsberichts

Im Abhängigkeitsbericht muss die Beziehungen der abhängigen Aktiengesellschaft zu Konzernunternehmen möglichst ausführlich aufgenommen werden. Er muss nach § 312 Abs. 1 S. 2 bis 4 AktG das Folgende beinhalten: (1) Alle Rechtsgeschäfte, welche die abhängige Aktiengesellschaft im abgelaufenen Geschäftsjahr mit dem herrschenden Unternehmen oder einem mit diesem verbundenen Unternehmen vorgenommen hat. (2) Alle Rechtsgeschäfte, welche die abhängige Aktiengesellschaft im abgelaufenen Geschäftsjahr auf Veranlassung des herrschenden Unternehmens oder eines mit diesem verbundenen Unternehmens mit einem Dritten vorgenommen hat. (3) Alle Rechtsgeschäfte, welche die abhängige Aktiengesellschaft im

---

306 *Habersack* in Aktien- und GmbH-Konzernrecht, § 312 Rdnr. 11; *Koppensteiner* in Kölner Kommentar, § 312 Rdnr. 11 ff.; *Krieger* in Münchener Handbuch des Gesellschaftsrechts Band 4 Aktiengesellschaft, § 69 Rdnr. 81; *Kropff* in Münchener Kommentar zum Aktiengesetz, § 312 Rdnr. 29 ff.

307 *Henn*, Handbuch des Aktienrechts, Rdnr. 278; *Koppensteiner* in Kölner Kommentar, § 312 Rdnr. 15 ff.

abgelaufenen Geschäftsjahr im Interesse des herrschenden Unternehmens oder eines mit diesem verbundenen Unternehmens mit einem Dritten vorgenommen hat. (4) Alle Maßnamen, welche die abhängige Aktiengesellschaft auf Veranlassung oder im Interesse des herrschenden Unternehmens oder eines mit diesem verbundenen Unternehmens getroffen oder unterlassen hat.[308]

Ebenso wie in § 311 AktG bedeuten Rechtsgeschäften lediglich gegenseitige Verträge im Sinne der §§ 320 bis 327 BGB und Maßnahmen sämtliche rechtlichen und tatsächlichen Geschäfte im weitesten Sinne, die durch das herrschenden Unternehmen oder ein mit diesem verbundenen Unternehmen veranlasst oder im Interesse dieser Unternehmen von der abhängigen Aktiengesellschaft vorgenommen oder unterlassen worden sind und dabei nicht bereits zum Rechtsgeschäfte gehört.[309]

Der Vorstand der abhängigen Aktiengesellschaft muss nach § 312 Abs. 3 AktG am Schluss des Berichts erklären, ob die Gesellschaft bei jedem Rechtsgeschäft eine angemessene Gegenleistung erhalten hat und durch die getroffenen oder unterlassenen Maßnahmen nicht benachteiligt worden ist. Wenn die Gesellschaft benachteiligt worden ist, muss er außerdem erklären, ob die Nachteile ausgeglichen worden sind. Nach der Meinung von *Habersack* wird durch diese sogenannte Schlusserklärung vom Vorstand verlangt, die im Abhängigkeitsbericht mitgeteilten Fakten eindeutig, zusammenfassend und persönlich zu bewerten.[310] Die Schlusserklärung erinnere den Vorstand also daran, dass trotz des Abhängigkeitsverhältnisses er die Gesellschaft eigenverantwortlich leiten, Interessen der Gesellschaft verfolgen und ein nicht angemessenes Verlangen des herrschenden Unternehmens ablehnen müsse. Damit trägt die Schlusserklärung zur Verwirklichung des präventiven Zwecks des Abhängigkeitsberichts bei. Die Schlusserklärung muss nach § 312 Abs. 3

---

[308] *Henn*, Handbuch des Aktienrechts, Rdnr. 284; *Koppensteiner* in Kölner Kommentar, § 312 Rdnr. 25 ff.

[309] Vgl. oben dritter Teil I 2.2

[310] *Habersack* in Aktien- und GmbH-Konzernrecht, § 312 Rdnr. 44

S. 3 AktG auch in den nach § 289 HGB aufzustellenden Lagebericht aufgenommen werden.[311]

## 2. Prüfung des Abhängigkeitsberichts

Der Abhängigkeitsbericht wird nicht publiziert, weil er über Konzerninterna informiert. Statt seiner Veröffentlichung schreibt §§ 313, 314 AktG seine Prüfung durch die Abschlussprüfer und durch den Aufsichtsrat der abhängigen Aktiengesellschaft vor. Bei Vorliegen bestimmter Voraussetzung[312] ist nach § 315 AktG die Sonderprüfung durchzusetzen.

### 2.1. Prüfung durch den Abschlussprüfer

Der Abschlussprüfer muss nach § 313 Abs. 1 AktG zusammen mit dem Jahresabschluss und dem Lagebericht auch den Abhängigkeitsbericht prüfen. Der Abhängigkeitsbericht wird also von demselben Abschlussprüfer geprüft, der den Jahresabschluss prüfen muss.

Für die kleinen Aktiengesellschaften[313] im Sinne des § 267 Abs. 1 HGB gilt eine Ausnahme.[314] Nach § 313 Abs. 1 S. 1 AktG muss der Abschlussprüfer auch den Abhängigkeitsbericht prüfen, soweit der Jahresabschluss durch einen

---

[311] *Habersack* in Aktien- und GmbH-Konzernrecht, § 312 Rdnr. 47; *Kropff* in Münchener Kommentar zum Aktiengesetz, § 312 Rdnr. 141

[312] Vgl. unten dritter Teil III 2.3

[313] (§ 267 Abs. 1 HGB) Kleine Akteingesellschaften sind solche, die mindestens zwei der drei nachstehenden Merkmale nicht überschreiten :

1. 3438000 Euro Bilanzsumme nach Abzug eines auf der Aktivseite ausgewiesenen Fehlbetrags.
2. 6875000 Euro Umsatzerlöse in den zwölf Monaten vor dem Abschlussstichtag.
3. Im Jahresdurchschnitt fünfzig Arbeitsnehmer.

[314] *Habersack* in Aktien- und GmbH-Konzernrecht, § 313 Rdnr. 4; *Koppensteiner* in Kölner Kommentar, § 313 Rdnr. 5; *Krieger* in Münchener Handbuch des Gesellschaftsrechts Band 4 Aktiengesellschaft, § 69 Rdnr. 90; *Kropff* in Münchener Kommentar zum Aktiengesetz, § 313 Rdnr. 9

Abschlussprüfer geprüft werden muss. Nach § 316 Abs. 1 HGB brauchen aber die kleinen Aktiengesellschaften im Sinne des § 267 Abs. 1 HGB ihren Jahresabschluss durch einen Abschlussprüfer nicht prüfen zu lassen, so dass auch der Abhängigkeitsbericht nicht durch einen Abschlussprüfer geprüft werden muss. Also haben nur mittelgroße und große Aktiengesellschaften im Sinne des § 267 Abs. 2 und 3 HGB die Verpflichtung zur Prüfung des Abhängigkeitsberichts.[315]

Durch solche Ausnahme der Prüfung durch den Abschlussprüfer gerät das Ziel des Konzernrechts **„der Außenseiterschutz"** in Gefahr. Um diese Gefahr zu verhindern, schlägt *Kropff* vor, nach Analogie zu § 51 a GmbHG den außenstehenden Aktionären der kleinen Aktiengesellschaft ein Einsichtsrecht zu gewähren.[316]

Er sagt: **„Dieses Gesellschafterrecht erfüllt im faktischen GmbH-Konzern eine ähnliche Schutzfunktion wie im Aktienrecht die Prüfung des Abhängigkeitsberichts durch den Abschlussprüfer. Der Regierungsentwurf für ein GmbH-Konzernrecht von 1969 sah einen Abhängigkeitsbericht nur vor, wenn das Auskunfts- und Einsichtsrecht des GmbH-Gesellschafters ausgeschlossen war. Mit Rücksicht auf diesen engen funktionalen Zusammenhang zwischen dem Abhängigkeitsbericht und dem Auskunfts- und Einsichtsrecht ist den außenstehenden Aktionären der kleinen Aktiengesellschaft daher in entsprechender Anwendung des § 51 a GmbHG auf Verlangen Einsicht in den Abhängigkeitsbericht zu gewähren.[317] Wiederum entsprechend § 51 a Abs. 2 GmbHG darf der Vorstand aber die Einsicht in den Abhängigkeitsbericht versagen, wenn zu besorgen ist, dass der Aktionär sie zu gesellschaftsfremden**

---

315 *Krieger* in Münchener Handbuch des Gesellschaftsrechts Band 4 Aktiengesellschaft, § 69 Rdnr. 90

316 *Kropff* in Münchener Kommentar zum Aktiengesetz, § 312 Rdnr. 13 f.

317 *Habersack* bietet, dass in Anlehnung an §§ 253, 254 des Referentenentwurfs eines GmbH-Gesetzes von 1969 für die kleine Aktiengesellschaft eine Verpflichtung zur eigenständigen, also unabhängig von der Prüfung des Jahresabschlusses, Prüfung des Abhängigkeitsberichts angenommen werden sollte, in Aktien- und GmbH-Konzernrecht, § 313 Rdnr. 7

**Zwecken verwenden und dadurch der Gesellschaft einen nicht unerheblichen Nachteil zufügen wird".** [318]

Dass die kleinen Aktiengesellschaften im Sinne des § 267 Abs. 1 HGB von der Prüfung des Abhängigkeitsberichts durch den Abschlussprüfer befreit werden, ist für die außenstehenden Aktionäre der kleinen Aktiengesellschaft von Nachteil. Denn die Möglichkeit, die Richtigkeit des Abhängigkeitsberichts zu prüfen, verringert sich. Selbst wenn bei den kleinen Aktiengesellschaften aus ökonomischen Gründen die Prüfung des Abhängigkeitsberichts durch den Abschlussprüfer ausgeschlossen ist, muss auch in diesem Fall der Schutz der außenstehenden Aktionäre berücksichtigt werden. Der Vorschlag von *Kropff*, den außenstehenden Aktionären der kleinen Aktiengesellschaften ein Einsichtsrecht in den Abhängigkeitsbericht zu gewähren, kann daher überzeugen.

Der Abschlussprüfer muss zunächst prüfen, ob die tatsächlichen Angaben im Abhängigkeitsbericht richtig sind (§ 313 Abs. 1 S. 2 Nr. 1 AktG).[319] Bei den im Bericht angeführten Rechtsgeschäften muss auch geprüft werden, ob die Leistung der Gesellschaft nicht unangemessen hoch war (§ 313 Abs. 1 S. 2 Nr. 2 AktG).[320] Wenn sie dies war, muss der Abschlussprüfer auch prüfen, ob die Nachteile ausgeglichen worden sind. Bei den im Bericht aufgeführten Maßnahmen muss geprüft werden, ob keine Umstände für eine wesentlich andere Beurteilung als die durch den Vorstand sprechen (§ 313 Abs. 1 S. 2 Nr. 3 AktG).[321] Nach der herrschenden Meinung ist die Vollständigkeit des

---

318 *Kropff*, ZGR 1988, 571

319 *Henn*, Handbuch des Aktienrechts, Rdnr. 287; *Habersack* in Aktien- und GmbH-Konzernrecht, § 313 Rdnr. 14; *Koppensteiner* in Kölner Kommentar, § 313 Rdnr. 11; *Krieger* in Münchener Handbuch des Gesellschaftsrechts Band 4 Aktiengesellschaft, § 69 Rdnr. 91; *Kropff* in Münchener Kommentar zum Aktiengesetz, § 313 Rdnr. 37 ff.

320 *Henn*, Handbuch des Aktienrechts, Rdnr. 287; *Koppensteiner* in Kölner Kommentar, § 313 Rdnr. 12 ff.; *Kropff* in Münchener Kommentar zum Aktiengesetz, § 313 Rdnr. 40

321 *Henn*, Handbuch des Aktienrechts, Rdnr. 287; *Koppensteiner* in Kölner Kommentar, § 313 Rdnr. 15 f.; *Kropff* in Münchener Kommentar zum Aktiengesetz, § 313 Rdnr. 44

Abhängigkeitsberichts nicht der Prüfungsgegenstand des Abschlussprüfers.[322] *Emmerich/Sonnenschein/Habersack* sagen, dass der Abschlussprüfer bei der Entdeckung einer Unvollständigkeit des Abhängigkeitsberichts nach § 313 Abs. 2 S. 2 AktG verpflichtet sei, darüber nur zu berichten.[323]

Ein schriftlicher Bericht für den Vorstand über das Ergebnis der Prüfung muss nach § 313 Abs. 2 S. 3 AktG vom Abschlussprüfer erstellt werden. Das Ergebnis der Prüfung muss in einem Bestätigungsvermerk zusammengefasst werden, dessen Inhalt § 313 Abs. 3 AktG anordnet. Falls das Resultat Anlass zu Beanstandung gibt oder der Abschlussprüfer festgestellt hat, dass der Abhängigkeitsbericht unvollständig ist, muss nach § 313 Abs. 4 S. 1 AktG die Bestätigung begrenzt bzw. darf sie nicht erteilt werden. Eine durch den Abschlussprüfer abgegebene Unterschrift mit Orts- und Datumsangabe vervollständigt nach § 313 Abs. 5 S. 1 AktG den Bestätigungsvermerk, der nach § 313 Abs. 5 S. 2 AktG auch in den Prüfungsbericht zu integrieren ist.

Der Prüfungsbericht wird nicht veröffentlicht. Er fungiert nur als Grundlage für die Prüfung durch den Aufsichtsrat nach § 314 Abs. 2 AktG.[324] Nach § 314 Abs. 2 S. 3 AktG wird aber der Bestätigungsvermerk des Abschlussprüfers im Bericht des Aufsichtsrats an die Hauptversammlung veröffentlicht.

### 2.2. Prüfung durch den Aufsichtsrat

Nach § 314 Abs. 2 AktG muss der Abhängigkeitsbericht nach der Prüfung durch den Abschlussprüfer durch den Aufsichtsrat geprüft werden. Dazu muss der Vorstand den Abhängigkeitsbericht jedem Aufsichtsratsmitglied vorlegen

---

322 *Henn*, Handbuch des Aktienrechts, Rdnr. 287; *Emmerich/Sonnenschein/Habersack*, Konzernrecht, 427; *Habersack* in Aktien- und GmbH-Konzernrecht, § 313 Rdnr. 14; *Koppensteiner* in Kölner Kommentar, § 313 Rdnr. 11; *Krieger* in Münchener Handbuch des Gesellschaftsrechts Band 4 Aktiengesellschaft, § 69 Rdnr. 91; *Kropff* in Münchener Kommentar zum Aktiengesetz, § 313 Rdnr. 56

323 *Emmerich/Sonnenschein/Habersack*, Konzernrecht, 427 f.

324 *Emmerich/Sonnenschein/Habersack*, Konzernrecht, 428

(§ 314 Abs. 1 S. 2 AktG). Anders als der Abschlussprüfer muss der Aufsichtsrat nicht nur die Richtigkeit, sondern auch die Vollständigkeit des Berichts prüfen. [325] An den Verhandlungen des Aufsichtsrats über den Abhängigkeitsbericht muss der Abschlussprüfer teilnehmen und über die wesentlichen Ergebnisse seiner Prüfung berichten (§ 314 Abs. 4 AktG).

Prüfungsresultate sind der Hauptversammlung nach § 314 Abs. 2 S. 1 AktG als Bericht des Aufsichtsrats zu präsentieren. In diesem Bericht muss der Aufsichtsrat nach § 314 Abs. 2 S. 2 AktG zu dem Ergebnis der Prüfung des Berichts durch den Abschlussprüfer Stellung nehmen. An dessen Ende hat nach § 314 Abs. 3 AktG eine Nachfrage des Aufsichtsrats hinsichtlich eventuell vorzubringender Einwendungen gegen die Schlusserklärung des Vorstandes nach dem Prüfungsergebnis zu erfolgen. Ist dem so, besteht nach § 315 Nr. 2 AktG die Möglichkeit einer Sonderprüfung bezüglich der Erklärung des Aufsichtsrats aufgrund des Antrags eines außenstehenden Aktionärs.[326]

## 2.3. Sonderprüfung

Nach § 315 S. 1 AktG hat jeder Aktionär das Recht, die gerichtliche Bestellung eines Sonderprüfers zur Prüfung der geschäftlichen Beziehungen der abhängigen Aktiengesellschaft zu dem herrschenden Unternehmen oder einem mit ihm verbundenen Unternehmen zu beantragen, wenn der Abschlussprüfer den Bestätigungsvermerk zum Abhängigkeitsbericht eingeschränkt oder versagt hat (Nr. 1), wenn der Aufsichtsrat erklärt hat, dass Einwendungen gegen die Schlusserklärung des Vorstandes zu erheben sind (Nr. 2), oder wenn der Vorstand selbst erklärt hat, dass die abhängige Aktiengesellschaft vom herrschenden Unternehmen ohne Nachteilsausgleich benachteiligt worden ist (Nr. 3). Wenn einer dieser Tatbestände erfüllt ist, muss die Bestellung

---

[325] *Habersack* in Aktien- und GmbH-Konzernrecht, § 314 Rdnr. 12; *Koppensteiner* in Kölner Kommentar, § 314 Rdnr. 5; *Krieger* in Münchener Handbuch des Gesellschaftsrechts Band 4 Aktiengesellschaft, § 69 Rdnr. 95; *Kropff* in Münchener Kommentar zum Aktiengesetz, § 314 Rdnr. 3

[326] *Emmerich/Sonnenschein/Habersack*, Konzernrecht, 429

mindestens eines Sonderprüfers durch das Gericht[327] erfolgen, weil in diesem Fall der Verdacht vorliegt, dass ein unzulässiger Nachteil entstanden ist.[328] Der Aktionär, der die Sonderprüfung beantragen hat, braucht deshalb nicht die Nachteilszufügung nachzuweisen. Jeder Aktionär kann diesen Antrag stellen, so dass der Inhaber einer Aktie die Sonderprüfung beantragen kann.

Kommen andere Elemente hinzu, die die Annahme einer pflichtwidrigen Nachteilszufügung nahe legen, können die Aktionäre, deren Anteile zusammen mindestens 5% des Grundkapitals oder deren anteilige Betrag 500 000 Euro erreichen, nach § 315 S. 2 AktG die Sonderprüfung beantragen. In diesem Fall muss die Inhaberschaft dieser Aktien am Tag der Antragstellung bereits drei Monate lang bestanden haben.[329] Dadurch soll vermieden werden, dass Aktien nur für den Antrag auf die Sonderprüfung gekauft werden. Die Antragsteller müssen anders als im § 315 S. 1 AktG das Bestehen der Tatsachen bestätigen, die den Verdacht rechtfertigen.[330] Wenn das Bestehen des Verdachts angenommen wird, muss das Gericht einen oder mehrere Sonderprüfer bestellen.

Der Prüfung unterzogen werden alle kommerziellen Verbindungen zwischen der abhängigen Aktiengesellschaft und dem herrschenden oder mit diesem verbundenen Unternehmen. Jedoch umgrenzt das Geschäftsjahr, das nach § 315 S. 1 AktG Gegenstand des Abhängigkeitsberichts ist oder pflichtwidriger Nachteilszufügungen nach § 315 S. 2 AktG verdächtigt wird, die Reichweite der Sonderprüfung.[331]

---

327 Nach § 14 AktG ist das Amtsgericht des Gesellschaftssitzes zuständig.

328 *Emmerich/Sonnenschein/Habersack*, Konzernrecht, 430; *Habersack* in Aktien- und GmbH- Konzernrecht, § 315 Rdnr. 3

329 *Krieger* in Münchener Handbuch des Gesellschaftsrechts Band 4 Aktiengesellschaft, § 69 Rdnr. 99

330 *Habersack* in Aktien- und GmbH-Konzernrecht, § 315 Rdnr. 10

331 *Krieger* in Münchener Handbuch des Gesellschaftsrechts Band 4 Aktiengesellschaft, § 69 Rdnr. 102; *Habersack* in Aktien- und GmbH-Konzernrecht, § 315 Rdnr. 17; *Kropff* in Münchener Kommentar zum Aktiengesetz, § 315 Rdnr. 32

Ein schriftlicher Bericht über das Sonderprüfungsresultat muss nach § 145 Abs. 4 S. 1 AktG vom Sonderprüfer erstellt werden. Der Sonderprüfungsbericht muss nach § 145 Abs. 4 S. 3 AktG unverzüglich dem Vorstand und dem Handelsregister des Sitzes der Gesellschaft vorgelegt werden. Damit können auch die außenstehenden Aktionäre und Gesellschaftsgläubiger ihn einsehen. Gegenüber dem Vorstand kann die Forderung auf Übergabe einer Abschrift des Berichts vom einzelnen Aktionär nach § 145 Abs. 4 S. 4 AktG geltend gemacht werden.[332] Nach der Meinung von *Habersack* gewährt der Sonderprüfungsbericht den Aktionären und Gesellschaftsgläubigern eine Möglichkeit, die zur Geltendmachung der Ansprüche aus §§ 317, 318 AktG erforderlichen Informationen zu erhalten.[333] Gegen die Entscheidung des Gerichts ist nach § 315 S. 3 AktG die sofortige Beschwerde zulässig.

Darüber hinaus kann auch die Hauptversammlung nach den §§ 142 ff. AktG Sonderprüfer bestellen. Dabei dürfen die Sonderprüfer ganz und gar für die Gesellschaft sein. Um der Gefahr der Vereitelung des Rechts aus § 315 AktG vorzubeugen, schreibt § 315 S. 4 AktG vor, dass jeder Aktionär nach § 142 Abs. 4 AktG die Bestellung eines anderen Sonderprüfers beantragen könne, wenn die Hauptversammlung bereits zur Prüfung derselben Vorgänge nach § 142 AktG Sonderprüfer bestellt habe.[334]

### 3. Effizienz des Abhängigkeitsberichts

*Kübler* bezweifelt die Effizienz des Abhängigkeitsberichts.[335] Denn alle am Berichtsverfahren und Prüfungsverfahren Beteiligten, d.h. Vorstand, Abschlussprüfer und Aufsichtsrat, seien im Regelfall ausschließlich vom Vertrauen des herrschenden Unternehmens abhängig und die außenstehenden

---

332 *Krieger* in Münchener Handbuch des Gesellschaftsrechts Band 4 Aktiengesellschaft, § 69 Rdnr. 102

333 *Habersack* in Aktien- und GmbH-Konzernrecht, § 315 Rdnr. 2; *Koppensteiner* in Kölner Kommentar, § 315 Rdnr. 1

334 *Habersack* in Aktien- und GmbH-Konzernrecht, § 315 Rdnr. 20

335 *Kübler*, Gesellschaftsrecht, 377

Aktionäre haben keinen Einfluss auf das Verfahren sowie keine Möglichkeit, den Inhalt des Berichts zu wissen. *Emmerich/Sonnenschein* kritisiert auch die fehlende Publizität des Abhängigkeitsberichts.[336] Der Abhängigkeitsbericht wird nicht veröffentlicht. Nur die Schlusserklärung des Vorstandes, die nach § 312 Abs. 3 S. 3 AktG in den Lagebericht (§§ 274 Abs. 1, 289 HGB) aufgenommen werden muss, wird bekannt.[337] Selbst in einem Prozess, in dem außenstehende Aktionäre oder Gläubiger der abhängigen Aktiengesellschaft Ansprüche gegen das herrschende Unternehmen nach § 317 AktG geltend machen, soll der Abhängigkeitsbericht nicht vorgelegt werden.[338] Eine ausreichende Informationsgrundlage werde nicht geschaffen und deshalb seien die Rechtsverfolgungsmöglichkeiten der §§ 317, 318 AktG eingeschränkt. Aus diesem Grund hält *Emmerich/Sonnenschein* die Regelungen über den Abhängigkeitsbericht für wirkungslos.[339]

Kritik an der mangelnden Publizität des Abhängigkeitsberichts ist allerdings selten angemessen. Allein dessen Sinn, außenstehende Aktioäre über Vorgänge und Gegebenheiten innerhalb des Konzerns zu informieren, wird durch dieses Fehlen gefährdet. Dennoch hat die Nichtveröffentlichung des Abhängigkeitsberichts angemesseneren Grund.[340] Wenn der Abhängigkeitsbericht ausführlich die Vorteile und Nachteile bestimmter Maßnahmen darstellen soll, muss darin auch die Geschäfts- und Betriebsgeheimnisse des Unternehmens aufgestellt werden. Damit kann die Veröffentlichung des Abhängigkeitsbericht den Schaden der Gesellschaft verursachen. Dann wird der Vorstand den Bericht annähernd aufstellen, so dass die von Abschlussprüfer und Aufsichtsrat durchgeführte Kontrolle kompliziert wird. Aus diesem Gründe regelt das Aktienesetz keine Veröffentlichung des Berichts. Es schreibt aber seine

---

336 *Emmerich/Sonnenschein*, Konzernrecht, 6. Aufl., 367 f.

337 *Habersack* in Aktien- und GmbH-Konzernrecht, § 312 Rdnr. 4; *Kropff* in Münchener Kommentar zum Aktiengesetz, § 312 Rdnr. 10

338 *Schiessl*, ZGR 1998, 873; OLG Düsseldorf vom 11. 4. 1988 = AG 1988, 275, 277

339 *Emmerich/Sonnenschein*, Konzernrecht, 6. Aufl., 367

340 *Hoffmann-Becking*, Sitzungsbericht für den 59. Deutschen Juristentags, Rdnr. 19 f.; *Hommelhoff*, Gutachten G für den 59. Deutschen Jurustentags, G 59

Prüfung ausführlich vor, um der dadurch zu entstehende Gefahr vorzubeugen. Die außenstehenden Aktionäre können auch die Konzerninterna durch die Sonderprüfung veröffentlichen lassen.

*Schiessl* sagt: **„Durch die Pflicht zur Aufstellung eines Abhängigkeitsberichts achten die Vorstände bereits im Vorfeld darauf, dass nachteilige Maßnahmen unterbleiben bzw. ausgeglichen werden. Mit Rücksicht auf die Berichtspflicht unterbleiben Veranlassungen zum Nachteil der abhängigen Aktiengesellschaften häufig, so dass der Normzweck durchaus erreicht wird".**[341]

Darüber hinaus könnte man nicht von einer Ineffizienz des Abhängigkeitsberichts sprechen, wenn die Verwaltungsmitglieder der abhängigen Aktiengesellschaft bei der Pflichtverletzung hinsichtlich der Aufstellung und Prüfung des Abhängigkeitsberichts zum Schadensersatz verpflichtet wären. Denn die Verwaltungsmitglieder würden dann ihre Pflicht hinsichtlich des Abhängigkeitsberichts treulich erfüllen, um ihrer Verantwortlichkeit vorzubeugen. § 318 AktG regelt bereits die Verantwortlichkeit der Verwaltungsmitglieder der abhängigen Aktiengesellschaft hinsichtlich der Aufstellung und Prüfung des Abhängigkeitsberichts. Deshalb könnte man davon ausgehen, dass der Abhängigkeitsbericht seine präventive Funktion für die außenstehenden Aktionäre gut tut.

## § 4. Verantwortlichkeit der Verwaltungsmitglieder der abhängigen Aktiengesellschaft

§ 318 AktG regelt die Verantwortlichkeit des Vorstandes und des Aufsichtsrats der abhängigen Aktiengesellschaft für die Verletzung der nach §§ 312, 314 AktG bestehenden Pflicht hinsichtlich der Aufstellung und Prüfung des Abhängigkeitsberichts.

---

[341] *Schiessl*, ZGR 1998, 873

## 1. Verantwortlichkeit der Vorstandsmitglieder

### 1.1. Verantwortlichkeit für die Verletzung der Berichtspflicht

Nach § 318 Abs. 1 AktG haften die Vorstandsmitglieder der abhängigen Aktiengesellschaft mit dem herrschenden Unternehmen und seinen gesetzlichen Vertretern gesamtschuldnerisch für entstandenen Schaden, wenn sie es unter Verletzung ihrer Pflichten unterlassen haben, das nachteilige Rechtsgeschäft oder die nachteilige Maßnahme in dem Abhängigkeitsbericht aufzuführen, dass die Gesellschaft durch das Rechtsgeschäft oder die Maßnahme benachteiligt wurde und der Nachteil nicht ausgeglichen worden war.[342] Da der Vorstand für die Aufstellung des Abhängigkeitsberichts die Gesamtverantwortung nimmt, sind sämtliche Mitglieder, die dem Vorstand im Zeitpunkt der Berichterstattung angehören, Schuldner dieser Schadensersatzhaftung.[343] Da diese Haftung eine gesamtschuldnerische Mithaftung für die Ersatzansprüche nach § 317 AktG ist, muss für sie das Bestehen der Ersatzhaftung des herrschenden Unternehmens nach § 317 AktG vorausgesetzt werden.[344]

Der Anspruch aus § 318 Abs. 1 AktG steht prinzipell der abhängigen Aktiengesellschaft zu. Auch jeder Aktionär oder Gesellschaftsgläubiger, soweit dieser von der Gesellschaft keine Befriedigung erlangen kann, kann nach § 318 Abs. 4 AktG in Verbindung mit § 309 Abs. 4 AktG diesen Anspruch geltend machen.[345] Der Aktionär kann nach § 309 Abs. 4 S. 2 AktG nur Leistung an die Gesellschaft, aber der Gesellschaftsgläubiger nach § 309 Abs. 4 S. 3 AktG

---

342 *Henn*, Handbuch des Aktienrechts, Rdnr. 292

343 *Habersack* in Aktien- und GmbH-Konzernrecht, § 318 Rdnr. 3

344 *Krieger* in Münchener Handbuch des Gesellschaftsrechts Band 4 Aktiengesellschaft, § 69 Rdnr. 111

345 *Emmerich/Sonnenschein/Habersack*, Konzernrecht, 436; *Habersack* in Aktien- und GmbH-Konzernrecht, § 318 Rdnr. 3; *Kropff* in Münchener Kommentar zum Aktiengesetz, § 318 Rdnr. 19 f.

Leistung an sich selbst verlangen.[346] In der Insolvenz der abhängigen Aktiengesellschaft kann allein der Insolvenzverwalter oder der Sachverwalter nach § 309 Abs. 4 S. 5 AktG den Anspruch stellen.

### 1.2. Verantwortlichkeit für die Verletzung der Sorgfaltspflicht

Es handelt sich in § 318 Abs. 1 AktG nur um die Verantwortlichkeit des Vorstandes für die Verletzung der Berichtspflicht des § 312 AktG. Nach der herrschenden Meinung verdrängt § 318 AktG deshalb nicht § 93 AktG.[347] Da § 318 AktG nur eine Haftung für die Verletzung der Berichtspflicht regele, hafte der Vorstand für die Verletzung sonstiger Pflichten nach § 93 AktG.

Beim faktischen Konzern besteht keine Folgepflicht des Vorstandes der abhängigen Aktiengesellschaft, so dass trotz des faktischen Abhängigkeitsverhältnisses der Vorstand der abhängigen Aktiengesellschaft keine Veranlassung des herrschenden Unternehmens zu befolgen brauchen. Da §§ 76 und 93 AktG immer noch gelten, muss er mit der Sorgfalt eines ordentlichen und gewissenhaften Geschäftsleiters die Gesellschaft unter eigener Verantwortung leiten. Nur beim Nachteilsausgleich nach § 311 AktG wird die Ausnahme dieser allgemeinen Sorgfaltspflicht angenommen und darf der Vorstand der abhängigen Aktiengesellschaft die nachteiligen Weisungen des herrschenden Unternehmens befolgen.[348]

Falls das herrschende Unternehmen zu einer bestimmten Maßnahme veranlasst, muss der Vorstand der abhängigen Aktiengesellschaft deshalb sorgfältig

---

346 *Habersack* in Aktien- und GmbH-Konzernrecht, § 318 Rdnr. 3; *Kropff* in Münchener Kommentar zum Aktiengesetz, § 317 Rdnr. 68

347 *Emmerich/Sonnenschein/Habersack*, Konzernrecht, 436; *Geßler*, FS Harry Westermann, 153, 159; *Habersack* in Aktien- und GmbH-Konzernrecht, § 318 Rdnr. 10; *Koppensteiner* in Kölner Kommentar, § 318 Rdnr. 10; *Krieger* in Münchener Handbuch des Gesellschaftsrechts Band 4 Aktiengesellschaft, § 69 Rdnr. 112; *Kropff* in Münchener Kommentar zum Aktiengesetz, § 318 Rdnr. 3, 24

348 *Geßler*, FS Harry Westermann, 159 f.

prüfen, ob die Maßnahme zulässig ist, ob ein Nachteil entsteht, ob der Nachteil ausgeglichen ist und ob das herrschende Unternehmen den Nachteil ausgleichen kann.[349] Wenn der Vorstand der Veranlassung des herrschenden Unternehmens nachkommen darf, weil die Maßnahme für seine Gesellschaft vorteilhaft ist, entsteht kein Problem. Wenn die Maßnahme für seine Gesellschaft nicht vorteilhaft ist, muss er sie ablehnen. Er ist nicht verpflichtet, der Veranlassung zu folgen.

Ist die Maßnahme für seine Gesellschaft nachteilig, erwägt er aber dennoch der Veranlassung des herrschenden Unternehmens wegen des Konzernverbindung zu folgen, muss er die Maßnahme darauf prüfen, ob der seiner Gesellschaft dadurch entstehende Nachteil auszugleichen ist. Ist der Nachteil nicht auszugleichen, z. B. weil er nicht quantifizierbar ist, muss der Vorstand die Maßnahme ablehnen. Sonst verpflichtet er sich nach § 93 Abs. 2 AktG zum Schadensersatz. Stellt der Vorstand fest, dass die veranlassene Maßnahme nachteilig ist und der Nachteil auszugleichen ist, muss er das herrschende Unternehmen auf den drohenden Nachteil hinweisen und den Nachteilsausgleich fordern. Bestreitet das herrschende Unternehmen den nachteiligen Charakter der Maßnahme, muss der Vorstand die Maßnahme ablehnen. Andernfalls verpflichtet er sich zum Schadensersatz.

Akzeptiert das herrschende Unternehmen seine Ausgleichspflicht, muss der Vorstand die Höhe des Nachteils und den erforderlichen Ausgleich prüfen sowie über die Art und Weise des Ausgleichs mit dem herrschenden Unternehmen verhandeln. Dann darf der Vorstand die Maßnahme durchführen. Allerdings muss die Verhandlung nach § 311 Abs. 2 AktG nicht sofort abgeschlossen werden. Am Anfang genügt eine Grundsatzvereinbarung, dass der Nachteil ausgeglichen wird. Dann muss bis zum Ende des Geschäftsjahres

---

349 *Habersack* in Aktien- und GmbH-Konzernrecht, § 311 Rdnr. 78 f.; *Emmerich/Sonnenschein/Habersack*, Konzernrecht, 436; *Geßler*, FS Harry Westermann, 156 f.; *Sonnenschein*, Der Schutz von Minderheitsgesellschaftern und Gläubigern der abhängigen Gesellschaft im deutschen Recht, in: Das Gesellschaftsrecht der Konzerne im internationalen Vergleich, 79 f.

die Ausgleichsleistung konkretisiert werden.[350] Solange der Ausgleich noch nicht konkretisiert ist, muss der Vorstand auch den zwischenzeitlich zunehmenden Nachteil fordern. Sonst haftet er nach § 93 Abs. 2 AktG zum Schadensersatz.[351] Wird die Verhandlung über die Ausgleichsleistung bis zum Ende des Geschäftsjahres nicht abgeschlossen oder kommt das herrschende Unternehmen nach der Verhandlung dem Nachteilsausgleich nicht nach, haftet es nach § 317 AktG. Der Vorstand der abhängigen Aktiengesellschaft haftet in diesem Fall nicht. Seine Verantwortlichkeit beschränkt sich auf die Verletzung der Berichtspflicht des § 318 AktG, sofern eine solche vorliegt.

*Sonnenschein* sagt aber, dass die Geltendmachung dieser Ersatzansprüche nach § 93 AktG durch die Minderheit problematisch sei.[352] Denn nach § 147 Abs. 1 S. 1 AktG sei die Ersatzansprüche nur durch den Beschluss der Hauptversammlung mit einfacher Stimmenmehrheit oder durch das Verlangen einer Minderheit, deren Anteile zusammen 10% des Grundkapitals erreichen, geltend zu machen. Da in der Hauptversammlung das herrschende Unternehmen in der Regel den Einfluss habe, sei die Zustimmung des Ersatzanspruchs in der Hauptversammlung unzumutbar. Unzumutbar sei auch, dass sich eine Minderheit von 10% des Grundkapitals sammelt.

### 2. Verantwortlichkeit der Aufsichtsratsmitglieder

Nach § 318 Abs. 2 AktG haften auch die Aufsichtsratsmitglieder der abhängigen Aktiengesellschaft mit dem herrschenden Unternehmen und seinen gesetzlichen Vertretern gesamtschuldnerisch auf den Schadensersatz, wenn sie hinsichtlich des nachteiligen Rechtsgeschäfts oder der nachteiligen Maßnahme ihre Pflicht, den Bericht zu prüfen und über das Ergebnis der Prüfung an die

---

350 *Geßler*, FS Harry Westermann, 162

351 *Geßler*, FS Harry Westermann, 164

352 *Sonnenschein*, Der Schutz von Minderheitsgesellschaftern und Gläubigern der abhängigen Gesellschaft im deutschen Recht, in: Das Gesellschaftsrecht der Konzerne im internationalen Vergleich, 56

Hauptversammlung zu berichten, verletzt haben.[353] Die Pflichtverletzung liegt auch dann vor, wenn der Aufsichtsrat nicht mitteilt, dass der Vorstand zu Unrecht keinen Abhängigkeitsbericht aufgestellt hat.[354] Nach § 318 Abs. 4 AktG in Verbindung mit § 309 Abs. 4 AktG kann jeder Aktionär und Gläubiger der abhängigen Aktiengesellschaft diesen Ersatzanspruch geltend machen.

Es handelt sich in § 318 Abs. 2 AktG nur in die Verantwortlichkeit des Aufsichtsrats für die Verletzung der Prüfungspflicht nach § 314 AktG, so dass für die Verletzung der sonstigen Pflichten der Aufsichtsrat nach § 116 AktG haftet.[355] Nach § 147 Abs. 1 S. 1 AktG darf auch dieser Ersatzanspruch nur von der Hauptversammlung mit einfacher Stimmenmehrheit oder einer Minderheit von 10% des Grundkapitals geltend gemacht werden. Auch in diesem Fall entsteht eine Problematik, die der bei der Verantwortlichkeit des Vorstands entstehenden Problematik gleicht.

---

353 *Henn*, Handbuch des Aktienrechts, Rdnr. 292

354 *Habersack* in Aktien- und GmbH-Konzernrecht, § 318 Rdnr. 14; *Koppensteiner* in Kölner Kommentar, § 318 Rdnr. 5

355 *Emmerich/Sonnenschein/Habersack*, Konzernrecht, 436; *Geßler*, FS Harry Westermann, 153, 159; *Habersack* in Aktien- und GmbH-Konzernrecht, § 318 Rdnr. 15; *Koppensteiner* in Kölner Kommentar, § 318 Rdnr. 10; *Krieger* in Münchener Handbuch des Gesellschaftsrechts Band 4 Aktiengesellschaft, § 69 Rdnr. 112; *Kropff* in Münchener Kommentar zum Aktiengesetz, § 318 Rdnr. 3, 24

# Vierter Teil
# Minderheitenschutz der abhängigen Aktiengesellschaft im qualifizierten faktischen Aktienkonzern

Als der Gesetzgeber die Bestimmungen der §§ 311 ff. AktG regelte, berechnete er nur den einzelnen Ausgleich nachteiliger Maßnahmen. Dafür ist erforderlich, dass die nachteiligen Maßnahmen und ihre Auswirkungen zu isolieren sind.[356] Wenn aber einzelne Veranlassungen nicht mehr zu isolieren sind und deswegen der Ausgleich nach §§ 311, 317 AktG nicht möglich ist, ist der durch das Einzelausgleichssystem intendierte Schutz der abhängigen Aktiengesellschaft und ihrer Minderheitsaktionäre deshalb nicht zu verwirklichen.[357] Diese umfangreiche Konzernherrschaft ist mit Rücksicht auf §§ 76 und 308 AktG nur dann zuzulassen, wenn ein Beherrschungsvertrag abgeschlossen wird.[358] Denn nur im Vertragsaktienkonzern ist der Schutz der Gesellschaft, ihrer Aktionäre und ihrer Gläubiger durch Verlustausgleich (§ 302 AktG), Sicherheitsleistung bei Vertragsbeendigung (§ 303 AktG) und Ausgleich sowie Abfindung (§§ 304, 305 AktG) zu gewährleisten. Ohne Abschluss eines Beherschungsvertrags kann das herrschende Unternehmen nur unter der Voraussetzung des Nachteilsausgleich seinen Einfluss ausüben.

Wenn das herrschende Unternehmen aber ohne Abschluss eines Beherrschungsvertrags einen solchen umfangreichen Einfluss ausübt, ist der Nachteilsausgleich wegen der Isolierungsunmöglichkeit der Veranlassungen und ihrer Auswirkungen unmöglich. Hier liegt eine Gesetzeslücke vor. Für diesen Fall wird der qualifizierte faktische Konzern entwickelt und dabei kommen die Rechtsfolgen der §§ 302 ff. AktG zur Anwendung. Denn andernfalls würde das

---

356 Vgl. oben erster Teil II

357 *Kropff* in Münchener Kommentar zum Aktiengesetz, § 317 Anh. Rdnr. 1; *Michalski*, NJW 1996, 224

358 *Habersack* in Aktien- und GmbH-Konzernrecht, Anh. II § 318 Rdnr. 1

ohne Beherrschungsvertrag qualifizierten Einfluss ausübende Unternehmen gegenüber einem durch Abschluss eines Beherrschungsvertrags rechtmäßig Einfluss ausübenden Unternehmen ungerecht privilegiert. Aus diesem Grund ist ebenfalls die Möglichkeit zu suchen, den rechtlich unzulässigen qualifizierten faktischen Aktienkonzern im voraus zu verhindern.

## § 1. Entwicklung im GmbH-Recht

### 1. Qualifizierter faktischer GmbH-Konzern als Ausgangspunkt

Der qualifizierte faktische Konzern wurde ursprünglich im GmbH-Recht entwickelt. Nach der aktiven Diskussion im Schriftum[359] hat sich der BGH in der **„Autokran-Urteil"** vom 16. 9. 1985[360] erstmals für den qualifizierten faktischen GmbH-Konzern interessiert.[361] Nachher folgten weitere Entscheidungen, von denen das **„Video-Urteil"**[362] die größte Aufmerksamkeit auslöste und das **„TBB-Urteil"**[363] in das Konzernrecht Beruhigung hervorbrachte.

Jedenfalls ist der Ausgangspunkt des qualifizierten faktischen Konzerns der qualifizierte faktische GmbH-Konzern. Ohne diesen könnte auch das Problem des qualifizierten faktischen Aktienkonzerns nicht gelöst werden. Deshalb soll die Entwicklung im GmbH-Recht zunächst nachgezeichnet werden.

---

359 *Arbeitskreis GmbH-Reform*, Thesen und Vorschläge zur GmbH-Reform, Band 2, 49 ff.; *Emmerich*, AG 1975, 288 f.; *Martens*, DB 1970, 868 f.

360 BGHZ 95, 330 = NJW 1986, 188

361 *Habersack* in Aktien- und GmbH-Konzernrecht, Anh. II § 318 Rdnr. 3

362 BGHZ 115, 187 = NJW 1991, 3142

363 BGHZ 122, 123 = NJW 1993, 1200

## 1.1. Das Autokran-Urteil vom 16. 9. 1985[364]

Klägerin war ein Leasingunternehmen, das im Laufe von zwei Jahren insgesamt 39 Autokräne an sieben GmbHs verleast hatte. Haupt- und Alleingesellschafter sowie Alleingeschäftsführer der sieben GmbHs war der Beklagte. Dieser hatte für die Finanzierung und die Buchführung der Unternehmensgruppe eine weitere GmbH gegründet, die mit den sieben Leasingnehmergesellschaften Factoringverträge abgeschlossen und deren gesamtes Inkasso übernommen hatte. Als die Leasingnehmergesellschaften die Zahlungen an die Klägerin einstellten, nahm diese den Beklagten auf die ausstehenden Zahlungen in Anspruch. Da er an allen sieben Leasingnehmergesellschaften und im übrigen auch ähnlich an anderen Gesellschaften beteiligt war, behandelte der BGH ihn als herrschendes Unternehmen im Sinne von § 303 AktG.

Da der Beklagte diese Gesellschaften zudem **„mit einer kaum zu übertreffenden Dichte seines Einflusses einheitlich geleitet, wie eine bloße Betriebsabteilung eines einheitlichen Unternehmens organisiert und behandelt und die Geschäftsführung dauernd und umfassend ausgeübt hat"**, wird ein qualifizierter faktischer Konzern angenommen, der die analoge Anwendung der Gläubigerschutzbestimmungen des § 303 AktG zur Folge haben kann. Das Vorliegen des qualifizierten faktischen Konzerns begründet freilich nur die Vermutung, dass die Belange der abhängigen Gesellschaften dem Konzerninteresse geopfert worden sind. Entsprechend § 317 Abs. 2 AktG kann sich das herrschende Unternehmen der Ersatzpflicht dadurch entziehen, **„dass es dartut, der pflichtgemäß handelnde Geschäftsführer einer selbständigen GmbH würde die Geschäfte unter den gegebenen Umständen nicht anders geführt haben"**.

---

364 BGHZ 95, 330 = NJW 1986, 188

### 1.2. Das Tiefbau-Urteil vom 20. 2. 1989[365]

Das Tiefbau-Urteil bestätigte den im Autokran-Urteil erwähnten Ansatz, modifizierte ihn aber zugleich nicht unerheblich. Schon die **„finanzielle Leitung"** einer GmbH kann ihre **„dauernde und umfassende"** Beeinflussung begründen. Das herrschende Unternehmen wird entsprechend § 302 AktG zum Ausgleich der Verluste der abhängigen GmbH verpflichtet. Die im Autokran-Urteil eröffnete Entlastungsmöglichkeit wird aber eingeschränkt. Das herrschende Unternehmen kann sich nur noch durch den Nachweis befreien, dass **„die eingetretenen Verluste auf Umständen beruhen, die mit der Ausübung von Leitungsmacht nichts zu tun haben"**.

### 1.3. Das Video-Urteil vom 23. 9. 1991[366]

Während das Autokran-Urteil und das Tiefbau-Urteil überwiegend als sinnvoller Fortschritt gebilligt worden waren,[367] löste das sich anschließende Video-Urteil lautstarke Proteste aus.[368] Der BGH urteilte, **„der Allein- oder Mehrheitsgesellschafter einer GmbH, der gleichzeitig deren alleiniger Geschäftsführer ist und Unternehmereigenschaft hat, haftet grundsätzlich nach den Haftungsregeln im qualifizierten faktischen Konzern"**. Unternehmereigenschaft entsteht unabhängig von der Rechtsform der Gestaltungseinheit, so dass auch natürliche Personen als Gesellschafter oder Geschäftsführer ein Unternehmen im Sinne von §§ 15 ff. AktG darstellen können, falls ein einzelkaufmännisches Unternehmen zusätzlich zur Gesellschaft geführt wird

365 BGHZ 107, 7 = NJW 1989, 1800

366 BGHZ 115, 187 = NJW 1991, 3142

367 *Lutter*, ZIP 1985, 1425 ff.; *K. Schmidt*, ZIP 1986, 146 ff.; *Stimpel*, AG 1986, 117 ff.; *Ulmer*, AG 1986, 123 ff.

368 *Altmeppen*, DB 1991, 2229; *Flume*, DB 1992, 25; *Hommelhoff*, DB 1992, 309; *Kleindiek*, ZIP 1991, 1330; *Knobbe-Keuk*, DB 1992, 1463; *Meilicke*, DB 1992, 1867; *K. Schmidt*, ZIP 1991, 1325; *Timm*, NJW 1992, 2187

oder eine relevante Beteiligung an anderen Gesellschaften vorliegt.[369] Nach dem Video-Urteil wurde die **„dauernde und umfassende Leitung"** vermutet, wenn der Allein- oder Mehrheitsgesellschafter einer GmbH ein **„Unternehmen"** ist. Die dauernde und umfassende Leitung wurde als Indiz angesehen, dass ein gefährlicher Zustand für Minderheitsgesellschafter und Gesellschaftsgläubiger eingetreten ist. Diese Vermutung eines gefährlichen Zustandes konnte allerdings durch den Gegenbeweis mangelnder Kausalität beseitigt werden. Dieser Beweis wurde aber als nahezu unmöglich angesehen. Einige befürchteten deshalb einen Abschied von der Gesellschaft mit beschränkter Haftung,[370] weil viele Mehrheitsgesellschafter und Alleingesellschafter der GmbH noch ein einzelkaufmännisches Unternehmen führen und somit die qualifizierten faktischen Konzernunternehmen sind. Im praktischen Ergebnis bedrohte das Video-Urteil den Vorteil der Haftungsbegrenzung des GmbH-Gesellschafters gemäß § 13 Abs. 2 GmbHG. Diese Befürchtung hat sich allerdings wegen des TBB-Urteil nicht bestätigt.[371]

Das Video-Urteil stand im Mittelpunkt der Heidelberger Konzernrechts-tage[372] und des zweiten Beratungstages der wirtschafts-rechtlichen Abteilung des 59. Deutschen Juristentages 1992.[373] Durch Beschluss dieser Abteilung wurde **„den rechtsfortbildenden Instanzen als Leitlinie einer rechtlichen Entwicklung empfohlen, die bisher gefundene Haftungsregel einzu-schränken"**.[374]

---

[369] *Emmerich/Sonnenschein/Habersack*, Konzernrecht, 464; *Habersack* in Aktien- und GmbH-Konzernrecht, Anh. II § 318 Rdnr. 3; *Kropff* in Münchener Kommentar zum Aktiengesetz, § 317 Anh. Rdnr. 13; *Michalski*, NJW 1996, 225

[370] *Altmeppen*, DB 1991, 2225

[371] *Michalski*, NJW 1996, 225

[372] *Hommelhoff/Stimpel/Ulmer*, Heidelberger Konzernrechtstage: Der qualifizierte faktische GmbH-Konzern, 1992

[373] *Verhandlungen des 59. Deutschen Juristentags*, 1992

[374] *Kropff*, AG 1993, 485

### 1.4. Das TBB-Urteil vom 29. 3. 1993[375]

Die zum Video-Urteil vorgetragene Kritik veranlasste den BGH zu einer erneuten Wendung. Diese wurde im TBB-Urteil vollzogen. In diesem Fall war die TBB-GmbH auf Veranlassung ihrer Konzernmutter den Darlehensschulden ihrer Konzernschwestern beigetreten. Sie hatte ihr gesamtes Anlagevermögen sowie ihre Forderungen gegen Dritte als Sicherheit für Kredite an eine Bank übertragen, die der TBB-GmbH und ihren Konzernschwestern gewährt worden waren. Die kreditgewährende Bank hatte aufgrund eines Saldos abgerechnet, das für den Gesamtkonzern erstellt worden war. Der mit seinen Forderungen gegen die TBB-GmbH ausgefallene Gläubiger nahm die Konzernmutter in Anspruch.

Im TBB-Urteil tritt an die Stelle einer Vermutung der Haftung für die **„dauernde und umfassende Leitung"** nunmehr der Tatbestand des **„objektiven Missbrauchs der Konzernleitungsmacht"** durch das herrschende Unternehmen, dessen Voraussetzungen nicht mehr vermutet werden, sondern zunächst vom Kläger darzulegen und zu beweisen sind. Dabei können dem Kläger Erleichterungen hinsichtlich seiner Substantiierungslast eingeräumt werden, soweit das herrschende Unternehmen im Gegensatz zum Kläger die maßgebenden Tatsachen kennt und ihm die Darlegung des Sachverhalts zumutbar ist. Nach dem TBB-Urteil sollte der **„Missbrauch einer Konzernleitungsmacht"** vorliegen, **„wenn der herrschende Unternehmensgesellschafter seine Leitungsmacht in einer Weise ausübt, die keine angemessene Rücksicht auf die eigenen Belange der abhängigen Gesellschaft nimmt, ohne das sich der ihr insgesamt zugefügte Nachteil durch Einzelausgleichsmaßnahmen konpensieren lässt"**. Ein solcher Missbrauch der Konzernleitungsmacht sollte eine Konzernhaftung verursachen. Also trifft das herrschende Unternehmen eine Konzernhaftung, wenn es für die Maßnahmen, welche die durch Einzelausgleich nicht zu kompensierenden Nachteile der abhängigen Gesellschaft entstehen lassen, seine Leitungsmacht ausübt. Schließlich stellt solcher **„Missbrauch der Konzernleitungsmacht"** inhaltlich die **„Nachteils-**

[375] BGHZ 122, 123 = NJW 1993, 1200

**zufügung"** gegenüber der abhängigen Gesellschaft und die **„Unmöglichkeit des Einzelausgleichs"** nach den §§ 311, 317 AktG dar. Bei Bestehen solcher Voraussetzung hafte der eine GmbH beherrschende Unternehmensgesellschafter entsprechend den §§ 302, 303 AktG. Das TBB-Urteil wurde inzwischen vom BGH mehrfach bestätigt.[376] Das BAG,[377] das BSG[378] und die Instanzgerichte[379] sind das TBB-Urteil gefolgt.

### 2. Abschied vom qualifizierten faktischen GmbH-Konzern?

In den drei neuesten Urteilen hat der BGH aber die Haftung des herrschenden Gesellschafters nicht auf die qualifizierte faktische Konzernherrschaft, sondern auf die Existenzvernichtung der Gesellschaft zurückgeführt.

#### 2.1. Bremer Vulkan-, L. Kosmetik- und KBV-Urteil

Im **„Bremer Vulkan-Urteil"**[380] erklärt der BGH: **„Der Schutz einer abhängigen GmbH gegen Eingriffe ihres Alleingesellschafters folgt nicht dem Haftungssystem des Konzernrechts des Aktienrechts, sondern ist auf die Erhaltung ihres Stammkapitals und die Gewährleistung ihres Bestandsschutzes beschränkt, der eine angemessene Rücksichtnahme auf die Eigenbelange der GmbH erfordert. An einer solchen Rücksichtnahme fehlt es, wenn die GmbH infolge der Eingriffe**

---

376 BGH vom 13. 12. 1993 = NJW 1994, 446; BGH vom 19. 9. 1994 = NJW 1994, 3288; BGH vom 27. 3. 1995 = NJW 1995, 1544; BGH vom 12. 2. 1996 = NJW 1996, 1283; BGH vom 25. 11. 1996 = NJW 1997, 943

377 BAG vom 14. 12. 1993 = AG 1994, 279; BAG vom 8. 3. 1994 = AG 1994, 510; BAG vom 4. 10. 1994 = AG 1995, 276; BAG vom 1. 8. 1995 = AG 1996, 222 ; BAG vom 3. 9. 1998 = NJW 1999, 740; BAG vom 8. 9. 1998 = ZIP 1999, 723

378 BSG vom 27. 9. 1994 = AG 1995, 279

379 OLG München vom 21. 4. 1994 = NJW 1994, 2900; OLG Bamberg vom 10. 5. 1995 = AG 1998, 191; OLG Köln vom 26. 8. 1996 = AG 1997, 379; OLG Dresden vom 19. 12. 1996 = AG 1997, 330; OLG Köln vom 30. 4. 1997 = AG 1999, 92; OLG Frankfurt vom 30. 4. 1997 = AG 1998, 193; OLG Düsseldorf vom 26. 11. 1998 = NZG 1999, 502; OLG Hamm vom 10. 2. 1999 = NZG 1999, 837; LG Frankfurt vom 20. 1. 1997 = AG 1998, 98

380 BGH vom 17. 9. 2001 = BGHZ 149, 10 = NJW 2001, 3622

**ihres Alleingesellschafters ihren Verbindlichkeiten nicht mehr nachkommen kann. Veranlasst der Alleingesellschafter die von ihm abhängige GmbH, ihre liquiden Mittel in einen von ihm beherrschten konzernierten Liquiditätsverbund einzubringen, tritt ihn die Pflicht, bei Dispositionen über ihr Vermögen auf ihr eigeninteresse an der Aufrechterhaltung ihrer Fähigkeit, ihren Verbindlichkeiten nachzukommen, angemessene Rücksicht zu nehmen und ihre Existenz nicht zu gefährden. Kommt er dieser Verpflichtung nicht nach, kann er sich eines Treuebruchs im Sinne des § 266 Abs. 1 StGB schuldig machen".**

Im fünf Monate später entschiedenen „**L. Kosmetik-Urteil**"[381] dehnt der BGH die Haftung des existenzvernichtenden Eingriffs auf diejenigen Mitgesellschafter aus, „**die, ohne selber etwas empfangen zu haben, durch ihr Einverständnis mit dem Vermögensabzug an der Existenzvernichtung der Gesellschaft mitgewirkt haben**".

Im „**KBV-Urteil**"[382] erklärt der BGH in Übereinstimmung mit den Bremer Vulkan- und L. Kosmetik-Urteil: „**Die Respektierung der Zweckbindung des Gesellschaftsvermögens zur vorrangigen Befriedigung der Gesellschaftsgläubiger während der Lebensdauer der GmbH ist unabdingbare Voraussetzung für die Inanspruchnahme des Haftungsprivilegs des § 13 Abs. 2 GmbHG. Zugriffe der Gesellschafter auf das Gesellschaftsvermögen, welche die auf Grund dieser Zweckbindung gebotene angemessene Rücksichtnahme auf die Erhaltung der Fähigkeit der Gesellschaft zur Bedienung ihrer Verbindlichkeiten in einem ins Gewicht fallenden Maße vermissen lassen, stellen deshalb einen Missbrauch der Rechtsform der GmbH dar, der zum Verlust des Haftungsprivilegs führt, soweit nicht der der GmbH durch den Eingriff insgesamt zugefügte Nachteil bereits nach §§ 30, 31 GmbHG ausgegelichen werden kann. Bei Vorliegen der genannten Voraussetzungen sind die Gesellschaftsgläubiger grundsätzlich berechtigt, ihre Forderungen unmittelbar gegen die an den Eingriffen in das Gesellschaftsvermögen mitwirkenden Gesellschafter geltend zu machen, soweit sie von der Gesellschaft keine Befriedigung erlangen können**".

---

381 BGH vom 25. 2. 2002 = BGHZ 150, 61 = NJW 2002, 1803

382 BGH vom 24. 6. 2002 = NJW 2002, 3024

## 2.2. Durchgriffshaftung

Aufgrund dieser Urteile geht *Wilhelm* davon aus, dass der BGH die Haftung herrschendes Unternehmergesellschafters nunmehr nicht aus der konzernrechtlichen Haftung, sondern aus der Durchgriffshaftung begründe.[383] Der BGH habe der Haftung nur einen neuen Namen gegeben, d.h. **„die Haftung wegen Existenzvernichtung oder wegen existenzvernichtender Eingriffe"**.

Bei Missbrauch der Rechtsform der Kapitalgesellschaft durch Vermögensvermischung, bei der Vermögensmassen und Rechtssubjekte in einer Weise miteinander vermischt sind, dass bestimmte Gegenstände nicht eindeutig dem einen oder dem anderen Vermögen zuzuordnen sind, oder eindeutige materielle Unterkapitalisierung, bei der die Gesellschaft im Verhältnis zum Geschäftsumfang zu geringen Stammkapital hat, werden die Trennung der Rechtspersönlichkeit der Gesellschaft von derjenigen der Gesellschafter und damit die Trennung des Gesellschaftsvermögens vom Privatvermögen der Gesellschafter aus der Durchgriffshaftung nicht anerkannt. Infolgedessen haften die Gesellschafter, welche die Rechtsform der Kapitalgesellschaft missbraucht haben, für die Verbindlichkeiten der Gesellschaft gegenüber Gesellschaftsgläubigern mit ihrem Privatvermögen unmittelbar und persönlich.[384] Während die Durchgriffshaftung wegen Vermögensvermischung sowohl in der Rechtsprechung[385] als auch im Schriftum[386] anerkannt ist, wird die Durchgriffshaftung wegen Unterkapitalisierung nur im Schriftum nachdrücklich behauptet.[387] In der Rechtsprechung ist bis heute kein einheitlicher Maßstab vorhanden, ob und in welchen Fällen die Durchgriffshaftung wegen

383 *Wilhelm*, NJW 2003, 176; *Cahn*, ZGR 2003, 310

384 *Heider* in Münchener Kommentar zum Aktiengesetz, § 1 Rdnr. 62

385 BGHZ 95, 330; BGHZ 125, 366 = NJW 1994, 1801; OLG Rostock vom 25. 7. 1996 = DB 1996, 1818; BSG vom 1. 2. 1996 = GmbHR 1996, 604

386 *Heider* in Münchener Kommentar zum Aktiengesetz, § 1 Rdnr. 65; *Raiser*, Recht der Kapitalgesellschaft, § 29 Rdnr. 24; *K. Schmidt*, ZIP 1994, 837

387 *Heider* in Münchener Kommentar zum Aktiengesetz, § 1 Rdnr. 70 ff.; *Raiser*, Recht der Kapitalgesellschaft, § 29 Rdnr. 29, 31

Unterkapitalisierung entstehen kann. Nunmehr hat der BGH aber durch die neuesten Urteile auch die Existenzvernichtung dergestalt, dass wegen der Eingriffe des herrschenden Gesellschafters die Gesellschaft ihre Verbindlichkeiten nicht mehr erfüllen kann, als eine neue Fallgruppe der Durchgriffshaftung angenommen und das begrüßt sich im Schriftum. *Wiedemann* erzählt aber darüber, dass die Existenzvernichtung als eine Ursache, die zur Durchgriffshaftung wegen Unterkapitalisierung führe, gehalten werden könne.[388] Auch *Lutter/Banerjea* spricht davon, dass die Haftung wegen Existenzvernichtung als ein von Haftungstatbeständen der Unterkapitalisierung und Vermögensvermischung verstanden werden könne.[389]

In Hinsicht darauf, dass die Existenzvernichtung inhaltlich die Unfähigkeit des Nachkommens der Verbindlichkeiten von Gesellschaften bedeutet, könnte aber die Existenzvernichtung als ein Merkmal, das die beiden Merkmale der Vermögensvermischung und der Unterkapitalisierung enthält, verstanden werden können. Denn auch bei der Vermögensvermischung und der Unterkapitalisierung wird die Durchgriffshaftung im Grunde wegen der Unmöglichkeit des Nachkommens der Gesellschaftsschulden berücksichtigt. Auch wenn das Gesellschaftsvermögen und das Privatvermögen der Gesellschafter miteinander vermischt sind oder das Haftungskapital der Gesellschaft im Verhältnis zum Geschäftsumfang zu gering ist, kommt die Durchgriffshaftung nicht in Betracht, soweit die Gesellschaft ihre Verbindlichkeiten nachkommen kann. Die Vermögensvermischung oder die Unterkapitalisierung ist also nur eine von existenzvernichtenden Ursachen. Deshalb könnte man nunmehr darüber sprechen, dass die Durchgriffshaftung nur auf der Existenzvernichtung beruht.

Aus dieser Durchgriffshaftung sind allerdings nur die Ersatzansprüche auf den wegen des Versäumnisses der Gesellschaftsschulden verursachten Schaden der Gesellschaftsgläubiger zu begründen. Denn die Durchgriffshaftung ist ein von der Rechtsprechung entwickeltes Rechtsinstitut, um es ursprünglich zu

---

388 *Wiedemann*, ZGR 2003, 295 f.

389 *Lutter/Banerjea*, ZGR 2003, 440

ermöglichen, dass die Gesellschaftsgläubiger mit dem Privatmögen der Gesellschafter befriedigt werden. Deshalb können die Verlustausgleichsansprüche der abhängigen Gesellschaft analog § 302 AktG aus der Durchgriffshaftung nicht begründet werden. Der Auffassung von *Raiser*, dass die Haftung des herrschenden Gesellschafters ausschließlich aus der Durchgriffshaftung begründet wird, ist deshalb nicht zuzustimmen. Er erklärt die Sache so, als ob die Verlustausgleichsansprüche der abhängigen Gesellschaft gegenüber dem herrschenden Gesellschafter ebenso wie die Zahlungsansprüche der Gesellschaftsgläubiger gegenüber diesem auf der Durchgriffshaftung beruhen würden.[390] Das dürfte sich daraus ergeben, dass er die Durchgriffshaftung und die qualifizierte faktische Konzernhaftung nicht richtig einordnet. Von diesem Gesichtspunkt aus betracht, könnte die Auffassung *Wilhelms*, dass der BGH die Haftung herrschendes Gesellschafters nunmehr nicht aus der konzernrechtlichen Haftung, sondern aus der Durchgriffshaftung begründet, nur hinsichtlich der Haftung des herrschenden Gesellschafters gegenüber Gesellschaftsgläubigern stimmen. Auch *Lutter/ Banerjea* hält die Durchgriffshaftung nur für den Anhaltspunkt der Haftung von Gesellschaftern gegenüber den Gesellschaftsgläubigern.[391]

## 2.3. Bestandsschutzpflicht (Existenzvernichtungshaftung)

*Ulmer* und *Altmeppen* folgern aus diesen neuesten Urteilen das neue Rechtsinstitut **„Bestandsschutzpflicht"**.[392] Nach ihrer Meinung ist der eine GmbH beherrschende Gesellschafter aus einem zwischen der GmbH und den Gesellschafter bestehenden mitgliedschaftlichen **„Sonderrechtsverhältnis"** oder aus einer **„gröblichen Sorgfaltspflicht"** verpflichtet, das Bestehen der Gesellschaft zu schützen, d.h. Gesellschaftsvermögen von Privatvermögen der Gesellschafter zu trennen und Verwendungszweck des Gesellschaftsvermögens zum Erfüllung der Verbindlichkeiten der Gesellschaft zu binden. Wenn der herrschende Gesellschafter aber durch die existenzgefährdenden Eingriffe die

---

[390] *Raiser*, Recht der Kapitalgesellschaft, § 29 Rdnr. 25 ff.

[391] *Lutter/Banerjea*, ZGR 2003, 404, 412

[392] *Ulmer*, JZ 2002, 1049; *ders.*, ZIP 2001, 2021; *Altmeppen*, ZIP 2001, 1837

Gesellschaft beschädige, diese Beschädigung durch die Stammkapitalerhaltungshaftung nach §§ 30, 31 GmbHG nicht ausgeglichen und dadurch die Fähigkeit der Gesellschaft zur Erfüllung ihrer Verbindlichkeiten beeinträchtigt werde, solle er die Ersatzhaftung für den durch die existenzgefährdenden Eingriffe entstandenen Schaden der Gesellschaft treffen. Auch Gesellschaftsgläubiger könne einen solchen Schadensersatzanspruch der Gesellschaft in Analogie zu aktienrechtlichen Vorschriften (§§ 62 Abs. 2, 93 Abs. 5, 117 Abs. 5, 309 Abs. 4 S. 3, 310 Abs. 4, 317 Abs. 4, 318 Abs. 4 AktG) gegenüber dem Gesellschafter unmittelbar geltend machen.[393] *Altmeppen* spricht davon, dass die Haftung des herrschenden Gesellschafters aufgrund des qualifizierten faktischen Konzerns nicht mehr relevant sei, und dass das Rechtsinstitut des qualifizierten faktischen Konzerns nur in Bezug auf die Beweislasterleichterung der Gläubiger auch künftig beeinflusse.[394] *K. Schmidt* stimmt dieser Meinung zu.[395] Er bewertet das **„Bremer Vulkan-Urteil"** als **„einen wichtigeren Beitrag zum Abbau eines monströsen Konzernhaftungs-Konzepts und, wie man hoffen darf, einen Einstieg in eine rechtsdogmatisch wie rechtspolitisch überzeugendere Haftungsordnung"** und spricht davon, dass es nicht mehr notwendig sei, dem die Gesellschaft beherrschenden Gesellschafter, um ihn haftungsrechtlich zu greifen, den Stempel eines herrschenden **„Unternehmens"** aufzudrücken, bevor über seine Sorgfaltspflichten nachgedacht werde.

Versteht man aber die Existenzvernichtungshaftung als Innenhaftung gegenüber der Gesellschaft, die auf einem zwischen Gesellschaft und Gesellschaftern bestehenden mitgliedschaftlichen Sonderrechtsverhältnis oder auf einer gröblichen Sorgfaltspflicht beruht, könnte als Rechtsfolge allein die

393 *Ulmer*, ZIP 2001, 2027 f.; *Nassall* wendet aber gegen die Bezeichnung „Bestandsschutz" ein. Da durch die neuesten Urteile die Freiheit der Gesellschafter, ihre Gesellschaft im Rahmen eines geordneten Verfahrens zu liquidieren, nicht verboten sei, sei Sinn des neuen Haftungsinstituts „die Sicherung der geordneten Liquidation", nicht diejenige der Existenz der GmbH, ZIP 2003, 976

394 *Altmeppen*, ZIP 2001, 1846 f.

395 *K. Schmidt*, NJW 2001, 3577

Pflicht zum Ersatz des der Gesellschaft zugefügten Schadens betrachtet werden.[396] Also aufgrund der Bestandsschutzpflicht begründen sich nur Ansprüche der Gesellschaft, nicht diejenigen ihrer Gläubiger. Dass man aus der Existenzvernichtungshaftung neben der Schadensersatzhaftung der Gesellschafter gegenüber der Gesellschaft auch ihre unmittelbare und persönliche Zahlungshaftung gegenüber den Gesellschaftsgläubigern in Analogie zu aktienrechtlichen Vorschriften folgert, ist deshalb dogmatisch inkonsequent.

Selbst wenn die Gesellschaft aus der Existenzvernichtungshaftung gegenüber ihrem Gesellschafter auf den Ersatz des ihr zugefügten Schadens Anspruch erhebt, handelt es sich dabei nur um den Ersatz für die auf den einzelnen Eingriffen des herrschenden Gesellschafters beruhenden Schäden. Wenn es aber schwierig ist, die Kausalität zwischen den Eingriffen und den Schäden zu beweisen, kann ein einzelner Schadensersatzanspruch keine Rolle spielen. In diesem Fall muss ein pauschaler Schadensersatz in Betracht kommen, durch den der Gesellschaft der ihr im betreffenden Geschäftsjahr entstandenen Fehlbetrag angemessen auszugleichen ist. Da eine solche Verlustausgleichshaftung nur aufgrund qualifizierter Konzernherrschaft begründet werden kann, kann die Auffassung, dass aus der Bestandsschutzpflicht der herrschende Gesellschafter Verlustübernahmepflicht trägt, nicht überzeugen. Auch *K. Schmidt* hält die qualifizierte Konzernhaftung für eine schwerere Haftung als die Bestandsschutzpflicht.[397] Es kann deshalb nicht überzeugen, die nur aufgrund der qualifizierten Konzernhaftung zu begründende Verlustübernahmepflicht auch aufgrund der leichteren Bestandsschutzpflicht anzuerkennen.

Außerdem geht es bei den drei neuesten Urteilen um eine Haftung des Gesellschafters nur für die Verbindlichkeiten der Gesellschaft, nicht für den durch die Existenzvernichtung im Vermögen der Gesellschaft eingetretenen Schaden. Deshalb kann nicht überzeugen, dass man aus den drei neuesten Urteilen des BGH, aus den die persönliche Haftung der Gesellschafter

[396] *Lutter / Banerjea*, ZGR 2003, 404, 412

[397] *K. Schmidt*, NJW 2001, 3577

gegenüber den Gesellschaftsgläubigern angenommen wird, das neue Rechtsinstitut der Bestandsschutzpflicht folgert, das nur zur Schadensersatzhaftung der Gesellschafter gegenüber ihrer Gesellschaft führen kann. Schließlich müssten die drei neusten Urteile des BGH dahin verstanden werden, dass der BGH nicht durch das neue Rechtsinstitut **„Bestandsschutzpflicht"**, sondern durch die **„Durchgriffshaftung"** die unmittelbare und persönliche Haftung der Gesellschafter gegenüber den Gesellschaftsgläubigern angenommen hat.

## 2.4. Voraussetzung der Durchgriffshaftung wegen der Existenzvernichtung

Also dann verlieren die Gesellschafter der GmbH das Privileg der beschränkten Haftung und verpflichten sich gegen die Gesellschaftsgläubiger zur unmittelbaren Zahlungshaftung, wenn sie unter Außerachtlassung der angemessenen Rücksichtnahme auf die Zweckbindung des Gesellschaftsvermögens zur vorrangigen Befriedigung der Gläubiger Vermögenswerte entziehen und damit die Fähigkeit der Gesellschaft zur Erfüllung ihrer Verbindlichkeiten in einem ins Gewicht fallenden Ausmaße beeinträchtigen, soweit der der Gesellschaft durch den Entzug der Vermögenswerte insgesamt zugefügte Nachteil nach §§ 30, 31 GmbHG nicht ausgeglichen werden kann.

Zuerst setzt die Durchgriffshaftung wegen der Existenzvernichtung deshalb den **„Entzug der Vermögenswerte"** der Gesellschaft voraus. Damit dürfte ein Eingriff in das Gesellschaftsvermögen meistens im Zusammenhang stehen. Auch der Eingriff in Geschäftschancen, die Schließung einer bedeutenden Produktionslinie, um die Profitabilität der gleichen Linie einer anderen Gesellschaft zu erhalten, die Übernahme von Schulden ohne Gegenleistung oder die Aufnahme sonstiger übergroßen Risiken müssen aber zur Haftung der verantwortlichen Gesellschafter führen. Denn sie beeinträchtigen auch die Fähigkeit der Gesellschaft zur Erfüllung ihrer Verbindlichkeiten. Aus diesem Gesichtspunkt könnte die Voraussetzung des Entzugs der Vermögenswerte der

Gesellschaft mit der **„Nachteilszufügung"** im faktischen Konzern gleichgestellt werden.[398]

Zweitens ist für die Durchgriffshaftung wegen der Existenzvernichtung erforderlich, dass die Fähigkeit der Gesellschaft zur Erfüllung ihrer Verbindlichkeiten durch den Entzug der Vermögenswerte der Gesellschaft **„in einem ins Gewicht fallenden Ausmaß"** beeinträchtigt wird. Die Existenzvernichtung der Gesellschaft führt nur dann zur unmittelbaren Zahlungshaftung der Gesellschafter, wenn dadurch der Gesellschaft die Möglichkeit, ihre Verbindlichkeiten zu erfüllen, ganz oder wenigstens teilweise weggenommen wird. Dass die Existenzvernichtung der Gesellschaft unmittelbar zur Insolvenz führen muss, ist nicht erforderlich.[399]

Allerdings ist die Durchgriffshaftung subsidiär im Umfang, in dem die §§ 30, 31 GmbHG die Kapitalerhaltung schützen.[400] Diese Garantie der Kapitalerhaltung ist aber nur begrenzt wirksam und spielt manchmal sogar keine Rolle, so dass die andauernde Insolvenzanfälligkeit der GmbH mit dem Erstattungssystem der §§ 30, 31 GmbHG nicht ausreichend zu verhütten ist. Der BGH hat deshalb den durch einen Entzug von Gesellschaftsvermögen die Existenz ihrer Gesellschaft gefährdenden Gesellschaftern die Durchgriffshaftung aufgebürdet, soweit der der GmbH zugefügte Nachteil nach §§ 30, 31 GmbHG nicht ausgeglichen werden kann.[401]

Schuldner der Durchgriffshaftung sind Gesellschafter. Anders als im qualifizierten faktischen Konzern ist die Unternehmenseigenschaft der Gesellschafter nicht erforderlich. Der BGH hat im Urteil vom 13. 4. 1994[402] die Durchgriffshaftung wegen Vermögensvermischung auf Gesellschafter beschränkt, die auf den Sachverhalt entsprechenden Einfluss nehmen konnten.

---

398 *Lutter/Banerjea*, ZGR 2003, 414 f.

399 *Lutter/Banerjea*, ZGR 2003, 417 f.; *Ulmer*, JZ 2002, 1051; *Wiedemann*, ZGR 2003, 293

400 BGH vom 24. 6. 2002 = NJW 2002, 3024

401 *Wiedemann*, ZGR 2003, 292 ff.

402 BGHZ 125, 366 = NJW 1994, 1801

In den Urteilen „**L. Kosmetik**“ [403] und „**KBV**“ [404] hat er aber die Durchgriffshaftung auf Mitglieder erweitert, die durch ihr Einverständnis mit dem Vermögensabzug an der Existenzvernichtung der Gesellschaft mitgewirkt haben. Wenn der Entzug der Vermögenswerte von mehreren Gesellschaftern verursacht wird, verpflichten sich diese allen mitwirkenden Gesellschafter zur Zahlung der Gesellschaftsschulden gesamtschuldnerisch. Bloße Duldung des Entzugs der Vermögenswerte kann bei Gesellschaftern, die auf der Geschäftsführung Einfluß nehmen, als eine Mitwirkung bejaht werden, aber bei Minderheitsgesellschaftern nicht.[405]

## 2.5. Nach wie vor lebendige qualifizierte faktische Konzernhaftung

Wenn die Rechte, die im qualifizierten faktischen Konzern der abhängigen Gesellschaft, ihren Gläubigern und Minderheitsgesellschaftern zustehen, auch aus der Durchgriffshaftung geltend gemacht werden könnten, dürfte es überflüssig sein, den qualifizierten faktischen Konzern weiter zu diskutieren. Dann könnte man sich endgültig vom qualifizierten faktischen Konzern verabschieden.

Der BGH hat aber mit den neuesten Urteilen[406] nur die Zahlungsansprüche der Gesellschaftsgläubiger entschieden, nicht abschließend ausgeschlossen, dass die Verlustübernahmepflicht nach wie vor auf der Konzernhaftung zu beruhen ist. Denn es ging dabei nur um eine „**Einmanngesellschaft**“ (Bremer Vulkan-Urteil) sowie eine „**aus mehreren einverständlich handelnden Gesellschaftern bestehende Gesellschaft**“ (L. Kosmetik- und KBV-Urteil). Es gab keine Minderheitsgesellschafter. Es war nicht erforderlich, das Bestehen des Verlustausgleichsanspruchs der Gesellschaft zu beurteilen, weil der herrschende Gesellschafter gerade die Gesellschaft darstellte. Dabei brauchten deshalb nur

---

403 BGH vom 25. 2. 2002 = BGHZ 150, 61 = NJW 2002, 1803

404 BGH vom 24. 6. 2002 = NJW 2002, 3024

405 *Bruns*, WM 2003, 821

406 BGH vom 17. 9. 2001 = BGHZ 149, 10 = NJW 2001, 3622; BGH vom 25. 2. 2002 = BGHZ 150, 61 = NJW 2002, 1803; BGH vom 24. 6. 2002 = NJW 2002, 3024

die Gesellschaftsgläubiger den Schutz und es war genügend, dass der BGH durch die Durchgriffshaftung die unmittelbare und persönliche Haftung der Gesellschafter gegenüber den Gesellschaftsgläubigern angenommen hat. Bestehen Minderheitsgesellschafter, sind die Umstände aber anders. Denn anders als herrschende Gesellschafter könnten die Minderheitsgesellschafter die Existenz der Gesellschaft wollen. Dafür können sie auch Ausgleichsansprüche der Gesellschaft geltend machen. Nunmehr ist die Gesellschaft nicht mehr diejenige allein für den herrschenden Gesellschafter. Bei Vorhandensein der Minderheitsgesellschafter muss deshalb der Verlustausgleichsanpruch der Gesellschaft anerkannt werdnen. Der Verlustausgleichsanspruch der Gesellschaft ist aber, wie oben erwähnt, nicht aus der Durchgriffshaftung zu folgern. Aus diesem Grund erfolgt sich, dass die Zahlungsansprüche der Gesellschaftsgläubiger gegenüber dem herrschenden Gesellschafter aus der Durchgriffshaftung geltend zu machen sind, aber der Verlustausgleichsanspruch der Gesellschaft gegenüber ihm nach wie vor aus der qualifizierten faktischen Konzernhaftung geltend gemacht werden muss. *Altmeppen* weist nur darauf hin, dass die Gesellschaftsgläubiger den qualifizierten faktischen Konzern als Anspruchsgrundlage nicht mehr zu benutzen brauchen.[407] Auch *Wiedemann* spricht davon, dass der Abschied vom qualifizierten faktischen Konzern vorzeitig sei.[408]

Außerdem haben der BGH und Schriftum darüber noch nicht beurteilt, wie die Rechte der Minderheitsgesellschafter zu gewährleisten sind. Da bei den neuesten Urteilen des BGH keine Minderheitsgesellschafter vorhanden waren, brauchte der BGH ein Urteil über den Ausgleichs- oder Abfindungsanspruch der Minderheitsgesellschafter, der im qualifizierten faktischen Konzern für sie das wichtigste Schutzinstrument ist, nicht abzugeben und das Schrifttum hat daran keine Interesse. Viele Aufsätze zu diesen Urteilen haben Interesse nur an den Zahlungsansprüchen der Gesellschaftsgläubiger gegenüber den Gesell-

---

407 *Altmeppen*, ZIP 2001, 1846

408 *Wiedemann*, ZGR 2003, 296

schaftern.[409] Meiner Meinung nach folgen sich der Ausgleichs- und Abfindungsanspruch der Minderheitsgesellschafter ebenso wenig wie der Verlustausgleichsanspruch der Gesellschaft aus der Durchgriffshaftung. Denn sie sind prinzipiell nur im qualifizierten Konzern den Minderheitsgesellschaftern einzuräumende Rechte. Auch für den Ausgleichs- oder Abfindungsanspruch der Minderheitsgesellschafter muss daher die qualifizierte faktische Konzernhaftung als die Anspruchsgrundlage anerkannt werden.

Allerdings will *Lutter/Banerjea* die Grenze der Urteile des BGH durch die Anwendung der Treuepflicht von Gesellschaftern überwältigen.[410] Wenn der herrschende Gesellschafter durch die Existenzvernichtung der Gesellschaft diese Pflicht verletze, könnten die Minderheitsgesellschafter aus der Gesellschaft ausscheiden und vom herrschenden Gesellschafter Schadensersatz auf Zahlung der von der Gesellschaft nicht zahlbaren Abfindung verlangen. Auch *Drygala* behauptet, dass bei insolvenzverursachendem Eingriff der Gesellschafter das Austrittsrecht der Minderheitsgesellschafter, gegen vollwertige Entschädigung aus der Gesellschaft auszuscheiden, zu verwirklichen sei, ohne an der Rechtsfigur des qualifizierten faktischen Konzerns festzuhalten.[411] Versteht man aber die Urteile des BGH nur als die Entscheidungen zum Schutz der Gesellschaftsgläubiger beschränkt, besteht für die Gesellschaft und ihre Minderheitsgesellschafter nach wie vor die Möglichkeit, den qualifizierten faktischen Konzern als Rechtsinstitut zum Rechtsschutz benutzen zu können.

Also hinsichtlich der Geltendmachung des Zahlungsanspruchs der Gesellschaftsgläubiger kann man vom qualifizierten faktischen Konzern Abschied nehmen. Hinsichtlich der Geltendmachung des Verlustausgleichs-

---

409 *Altmeppen*, ZIP 2001, 1837; *Benecke*, BB 2003, 1190; *Bruns*, WM 2003, 815 ; *Cahn*, ZGR 2003, 298; *Diem*, ZIP 2003, 1283; *Nassall*, ZIP 2003, 969; *K. Schmidt*, NJW 2001, 3577; *Ulmer*, JZ 2002, 1049; *ders*, ZIP 2001, 2021; *Vetter*, ZIP 2003, 601; *Wiedemann*, ZGR 2003, 283; *Wilhelm*, NJW 2003, 175

410 *Lutter/Banerjea*, ZGR 2003, 435 f.; auch *Döser*, AG 2003, 414

411 *Drygala*, GmbHR 2003, 739

anspruchs der Gesellschaft sowie des Ausgleichs- oder Abfindungsanspruchs der Minderheitsgesellschafter muss dagegen der qualifizierte faktische Konzern nach wie vor bestehen bleiben. Schließlich lassen sich die Haftung der herrschenden Gesellschafter in die Haftung gegenüber Gesellschaftsgläubigern sowie diejenige gegenüber Gesellschaft und ihren Minderheitsgesellschaftern unterteilen. Als die Anspruchsgrundlage kommt im ersten Fall ebenso wie die Ansicht des BGH und des Schriftums die Durchgriffshaftung, im zweiten Fall die Konzernhaftung wegen der qualifizierten faktischen Konzernherrschaft in Betracht.

### 3. Übertragung der im GmbH-Konzernrecht entwickelten Grundsätze auf das Aktienkonzernrecht

In allen Entscheidungen des BGH hinsichtlich der qualifizierten faktischen Konzerne war allerdings die abhängige Gesellschaft eine GmbH. Auch bei Aktiengesellschaften liegen aber gleichartige Haftungsprobleme vor. Denn auch bei der abhängigen Aktiengesellschaft kann das herrschende Unternehmen die Leitungsmacht wie bei der abhängigen GmbH missbrauchen.[412] Dann kann das Haftungssystem der §§ 311, 317 AktG nicht funktionieren. Die dadurch entstehende Schutzlücke für die Gesellschaft und die Minderheitsaktionäre könnte deshalb wie bei der GmbH durch entsprechende Anwendung des Vertragskonzernrechts ausgefüllt werden.

*Zöllner* sagt, **„allerdings besteht keine Klarheit in rechtstatsächlicher Hinsicht, wie groß die praktische Bedeutung der Anwendung spezieller Regeln über den qualifizierten Konzern im aktienrechtlichen Bereich ist"**.[413] Aber stimmt er auch der Anwendung der im GmbH-Konzernrecht entwickelten Grundsätze auf das Aktienkonzernrecht.

---

[412] *Kropff* in Münchener Kommentar zum Aktiengesetz, § 317 Anh. Rdnr. 20

[413] *Zöllner*, FS Knobbe-Keuk, 370

*Weigl* sagt auch, **„die abhängige Aktiengesellschaft und außenstehenden Aktionäre sind vor qualifizierter faktischer Konzernierung nicht entscheidend besser geschützt als die abhängige GmbH".**[414]

Außerdem in der Praxis werde die Rechtsform der Aktiengesellschaft immer mehr benutzt.[415] Deshalb müssten die im GmbH-Recht entwickelten Grundsätze und Theorien zum qualifizierten faktischen Konzern auch auf den qualifizierten faktischen Aktienkonzern angewandt werden, um die abhängigen Aktiengesellschaft und ihre Minderheitsaktionäre vor einer qualifizierten Gefahr zu schützen.[416] Zum Schutz der Gesellschaftsgläubiger könnte allerdings die Zahlungsansprüche gegenüber den herschenden Gesellschafter aufgrund der Durchgriffshaftung auch im Aktienkonzern in Betracht kommen.

## § 2. Definition des qualifizierten faktischen Aktienkonzerns

Die Definition des qualifizierten faktischen Konzern lassen sich in zwei unterteilen. Die eine bestimmt einen qualifizierten faktischen Konzern aufgrund der typischen Strukturen im Konzern, d.h. aufgrund der dauernden und umfassenden Ausübung der Leitungsmacht, so dass sie als Definition aufgrund der Struktur- oder Zustandhaftung bezeichnet wird.[417] Die andere nimmt nur dann einen qualifizierten faktischen Konzern an, wenn neben der dauernden und umfassenden Ausübung der Leitungsmacht das Eigeninteresse der abhängigen Gesellschaft nachhaltig und regelmäßig oder zumindest mehrfach verletzt worden ist. Deswegen wird sie als Definition aufgrund der

414 *Weigl*, Die Haftung im (qualifizierten) faktischen Konzern, 189

415 *Weigl*, Die Haftung im (qualifizierten) faktischen Konzern, 179 ff.; *Zöllner*, FS Knobbe-Keuk, 370. In Korea sind über 90% der Rechtsformen Aktiengesellschaften.

416 *Emmerich/Sonnenschein/Habersack*, Konzernrecht, 439, 441; *Habersack* in Aktien- und GmbH-Konzernrecht, Anh. II § 318 Rdnr. 5, 12; *Krieger* in Münchener Handbuch des Gesellschaftsrechts Band 4 Aktiengesellschaft, § 69 Rdnr. 122; *Kropff* in Münchener Kommentar zum Aktiengesetz, § 317 Anh. Rdnr. 20

417 *Wiedemann*, ZGR 1986, 664; *Ulmer*, NJW 1986, 1584

Verhaltens- oder Verletzungshaftung bezeichnet.[418] Seit dem TBB-Urteil wird bei der Einordnung des Konzerns überwiegend die Definition aufgrund der modifizierten Verhaltenshaftung verwendet.[419] Hiernach wird ein qualifizierter faktischer Konzern angenommen, wenn der durch die Einflussnahme des herrschenden Unternehmens bei der abhängigen Gesellschaft entstehene Nachteil nicht ausgeglichen werden kann.

### 1. Definition aufgrund der Struktur- oder Zustandshaftung

Für die Definition aufgrund der Struktur- oder Zustandshaftung ist die Struktur des Konzerns Grundlage. Dafür sei eine dauerhafte und umfassende Ausübung der Leitungsmacht erforderlich.[420] Das sei der Fall, dass das herrschende Unternehmen eine qualifiziert faktische konzernierte Gesellschaft wie eine unselbständige Betriebsabteilung behandelt.[421] Andere benutzen das Kriterium **„so intensiv wie im Vertragskonzern überhaupt nur möglich“**[422] bzw. **„Übergang der Geschäftsführung auf das herrschende Unternehmen“**.[423] Bereits diese Tatsache der qualifizierten Beherrschung als solcher begründe die qualifizierte Haftung.[424]

Diese Strukturdefinition verwendet man am häufigsten bei der Organverflechtung im Vorstand der abhängigen Gesellschaft. Schon die erste

---

418 *Lutter*, ZGR 1982, 266 f.; *Timm*, NJW 1987, 982

419 *Emmerich/Sonnenschein/Habersack*, Konzernrecht, 441; *Habersack* in Aktien- und GmbH-Konzernrecht, Anh. II § 318 Rdnr. 10; *Hoffmann-Becking*, Der qualifizierte faktische AG-Konzern, in: Probleme des Konzernrechts, 75; *Krieger* in Münchener Handbuch des Gesellschaftsrechts Band 4 Aktiengesellschaft, § 69 Rdnr. 115; *Kropff* in Münchener Kommentar zum Aktiengesetz, § 317 Anh. Rdnr. 40 ff.; *Michalski*, NJW 1996, 226; *Mülbert*, Aktiengesellschaft, Unternehmensgruppe und Kapitalmarkt, 488; *Zöllner*, FS Knobbe-Keuk, 373 f.

420 *Wiedemann*, ZGR 1986, 664; *Ulmer*, NJW 1986, 1584

421 *Ulmer*, NJW 1986, 1584

422 *K. Schmidt*, ZIP 1989, 550

423 *K. Schmidt*, Gesellschaftsrecht, 3. Aufl., 968; *Lutter*, AG 1990, 183

424 *Michalski*, NJW 1996, 226

juristische Definition des qualifizierten faktischen Konzerns durch den Arbeitskreis zur GmbH-Reform verwendete dieses Merkmal.[425] Durch diese Definition wären die meisten bestehenden faktischen Aktienkonzerne qualifizierte faktische Aktienkonzerne, weil die Organverflechtung im Konzern allgemein ist.[426] Die Organverflechtung führt aber nicht immer zur Schädignug der abhängigen Aktiengesellschaft. Doppelmandatsträger kann sich unter Umständen mehr für die Interessen der abhängigen Aktiengesellschaft verhalten als ein vom herrschenden Unternehmen unabhängiges Vorstandsmitglied.[427] Die personelle Verflechtung ist deswegen kein geeignetes Mittel zur Bestimmung eines qualifizierten faktischen Aktienkonzerns.

Diese Strukturdefinition verwendete der BGH erstmals im Autokran-Urteil.[428] Im Video-Urteil urteilte er, dass der Haftungsgrund **„Zustand"** dann immer bei Einmann-GmbH gegebenen sei, wenn der Alleingesellschafter zugleich ein einzelkaufmännisches Unternehmen betreibe oder an weiteren Gesellschaften maßgebend beteilige.[429] Wegen seiner weitreichenden Konsequenzen verursachte dieses Urteil heftige Diskussionen.[430] Seit dem TBB-Urteil[431] wird diese Definition vom BGH nicht mehr benutzt.

## 2. Definition aufgrund der Verhaltens- oder Verletzungshaftung

Nach der Definition aufgrund der Verhaltens- oder Verletzungshaftung bedürfen für den qualifizierten faktischen Konzern zwei Bestandteile. Neben der dauernden und umfassenden Leitung muss das Eigeninteresse der abhängigen Gesellschaft nachhaltig und regelmäßig oder zumindest mehrfach

---

425 *Arbeitskreis GmbH-Reform*, Thesen und Vorschläge zur GmbH-Reform, Band 2, 49 ff.

426 *Säcker*, ZHR 1987, 59

427 *Heyder*, Der qualifizierte faktische Aktienkonzern, 43

428 BGHZ 95, 341 = NJW 1986, 188

429 BGHZ 115, 187 = NJW 1991, 3145

430 *Altmeppen*, DB 1991, 2229; *Flume*, DB 1992, 25; *Hommelhoff*, DB 1992, 309; *Kleindiek*, ZIP 1991, 1330; *Knobbe-Keuk*, DB 1992, 1463; *Meilicke*, DB 1992, 1867; *K. Schmidt*, ZIP 1991, 1325; *Timm*, NJW 1992, 2187

431 BGHZ 122, 123 = NJW 1993, 1200

verletzt worden sein.[432] Wie *Hommelhoff* sagt, hängt das Entstehen des qualifizierten faktischen Konzern vor allem von dem Erfolg der Herrschaftsausübung in der abhängigen Gesellschaft und von der vollständige Außerachtlassung ihrer Eigeninteressen ab, aber nicht von der Struktur oder dem Zustand.[433]

Nach herrschender Meinung wird aber Konzernzustand ohne Zusammenhang mit der Nachhaltigkeit oder der Intensität des Interessenumbruchs dann qualifiziert, wenn der durch die Einflussnahme des herrschenden Unternehmens bei der abhängigen Gesellschaft entstandene Nachteil nach den §§ 311, 317 AktG nicht ausgeglichen werden kann.[434] Weder eine umfassende und dauernde intensive Leitung noch die nachhaltige Beeinträchtigung des Eigeninteresses der abhängigen Gesellschaft sind erforderlich.

Es ist nicht zuzulassen, dass das herrschende Unternehmen nur aus einem Grund, dass die durch seine Einflussnahem der abhängigen Aktiengesellschaft entstandenen Nachteile nach den §§ 311, 317 AktG nicht ausgeglichen werden können, Konzernhaftung nicht trifft, obwohl es seinen Einfluss auf sie qualifiziert ausgeübt hat. In dieser Hinsicht ist es nicht wichtig, ob die Unmöglichkeit des Einzelausgleichs nach den §§ 311, 317 AktG entweder **„die dauernde und umfassende Leitung"** oder **„eine einzige strategische Grundsatzentscheidung"** verursacht hat.[435] Auch **„wiederholte intensive Leitung"** ist nicht erforderlich. Entscheidend ist die Tatsache, dass die Nachteile durch die Einflussnahme des herrschen Unternehmens bei der abhängigen Aktien-

---

432 *Lutter*, ZGR 1982, 266 f.; *Timm*, NJW 1987, 982

433 *Hommelhoff*, ZGR 1994, 417

434 *Emmerich/Sonnenschein/Habersack*, Konzernrecht, 441; *Habersack* in Aktien- und GmbH-Konzernrecht, Anh. II § 318 Rdnr. 11; *Hoffmann-Becking*, Der qualifizierte faktische AG-Konzern, in: Probleme des Konzernrechts, 75; *Krieger* in Münchener Handbuch des Gesellschaftsrechts Band 4 Aktiengesellschaft, § 69 Rdnr. 115; *Kropff* in Münchener Kommentar zum Aktiengesetz, § 317 Anh. Rdnr. 40 ff.; *Michalski*, NJW 1996, 226; *Mülbert*, Aktiengesellschaft, Unternehmensgruppe und Kapitalmarkt, 488; *Zöllner*, FS Knobbe-Keuk, 373 f.

435 *Mülbert*, Aktiengesellschaft, Unternehmensgruppe und Kapitalmarkt, 488

gesellschaft entstanden sind und sie nach den §§ 311, 317 AktG nicht ausgeglichen werden können. Deshalb kann sogar eine einmalige Einflussnahme genügen, wie z.B. die Entziehung oder Verlagerung von Ressourcen, die zur Einbuße wesentlicher Geschäftszweige führt, oder die Umstrukturierung des Produktionsprogramms mit einseitiger Ausrichtung, welche die selbständige Stellung der Gesellschaft am Markt beeinträchtigt, soweit die Nachteile nicht ausgleichsfähig sind.[436] Nach den herrschenden Meinung ist deshalb die Unmöglichkeit des Einzelausgleichs im faktischen Konzern entscheidendes Merkmal.[437]

Im TBB-Urteil[438] benutzte auch der BGH diese Definition. In diesem verlangt er **„einen Missbrauch der Stellung des herrschenden Gesellschafters bei Ausübung seiner Konzernleitungsmacht"**. Ein solcher Missbrauch liegt nach dem Urteil vor, wenn die Konzernleitung **„keine angemessene Rücksicht auf die eigenen Belange der abhängigen Gesellschaft nimmt", „ohne dass sich der insgesamt der abhängigen Gesellschaft zugefügte Nachteil durch Einzelmaßnahmen kompensieren lässt"**.[439] Also liegt Missbrauch der beherrschenden Gesellschafterstellung vor, wenn bei der Unternehmensführung die eigenen Belange der abhängigen Gesellschaft für das Konzerninteresse in einer Weise beeinträchtigt werden, dass der Einzelausgleich unmöglich wird.

Der BGH verlangt als entscheidende Voraussetzung für den qualifizierten faktischen Konzern also **„Missbrauch der Leitungsmacht durch das herrschende Unternehmen"**. Dieser Missbrauch stellt die Nachteilszufügung bei der abhängigen Gesellschaft und die Ausgleichsunfähigkeit nach den §§ 311, 317 AktG dar. Deshalb muss das TBB-Urteil dahin verstanden werden, dass die umfassende und dauernde Leitung der abhängigen Gesellschaft nicht mehr wichtig ist, und dass vielmehr auch eine einmalige Einflussnahme genügen

436 *Zöllner*, FS Knobbe-Keuk, 374

437 *Mülbert*, Aktiengesellschaft, Unternehmensgruppe und Kapitalmarkt, 488, 492; *Kropff* in Münchener Kommentar zum Aktiengesetz, § 317 Anh. Rdnr. 40

438 BGHZ 122, 123

439 BGHZ 122, 130

kann, insofern sie den mit dem System des Einzelausgleichs nicht zu bewältigenden Nachteil entstehen lässt.[440]

Schließlich liegt ein qualifizierter faktischer Konzern vor, wenn der durch die Einflussnahme des herrschenden Unternehmens bei der abhängigen Aktiengesellschaft entstandene Nachteil nach dem System der §§ 311, 317 AktG nicht ausgeglichen werden kann. Sie ist die Definition aufgrund der modifizierten Verhaltenshaftung.

## 3. Tatbestand des qualifizierten faktischen Aktienkonzerns

Wie oben erwähnt, sind für die Annahme eines qualifizierten faktischen Aktienkonzerns erforderlich (1) ein Abhängigkeitsverhältnis ohne Beherrschungsvertrag, (2) die Nachteilszufügung durch die Einflussnahme des herrschenden Unternehmens und (3) die Unmöglichkeit des Einzelausgleichs nach den §§ 311, 317 AktG.

### 3.1. Abhängigkeitsverhältnis ohne Beherrschungsvertrag

Der qualifizierte faktische Aktienkonzern setzt ein faktisches Abhängigkeitsverhältnis voraus. Hinsichtlich der Intensität der Unternehmensverbindung verlangt auch das TBB-Urteil nur Bestehen eines Abhängigkeitsverhältnisses. Ein Konzernverhältnis im Sinne des § 18 AktG fordert es nicht.[441] Auch eine dauernde und umfassende Leitung der abhängigen Gesellschaft ist nicht erforderlich.[442] *Krieger* behauptet, dass ein qualifizierter faktischer Konzern nur bei einer einheitlichen Leitung, d.h. bei einem Konzernverhältnis gemäß

---

440 *Zöllner*, FS Knobbe-Keuk, 374

441 *Hommelhoff*, ZGR 1994, 400; *Habersack* in Aktien- und GmbH-Konzernrecht, Anh. II § 318 Rdnr. 7; *Kropff* in Münchener Kommentar zum Aktiengesetz, § 317 Anh. Rdnr. 32

442 *Krieger* in Münchener Handbuch des Gesellschaftsrechts Band 4 Aktiengesellschaft, § 69 Rdnr. 115

§ 18 AktG denkbar sei.[443] Auch bei bloßer Abhängigkeit könnten aber die §§ 311, 317 AktG nicht funktionieren und dann eine Gesetzeslücke entstehen. Sicherer erscheint daher die Abgrenzung anhand der Abhängigkeit.[444] Nach der Definition aufgrund der modifizierten Verhaltenshaftung liegt ein qualifizierter faktischer Aktienkonzern allerdings immer bei einer Unmöglichkeit des Einzelausgleichs nach den §§ 311, 317 AktG. Das Bestehen eines qualifizierten faktischen Aktienkonzerns hängt nur davon ab, ob das Ausgleichssystem der §§ 311, 317 AktG funktioniert, nicht davon, ob sich ein Konzern im Sinne des § 18 AktG zwischen den Unternehmen bildet. Nach § 18 Abs. 1 S. 3 AktG wird das Vorliegen eines Konzerns bei Abhängigkeit im Sinne des § 17 Abs. 1 AktG widerlegbar vermutet. Die Widerlegung der aus der Abhängigkeit resultierenden Vermutung einer einheitlichen Leitung werde in der Praxis nur selten gelingen.[445] Bei Abhängigkeit ist deshalb das Vorliegen eines Konzerns in der Regel anerkannt. Zwischen beiden Auffassungen besteht deshalb inhaltlich kein besonderer Unterschied. Zum Minderheitenschutz muss der qualifizierte faktische Aktienkonzern jedenfalls ein Abhängigkeitsverhältnis im Sinne des § 17 AktG voraussetzen.[446]

Ein Abhängigkeitsverhältnis kann auch durch einen Beherrschungsvertrag begründet werden. Dann handelt es sich um einen Vertragsaktienkonzern. Als Tatbestand des qualifizierten faktischen Aktienkonzerns muss darum nur ein faktisches Abhängigkeitsverhältnis, das auf dem Erwerb der Mehrheitsbeteiligung beruht, vorausgesetzt werden.[447]

In der Praxis gibt es viele Abhängigkeitsverhältnisse, die sich über mehrere Ebenen erstrecken. Bei diesen mehrstufigen Abhängigkeitsverhältnissen

---

443 *Krieger*, ZGR 1994, 378; *Krieger*, Der Tatbestand des qualifizierten faktischen Konzerns, in; Heidelberger Konzernrechtstage: Der qualifizierte faktische GmbH-Konzern, 42

444 *Hommelhoff*, ZGR 1994, 400; *Kropff*, AG 1993, 488

445 *Weigl*, Die Haftung im (qualifizierten) faktischen Konzern, 85

446 Vgl. oben erster Teil I 1

447 *Michalski*, NJW 1996, 225

kommt auch der qualifizierte faktische Aktienkonzern zu Anwendung, insofern die §§ 311 ff. AktG anzuwenden sind.[448]

### 3.2. Nachteilszufügung durch die Einflussnahme des herrschenden Unternehmens

Ein qualifizierter faktischer Aktienkonzern setzt voraus, dass durch die Einflussnahme des herrschenden Unternehmens bei der abhängigen Aktiengesellschaft Nachteile im Sinne von § 311 AktG zugefügt werden.[449] Der BGH hat im TBB-Urteil[450] das Merkmal des **„Missbrauches der Konzernleitungsmacht des herrschenden Gesellschafters"** erwähnt. Wie oben erzählt,[451] beinhaltet dieses Merkmal die beide Merkmale der Nachteilszufügung und der Unmöglichkeit des Einzelausgleichs zusammen. In vielen Stellungnahmen wird aber der Missbrauch der Konzernleitungsmacht nur als die Nachteilszufügung gehalten.[452] Für die Annahme eines qualifizierten faktischen Aktienkonzern sei deshalb weiteres Merkmal der Einzelausgleichsunmöglichkeit erforderlich. Es gehört zu dieser Auffassung, dass *Emmerich/Sonnenschein* und *Habersack* den **„objekten Missbrauch"** der Einflussmöglichkeiten des herrschenden Unternehmens als zentrales Merkmal des qualifizierten faktischen Konzerns betrachten und davon ausgehen, den Tatbestand eines Missbrauches der Leitungsmacht in Übereinstimmung mit dem Nachteilsbegriff des § 311 Abs. 1 AktG zu bestimmen.[453] Insoweit man den Missbrauch der Leitungsmacht als ein Tatbestand des qualifizierten faktischen Konzerns zählt, ist weiteres Merkmal der Unmöglichkeit des Einzelausgleichs aber nicht nötig. Denn jener beinhaltet schon diesen. Es ist deshalb nicht angemessen, dass man den

[448] Vgl. oben dritter Teil I 1.1

[449] Vgl. oben dritter Teil I 2.1.1

[450] BGHZ 122, 123 = NJW 1993, 1200

[451] Vgl. oben vierter Teil I 1.4

[452] *Krieger* in Münchener Handbuch des Gesellschaftsrechts Band 4 Aktiengesellschaft, § 69 Rdnr. 116; *Kropff*, AG 1993, 490; *Zöllner*, FS Knobbe-Keuk, 374

[453] *Emmerich/Sonnenschein*, Konzernrecht, 6. Aufl., 356 f.; *Habersack* in Aktien- und GmbH-Konzernrecht, Anh. II § 318 Rdnr. 15 f.

Missbrauch des Konzernleitungsmacht und die Unmöglichkeit des Einzelausgleichs als verschiedene Tatbestände getrennt behandelt. Unter dem Merkmal des Missbrauches der Konzernleitungsmacht müssen nicht nur die Nachteilszufügung gegenüber der abhängigen Gesellschaft sondern auch die Unmöglichkeit des Einzelausgleichs nach den §§ 311, 317 AktG zusammen erzählt werden.

Sowohl die Konzernleitung als auch die dauernde und umfassende Leitung sind an und für sich nicht nachteilig.[454] Sie sind nur dann nachteilig, wenn festgestellt werden kann, dass daraus konkrete Nachteile erfolgen. Wenn die abhängige Aktiengesellschaft vor ihrer qualifizierten Konzernierung nicht selbständig lebensfähig war, z.B. ihr die Ressourcen zum Überleben vom herrschenden Unternehmen gegeben werden und sie daraufhin sogar Gewinne erzielt, entsteht kein Nachteil.[455] Wenn die abhängige Aktiengesellschaft von Anfang an zur Erfüllung der bestimmten Funktionen des Konzerns begründet wird, ist eine Nachteiligkeit auch ausgeschlossen. Auch Organverflechtungen zwischen dem herrschenden Unternehmen und der abhängigen Aktiengesellschaft sind an und für sich nicht nachteilig.[456] Denn es ist nicht unvermeidlich, dass sich diese Doppelmandatsträger im Vorstand der abhängigen Aktiengesellschaft nicht für deren Interessen, sondern für diejenigen des herrschenden Unternehmens verhalten, weil im faktischen Aktienkonzern alle Vorstände nach § 76 Abs. 1 AktG trotz einer Organverflechtung unter eigener Verantwortung ihre Gesellschaft leiten müssen.[457] *Altmeppen* hält Doppelmandatsträger im Konzern sogar für besonders geeignet, die Interessen der abhängigen Aktiengesellschaft zu vertreten.[458] Auch bei

---

454 *Krieger* in Münchener Handbuch des Gesellschaftsrechts Band 4 Aktiengesellschaft, § 69 Rdnr. 116

455 *Zöllner*, FS Knobbe-Keuk, 372

456 *Habersack* in Aktien- und GmbH-Konzernrecht, Anh. II § 318 Rdnr. 18; *Krieger* in Münchener Handbuch des Gesellschaftsrechts Band 4 Aktiengesellschaft, § 69 Rdnr. 118

457 *Heyder*, Der qualifizierte faktische Aktienkonzern, 60

458 *Altmeppen*, Abschied vom „qualifiziert faktischen" Konzern, 17 f.

Organverflechtungen wird daher ein qualifizierter faktischer Aktienkonzern erst dann angenommen, wenn nicht ausgleichbare Nachteile zugefügt werden.

### 3.3. Unmöglichkeit des Einzelausgleichs nach den §§ 311, 317 AktG

Ein qualifizierter faktischer Aktienkonzern wird dann endgültig angenommen, wenn die zugefügten Nachteile nach den §§ 311, 317 AktG nicht ausgeglichen werden können.[459] Solange ein Einzelausgleich möglich ist, handelt es sich um einen einfachen faktischen Aktienkonzern. Ein Ausgleich bedeutet nicht nur den Ausgleich nach § 311 AktG, sondern auch einen Schadensersatzanspruch nach § 317 AktG.[460] Beim Bestehen eines Schadensersatzanspruch nach § 317 AktG liegt keine vollständige Unmöglichkeit des Einzelausgleichs nach den §§ 311, 317 AktG vor.[461]

Die sogenannten **„Waschkorb-Fälle"** sind prominente Beispiele für einen unmöglichen Einzelausgleich. Hier kann ein Schaden nicht ermittelt werden, da die notwendige Dokumentation fehlt.[462] Durch ein formelles Berichtswesen, die Aufsichtsratskontrolle und ggf. die Abschlussprüfung strebt die Aktiengesellschaft nach größerer Transparenz. Bei den Waschkorb-Fällen wird aber diese Transparenz nicht gesichert. Eine solche Undurchsichtigkeit entspricht nicht den Grundsätzen ordnungsgemäßer Geschäftsführung.[463] *Drygala*

---

459 *Emmerich/Sonnenschein/Habersack*, Konzernrecht, 441; *Habersack* in Aktien- und GmbH-Konzernrecht, Anh. II § 318 Rdnr. 21; *Hommelhoff*, ZGR 1994, 406 f.; *Krieger* in Münchener Handbuch des Gesellschaftsrechts Band 4 Aktiengesellschaft, § 69 Rdnr. 117; *Kropff* in Münchener Kommentar zum Aktiengesetz, § 317 Anh. Rdnr. 40; *Mülbert*, Aktiengesellschaft, Unternehmensgruppe und Kapitalmarkt, 486 ff.; *Zöllner*, FS Knobbe-Keuk, 374

460 *Kropff* in Münchener Kommentar zum Aktiengesetz, § 317 Anh. Rdnr. 40; *Mülbert*, Aktiengesellschaft, Unternehmensgruppe und Kapitalmarkt, 486

461 Vgl. oben dritter Teil I 2.1.3

462 *Krieger* in Münchener Handbuch des Gesellschaftsrechts Band 4 Aktiengesellschaft, § 69 Rdnr. 117; *Habersack* in Aktien- und GmbH-Konzernrecht, Anh. II § 318 Rdnr. 23; *Kropff*, AG 1993, 493; *Michalski*, NJW 1996, 228

463 *Kropff* in Münchener Kommentar zum Aktiengesetz, § 317 Anh. Rdnr. 71

bemerkt dies auch in der Interpretation des TBB-Urteils, dass die Gesellschaft dann nachhaltig beeinträchtigt sei, wenn sich infolge des Buchführungsmangels kein zutreffender Überblick über ihre Finanzlage mehr gewinnen lasse, denn dies erschwere die Geltendmachung von Einzelausgleichsansprüchen.[464]

Auch bei Fällen, in denen der Nachteil nicht quantifiziert werden kann, ist ein Einzelausgleich unmöglich.[465] Denn bei der Unmöglichkeit der Quantifizierung des Nachteils ist auch der entsprechende Vorteil nicht festzusetzen, so dass der Nachteilsausgleich nicht durchzuführen ist. Z.B. Strukturveränderungen, welche die selbständige Lebensfähigkeit nach Beendigung der Konzerneinbindung bedrohen,[466] und die Maßnahmen, welche die Existenz der abhängigen Aktiengesellschaft vernichten,[467] verursachen wegen der Unmöglichkeit der Quantifizierung von Auswirkungen solcher Maßnahmen einen qualifizierten faktischen Aktienkonzern.[468] Durch kaufmännisch vertretbare Risiken wird aber kein qualifizierter faktischer Aktienkonzern verursacht, obwohl ihr Ergebnis die Existenz der Aktiengesellschaft vernichtet.[469] Denn auch der Vorstand der unabhängigen Aktiengesellschaft dürfte so handeln.

Auch bei Unmöglichkeit der Isolierung einzelner nachteiliger Maßnahmen wegen der Dichte oder der Fülle der Einflussnahme ist ein Einzelausgleich nicht möglich.[470] Denn die Kausalität zwischen Maßnahmen und Nachteile ist nicht zu beweisen. Zwar kann die Nachhaltigkeit oder die Dichte der Einflussnahme einer der möglichen Gründe für die mangelnde Isolierbarkeit

---

464 *Drygala*, GmbHR 1993, 317 ff.

465 Vgl. oben dritter Teil I 3.1.3

466 *Habersack* in Aktien- und GmbH-Konzernrecht, Anh. II § 318 Rdnr. 20; *Krieger* in Münchener Handbuch des Gesellschaftsrechts Band 4 Aktiengesellschaft, § 69 Rdnr. 117

467 BGHZ 149, 10 = NJW 2001, 3622; BGH vom 24. 6. 2002 = NJW 2002, 3024

468 *Kropff* in Münchener Kommentar zum Aktiengesetz, § 317 Anh. Rdnr. 98

469 *Kropff* in Münchener Kommentar zum Aktiengesetz, § 317 Anh. Rdnr. 99

470 *Habersack* in Aktien- und GmbH-Konzernrecht, Anh. II § 318 Rdnr. 22; *Krieger* in Münchener Handbuch des Gesellschaftsrechts Band 4 Aktiengesellschaft, § 69 Rdnr. 117; *Kropff*, AG 1993, 493

sein, aber kein Tatbestand für die Annahme des qualifizierten faktischen Aktien-konzerns.[471] Ein qualifizierter faktischer Aktienkonzern kann bereits bei einer einmaligen Unmöglichkeit des Einzelausgleichs entstehen.[472]

## § 3. Erleichterung der Beweislast

Nach dem Video-Urteil, in dem der BGH das die dauernde und umfassende Leitung als Indiz für das Bestehen des qualifizierten faktischen Konzerns ansah, musste das herrschende Unternehmen den Gegenbeweis beibringen. Aber nach dem TBB-Urteil muss der Kläger, d.h. die Gesellschaft, ihre Gesellschafter und Gläubiger, das Bestehen des qualifizierten faktischen Konzerns begründe Umstände beweisen.[473] Den außenstehenden Gesellschaftern und Gläubigern ist aber in der Regel der Einblick in die zum Nachweis nachteiliger Beeinträchtigung erforderlichen Unternehmensinterna nicht möglich. Darüber hinaus ist es nicht zu erwarten, dass Geschäftsführer der abhängigen Gesellschaft die Minderheitsgesellschafter über die Beziehungen der abhängigen Gesellschaft zum herrschenden Unternehmen ausführlich informieren.[474] Mit Rücksicht auf diese Umstände behauptet die herrschende Meinung, dass einem solchen Kläger entsprechend allgemeinen Grundsätzen[475] Erleichterung seiner Beweislast zugebilligt werden müsse.

Auch der BGH hat im TBB-Urteil entschieden: „**Es genügt, dass der Kläger Umstände darlegt und ggf. beweist, die eine solche Annahme zumindest nahe legen, dass bei der Unternehmensführung im Hinblick auf das Konzerninteresse**

---

471 *Mülbert*, Aktiengesellschaft, Unternehmensgruppe und Kapitalmarkt, 485; *Habersack* in Aktien- und GmbH-Konzernrecht, Anh. II § 318 Rdnr. 12; *Kropff*, AG 1993, 489

472 *Zöllner*, FS Knobbe-Keuk, 374

473 *Habersack* in Aktien- und GmbH-Konzernrecht, Anh. II § 318 Rdnr. 26

474 *Ulmer*, Vermutungs- und Beweisfragen: Qualifizierungsvermutung; Kausalitätsgegenbeweis, in: Heidelberger Kozernrechtstage: Der qualifizierte faktische GmbH-Konzern, 78 f.

475 BGHZ 100, 195 f = NJW 1987, 2008

**die eigenen Belange der Gesellschaft über bestimmte, konkret ausgleichsfähige Einzeleingriffe hinaus beeinträchtigt worden sind".**[476]

Soweit dies dem Beklagten zumutbar ist, ist eine auf die tatsächliche Sachlage bezogene Erklärung vorzutragen, um die auf hinreichende Indizien des Klägers gestützten Argumente für eine qualifizierte Konzernierung zu entkräften.[477] Das herrschende Unternehmen muss also nachweisen, dass die behaupteten Nachteile nicht vorhanden sind, dass sie gemäß § 311 Abs. 2 AktG ausgeglichen sind, dass sie auf Umständen, die mit den Veranlassungen nichts zu tun haben, beruht haben oder dass der pflichtgemäß handelnde Geschäftsführer einer unabhängigen Gesellschaft die solchen Maßnahmen getroffen hätte.[478] Wenn das herrschende Unternehmen den ausreichenden Gegenbeweis beigebracht hat, muss nunmehr der Kläger beweisen, dass die für den Gegenbeweis vom herrschenden Unternehmen vorgetragenen Umstände nicht zutreffen.

## § 4. Die Unzulässigkeit des qualifizierten faktischen Aktienkonzerns

### 1. Die Unzulässigkeit des qualifizierten faktischen Aktienkonzerns

Beim faktischen Aktienkonzern muss der Vorstand der abhängigen Aktiengesellschaft nach § 76 AktG die Gesellschaft unter eigener Verantwortung selbständig leiten. Eine Ausnahme wird nur dann zugelassen, wenn die Nachteile nach § 311 AktG ausgeglichen werden. Auch wenn die Möglichkeit eines Einzelausgleichs nach den §§ 311, 317 AktG durch eine qualifizierte Konzernherrschaft beseitigt wird, darf der Vorstand der abhängigen Aktien-

---

476 BGHZ 122, 131 ff. = NJW 1993, 1200

477 *Krieger* in Münchener Handbuch des Gesellschaftsrechts Band 4 Aktiengesellschaft, § 69 Rdnr. 119; *Michalski*, NJW 1996, 229

478 *Kropff* in Münchener Kommentar zum Aktiengesetz, § 317 Anh. Rdnr. 61

gesellschaft keineswegs die Veranlassung des herrschenden Unternehmens befolgen. Ebenfalls darf auch die Leitungsmacht des herrschenden Unternehmens außer einer Ausnahme des § 311 AktG nicht zugelassen werden.[479]

*Decher* geht aber davon aus, dass die Herstellung einer qualifizierten faktischen Konzernverbindung zulässig sei, weil der qualifizierte faktische Aktienkonzern nicht gesetzlich verboten sei und auch sonst keine Gründe des Minderheiten- oder Gläubigerschutzes für eine Präventivkontrolle sprechen würden.[480] Der Gesetzgeber hat aber durch die §§ 311 ff. AktG darauf hingewiesen, dass jede andere Form der nachteiligen Einflussnahme ohne Beherrschungsvertrag und ohne Nachteilsausgleich rechtswidrig und damit unzulässig ist.[481] Außerdem ist der qualifizierte faktische Aktienkonzern hinsichtlich qualifizierter Einflussnahme mit einem Vertragsaktienkonzern vergleichbar. Beim qualifizierten faktischen Aktienkonzern ist aber keine Hauptversammlungsentscheidung vorangegangen, so dass er wie ein Vertragsaktienkonzern ohne Hauptversammlungsbeschluss als rechtswidrig anzusehen ist. Nach diesem Ergebnis stellt sich die Frage, ob die qualifizierte Einflussnahme des herrschenden Unternehmens durch einen Hauptversammlungsbeschluss der abhängigen Aktiengesellschaft legalisiert werden kann.

### 2. Sanktionsmodell contra Legitimationsmodell

Ob der qualifizierte faktische Aktienkonzern durch einen Hauptversammlungsbeschluss legalisiert werden kann, ist umstritten. Die Debatte wird im Schrifttum als Sanktions- und Legitimationsmodell gekennzeichnet.[482] Nach

---

479 *Mülbert*, Aktiengesellschaft, Unternehmensgruppe und Kapitalmarkt, 491 f.

480 *Decher*, DB 1990, 2007

481 *Heyder*, Der qualifizierte faktische Aktienkonzern, 100; *Mülbert*, Aktiengesellschaft, Unternehmensgruppe und Kapitalmarkt, 490 ff.

482 *Emmerich/Sonnenschein*, Konzernrecht, 6. Aufl., 362 f.; *Deilmann*, Die Entstehung eines qualifizierten faktischen Konzerns, 82 ff.; *Mülbert*, Aktiengesellschaft, Unternehmensgruppe und Kapitalmarkt, 489 ff.

dem Sanktionsmodell ist der qualifizierte faktische Aktienkonzern wegen seiner Unvereinbarung mit der gesetzlichen Regelung (§§ 76, 311 ff. AktG) grundsätzlich unzulässig. Deshalb stellt sich nur die Frage, mit welchen Rechtsfolgen die unzulässige Konzernherrschaft sanktioniert werden muss.[483] Auch nach dem Legitimationsmodell kann der qualifizierte faktische Aktienkonzern nicht zugelassen werden. Das Legitimationsmodell geht aber davon aus, dass der qualifizierte faktische Konzern zwar nicht zulässig sei aber nachträglich legalisiert werden könne. Diese Legalisierung bedürfe der Zustimmung der Aktionäre wenigstens mit qualifizierter Mehrheit entsprechend den §§ 179, 293 AktG.[484]

### 3. Die Unzulässigkeit der Legalisierung durch einen Hauptversammlungsbeschluss

Da in der faktischen Konzernierung sich die Gesellschaftszwecke faktisch verändert, schlägt das Legitimationsmodell eine Legalisierung des qualifizierten faktischen Aktienkonzerns durch einen zweckändernden Beschluss der Hauptversammlung analog § 179 AktG vor. Außerdem bestehen die Anhänger des Legitimationsmodells aufgrund der Vergleichbarkeit des qualifizierten faktischen Aktienkonzerns mit einem Vertragsaktienkonzern auf eine Legalisierung des qualifizierten faktischen Aktienkonzerns durch einen entsprechenden Hauptversammlungsbeschluss analog § 293 AktG.[485] Wenn die qualifizierte faktische Konzernherrschaft durch einen Hauptversammlungsbeschluss regalisiert wird, soll der Vorstand der abhängigen Aktiengesellschaft die Weisungen des herrschenden Unternehmens befolgen dürfen.

---

483 *Emmerich/Sonnenschein*, Konzernrecht, 6. Aufl., 362 f.; *Heyder*, Der qualifizierte faktische Aktienkonzern, 101 ff.; *Krieger* in Münchener Handbuch des Gesellschaftsrechts Band 4 Aktiengesellschaft, § 69 Rdnr. 16 ff.; *Kropff* in Münchener Kommentar zum Aktiengesetz, § 317 Anh. Rdnr. 106; *Mülbert*, Aktiengesellschaft, Unternehmensgruppe und Kapitalmarkt, 490 ff.

484 *Binnewies*, Konzerneingangskontrolle in der abhängigen Gesellschaft, 360 ff.; *Krieger* in Münchener Handbuch des Gesellschaftsrechts Band 4 Aktiengesellschaft, § 69 Rdnr. 24; *Seydel*, Konzernbildungskontrolle bei der Aktiengesellschaft, 266

485 *Heyder*, Der qualifizierte faktische Aktienkonzern, 100

Damit wird aber die vom Gesetz vorgesehene Regelung des Vertragsaktienkonzerns bedeutungslos.[486] Denn die Legalisierung des qualifizierten faktischen Aktienkonzerns bedeutet die Erlaubnis des Vertragsaktienkonzernens **„zum halben Preis"**.[487] Dann würde das herrschende Unternehmen, das ohne Abschluss eines Beherrschungsvertrags qualifizierten Einfluss ausübt, gegenüber einem Unternehmen, das durch Abschluss eines Beherrschungsvertrags den gesetzlich vorgegebenen Vertragsaktienkonzern wählt, ungerecht privilegiert. Ein solches Ergebnis ist offenbar mit der gesetzlichen Regelung des Vertragskonzerns im Aktiengesetz nicht in Übereinstimmung zu bringen, so dass die Legalisierung des qualifizierten faktischen Aktienkonzerns nicht zu vertreten ist.

Ein Hauptversammlungsbeschluss kann darüber hinaus selbst bei Einstimmigkeit das Verbot in § 311 AktG nicht ausschließen.[488] Auch die eigenverantwortliche Leitung des Vorstandes nach § 76 AktG kann von der Hauptversammlungsbeschluss nicht außer Kraft gesetzt werden. Gesetzliche Ausnahme sind nur der Beherrschungsvertrag und die Eingliederung. Eine Legalisierung des qualifizierten faktischen Aktienkonzerns durch einen Hauptversammlungsbeschluss kann nicht in Betracht kommen. Die Bevorzugung des Sanktionsmodells ist heute herrschend.

---

486 *Mülbert*, Aktiengesellschaft, Unternehmensgruppe und Kapitalmarkt, 492 f.

487 *Emmerich/Sonnenschein*, Konzernrecht, 6. Aufl., 363

488 *Kropff* in Münchener Kommentar zum Aktiengesetz, § 317 Anh. Rdnr. 106

# § 5. Rechtsfolge

## 1. Rechtsdogmatische Grundlage zur Anwendung der §§ 302 ff. AktG auf den qualifizierten faktischen Aktienkonzern

### 1.1. Einfache Analogie des Vertragsaktienkonzernrechts

Im Falle der Unmöglichkeit des Einzelausgleichs muss eine Verlustausgleichspflicht des herrschenden Unternehmens auch beim qualifizierten faktischen Aktienkonzern entlang der gefestigten Rechtsprechung bezüglich des GmbH-Konzerns bejaht werden.[489] Allerdings stellt dies nur die Basis für eine Weiterentwicklung durch rechtsdogmatische Grundlegung dar.

Die herrschende Meinung wendet diese Rechtsfolge durch einfache Analogie zum Vertragsaktienkonzernrecht auf den qualifizierten faktischen Aktienkonzern an.[490] Sie geht davon aus, dass der qualifizierte faktische Aktienkonzern mit dem qualifizierten faktischen GmbH-Konzern vergleichbar sei, so dass die Rechtsprechung des BGH zum qualifizierten faktischen GmbH-Konzern auch für den qualifizierten faktischen Aktienkonzern zu übertragen sei.[491] Infolgedessen werde das Vertragsaktienkonzernrecht für den qualifizierten faktischen Aktienkonzern analog angewandt. Beim qualifizierten faktischen GmbH-Konzern gibt es keinen anderen Weg außer Analogie-

---

489 *Kropff* in Münchener Kommentar zum Aktiengesetz, § 317 Anh. Rdnr. 45; *Habersack* in Aktien- und GmbH-Konzernrecht, Anh. II § 318 Rdnr. 12 ff.; *Krieger* in Münchener Handbuch des Gesellschaftsrechts Band 4 Aktiengesellschaft, § 69 Rdnr. 122; *Mülbert*, Aktiengesellschaft, Unternehmensgruppe und Kapitalmarkt, 487 ff.; *K. Schmidt*, Verlustausgleich im qualifizierten faktischen Konzern, in: Heidelberger Konzernrechtstage: Der qualifizierte faktischen GmbH-Konzern, 12; *Zöllner*, FS Knobbe-Keuk, 369 ff.

490 *Kropff* in Münchener Kommentar zum Aktiengesetz, § 317 Anh. Rdnr. 46; *Emmerich/ Sonnenschein/Habersack*, Konzernrecht, 439; *Habersack* in Aktien- und GmbH-Konzernrecht, Anh. II § 318 Rdnr. 28; *Krieger* in Münchener Handbuch des Gesellschaftsrechts Band 4 Aktiengesellschaft, § 69 Rdnr. 122

491 *Krieger* in Münchener Handbuch des Gesellschaftsrechts Band 4 Aktiengesellschaft, § 69 Rdnr. 17; *Weigl*, Die Haftung im (qualifizierten) faktischen Konzern, 189

anwendung des Aktienkonzernrechts, weil im GmbH-Gesetz kein Konzernrecht vorgeschrieben ist. Der BGH musste deshalb auf den qualifizierten faktischen GmbH-Konzern das Vertragsaktienkonzernrecht analog anwenden. Für den Aktienkonzern gibt es aber im Aktiengesetz betreffende Regelungen. Es sieht deshalb wie unnötige Doppelanalogie aus, auch beim qualifizierten faktischen Aktienkonzern ebenso wie beim qualifizierten faktischen GmbH-Konzern das Vertragsaktienkonzernrecht analog anzuwenden.

Es gibt auch andere Meinung, dass auf den qualifizierten faktischen Aktienkonzern die Rechtsfolgen des Vertragsaktienkonzerns anzuwenden sei, weil die Intensität der Leitungsmacht im qualifizierten faktischen Aktienkonzern mit derjenigen in einem Vertragsaktienkonzern vergleichbar sei.[492] Die Verlustübernahmepflicht beruht aber nicht auf der qualifizierten Beherrschung. Sie ist Gegenleistung des Rechts auf Weisung (§ 308 Abs. 1 AktG) oder Gewinnabführung (§ 291 Abs. 1 AktG), das auf dem Unternehmensvertrag beruht und deshalb im faktischen Konzern nicht besteht. Die Verlust-übernahmepflicht nach § 302 AktG beruht nicht auf der qualifizierter Beherrschung. Sie setzt lediglich voraus, dass ein Beherrschungs- oder Gewinnabführungsvertrag besteht. Der einfache Analogie zum Vertrags-aktienkonzernrecht ist deshalb nicht überzeugend.[493]

### 1.2. Rücksicht auf die Treuepflicht

Als die rechtsdogmatische Grundlage, aus der die Vorschriften der §§ 302 ff. AktG auch auf den qualifizierten faktischen Aktienkonzern angewandt werden, kann die Treuepflicht des Mehrheitsaktionärs anstatt der einfachen Analogie zum Vertragsaktienkonzernrecht in Betracht kommen. Die Treuepflicht der Aktionäre stellt die Pflicht dar, dass die Aktionäre in allen gesellschaftlichen Angelegenheiten die Interessen ihrer Gesellschaft und Mitaktionäre ange-

492 *Heyder*, Der qualifizierte faktische Aktienkonzern, 176, 200; *Koppensteiner* in Kölner Kommentar, Vor § 311 Rdnr. 24 f

493 *Kropff* in Münchener Kommentar zum Aktiengesetz, § 317 Anh. Rdnr. 46

messen berücksichtigen müssen.[494] Da die Treuepflicht ihre dogmatische Grundlage in der Mitgliedschaft findet, unterliegt jeder Aktionär einschließlich der Minderheitsaktionäre der Treuepflicht. Die Treuebindung wird aber besonders auf einen herrschenden Aktionär angewand, weil er aufgrund seiner Machtstellung entscheidenden Einfluss auf das Schicksal der Gesellschaft und auf die Interessen der Mitaktionäre ausüben kann.

Der mitgliedschaftliche Einfluss muss daher der Treue und dem Glauben entsprechen. Aus der Treuebindung ist der Geschäftsführer verpflichtet, die eigenständige Gewinnerzielung der Gesellschaft nicht beeinträchtigen zu dürfen. Er darf auch die Chancen künftiger Gewinnerzielung nicht schmälern. Diese Treuebindung kann sich natürlich nicht dadurch ändern, dass die Gesellschaft einem anderen Unternehmen untergeordnet wird.[495] Deshalb wird der Schluss gezogen, dass das herrschende Unternehmen von seiner Konzernhaftung nicht dadurch befreit werden darf, dass es die abhängige Gesellschaft zu den Maßnahmen veranlasst, die bei ihr zu den nach den §§ 311, 317 AktG nicht auszugleichenden Nachteilen führen.[496] Wenn das herrschende Unternehmen die abhängige Gesellschaft zu einer solchen Maßnahme veranlasst, bedeutet dieses Verhalten den Verstoß gegen die Treuepflicht, die das herrschende Unternehmen seinen Mitaktionären schuldet.[497]

Aus dieser Perspektive dürfte es daher angemessen sein, dass das herrschende Unternehmen dazu verpflichtet ist, spätestens bis zum Zeitpunkt der ersten qualifizierten Einflussnahme einen Beherrschungsvertrag abzuschließen, wenn es einen qualifizierten Einfluss, der zur Unmöglchkeit des Einzelausgleichs nach den §§ 311, 317 AktG führt, ausüben will. Denn qualifizierte

---

494 Vgl. unten vierter Teil VI 2

495 *Zöllner*, ZHR 1998, 239 f.

496 *Mülbert*, Aktiengesellschaft, Unternehmensgruppe und Kapitalmarkt, 488

497 *Mülbert*, Aktiengesellschaft, Unternehmensgruppe und Kapitalmarkt, 496; *Sonnenschein*, Der Schutz von Minderheitsgesellschaftern und Gläubigern der abhängigen Gesellschaft im deutschen Recht, in: Das Gesellschaftsrecht der Konzerne im internationalen Vergleich, 65, 83 ff.

Einflussnahme ist lediglich im Vertragskonzern zulässig. Da die Treuepflicht eine aktive **„Förderpflicht"** enthält, Interessen der Gesellschaft und der Mitaktionäre fördernde Handlungen vorzunehmen,[498] kann dem herrschenden Unternehmen der Abschluss eines Beherrschungsvertrags auferlegt werden, soweit es einen qualifizierten Einfluss ausüben will. Wenn das herrschende Unternehmen gegen diese Pflicht verstößt, indem es ohne Abschluss eines Beherrschungsvertrags den qualifizierten Einfluss ausübt, ist es nunmehr aufgrund der Treuepflicht verpflichtet, die abhängige Aktiengesellschaft und ihre außenstehenden Aktionäre so zu stellen, als ob schon während der Ausübung des qualifizierten Einflusses ein Beherrschungsvertrag abgeschlossen worden wäre.[499] Denn das Vertrauen der Gesellschaft und ihrer außenstehenden Aktionäre, dass ohne Beherrschungsvertrag die Gesellschaft nicht qualifiziert beherrscht werden kann, muss geschützt werden. Infolgedessen muss der Abschluss des Beherrschungsvertrags spätestens dann angesehen werden, sobald der qualifizierte Einfluss des herrschenden Unternehmens ausgeübt worden ist. Die abhängige Aktiengesellschaft und ihre außenstehenden Aktionäre dürfen deshalb vom herrschenden Unternehmen die Rechtsfolgen des Vertragsaktienkonzerns verlangen. Wer so seine Leitungsmacht ausgeübt hat, als ob ein Beherrschungsvertrag bestände, muss auch die Verpflichtung tragen. [500] Das herrschende Unternehmen kann aber nicht einwenden, dass das Beherrschungsvertrag wegen der unmöglichkeit der Zustimmung durch die Hauptversammlung der abhängigen Aktiengesellschaft sowieso tatsächlich nicht abgeschlossen werden könnte. Diese Einwendung ist treuwidrig. Darüber hinaus entsteht kein Weisungsrecht des herrschenden Unternehmens. Denn als die Rechtsfolgen des qualifizierten faktischen Aktienkonzerns kommen nur die Pflichten des herrschenden Unternehmens, d.h. die

---

[498] Vgl. unten vierter Teil VI 2. *Bungeroth* in Münchener Kommentar zum Aktiengesetz, Vor § 53 a Rdnr. 23; *Hüffer*, Aktiengesetz, 5. Aufl., § 53 a Rdnr. 16; *Lutter*, ZHR 1998, 166 f.

[499] *Kropff* in Münchener Kommentar zum Aktiengesetz, § 317 Anh. Rdnr. 50

[500] *Kropff* in Münchener Kommentar zum Aktiengesetz, § 317 Anh. Rdnr. 52

Rechte der abhängigen Aktiengesellschaft und ihrer außenstehenden Aktionäre, in Betracht.[501]

Diese Lösung ist im Ergebnis mit der die herrschende Meinung vorschlagenden Analogie zu §§ 302 ff. AktG gleich, aber rechtsdogmatisch angemessener als die einfache Analogie. Jedenfalls können vom herrschenden Unternehmen des qualifizierten faktischen Aktienkonzerns die abhängigen Aktiengesellschaften den Verlustausgleich, die außenstehenden Aktionäre den Ausgleich oder die Abfindung verlangen. Darüber hinaus können die außenstehenden Aktionäre einen Verlustausgleichsanspruch, einen Schadensersatzanspruch sowie einen Unterlassungs- und Beseitigungsanspruch geltend machen.[502]

## 2. Einzelne Rechtsfolgen zum Schutz der Minderheitsaktionäre

### 2.1. Ausgleichsanspruch

Die außenstehenden Aktionäre der qualifiziert faktisch konzernierten Aktiengesellschaft können den Ausgleichsanspruch nach § 304 AktG geltend machen. *Deilmann* hat aber behauptet, dass der Ausgleichsanspruch nach § 304 AktG nicht anzuwenden sei, weil zur Anwendung dieses Anspruchs die Vereinbarung eines Ausgleichs zwischen Vertragsparteien eine Voraussetzung sei.[503] Aufgrund der gesetzlich angeordneten Nichtigkeit eines Beherrschungsvertrags

---

501 *Kropff* in Münchener Kommentar zum Aktiengesetz, § 317 Anh. Rdnr. 53

502 Schutz der Gläubiger der abhängigen Aktiengesellschaft wird nunmehr wie die Ansicht des BGH und des Schrifttums durch unmittelbare und persönliche Zahlungsansprüche gegenüber herrschenden Aktionären aufgrund der Durchgriffshaftung gewährleistet (vgl. oben vierter Teil I 2). Also wenn der eine Aktiengesellschaft beherrschende Aktionär durch die existenzgefährdenden Eingriffe die Aktiengesellschaft beschädigt und dadurch die Fähigkeit der Gesellschaft zur Erfüllung ihrer Verbindlichkeiten beeinträchtigen, trägt er die unmittelbare und persönliche Zahlungshaftung gegenüber den Gesellschaftsgläubigern. Die Zahlungsansprüche der Gesellschaftsgläubgern gegenüber dem herrschenden Aktionär sind nunmehr nicht aus der qualifizierten faktischen Konzernhaftung, sondern aus der Durchgriffshaftung geltend zu machen.

503 *Deilmann*, Die Entstehung eines qualifizierten faktischen Konzerns, 132 f.

ohne Ausgleichsregelung (§ 304 Abs. 3 S. 1 AktG) geht er von dem Ausscheiden des Ausgleichsanspruchs ohne Beherrschungsvertrag aus. Auch *Mülbert* verneint die Geltendmachung des Ausgleichsanspruchs der außenstehenden Aktionäre, weil auch die Zahlung einer Geldsumme nicht bewirken darf, dass rechtswidriges Organverhalten geduldet wird. Nach seiner Meinung sollen die Gesellschafter rechtswidrigem Verhalten der Gesellschaftsorgane Widerstand leisten und können schließlich nur austreten.[504] Außerdem wendet *Weigl* gegen eine Anwendung des § 304 AktG ein, dass die außenstehenden Aktionäre insbesondere infolge ihrer Austrittmöglichkeit nicht des Ausgleichsanspruchs bedürfen. Durch die Abfindung sollen sie den erwarteten Nachteilen der Konzernierung ausweichen können und zumindest vermögensmäßig nicht schlechter gestellt werden.[505]

Die Meinung von *Deilmann* ist aber nach der Auffassung zu widerlegen, dass qualifizierte Konzernherrschaft ein Verstoß gegen die Treuepflicht des herrschenden Unternehmens ist und dazu ein Beherrschungsvertrag abgeschlossen werden muss. Denn nach dieser Auffassung ist das herrschende Unternehmen beim qualifizierten faktischen Aktienkonzern verpflichtet, die abhängige Aktiengesellschaft und ihre außenstehenden Aktionäre so zu behandeln, als ob ein Beherrschungsvertrag bestände. Die außenstehenden Aktionäre können deshalb den Ausgleichsanspruch aufgrund des § 304 AktG geltend machen.

Es gibt auch keinen Grund, die außenstehenden Aktionäre durch den Abfindung praktich aus der Gesellschaft zu entlassen.[506] Die von *Mülbert* vorgebrachten Bedenken gegen eine **„Duldung rechtswidrigen Organverhaltens gegen Entgelt"** sind nicht ungeeignet. Zwar wäre ein Verbleiben in einer Gesellschaft, die in einen qualifizierten faktischen Konzern eingebunden ist, wenig sinnvoll. Diese Möglichkeit sollte aber nicht von Anfang an abgelehnt

504 *Mülbert*, Aktiengesellschaft, Unternehmensgruppe und Kapitalmarkt, 500 f.

505 *Weigl*, Die Haftung im (qualifizierten) faktischen Konzern, 221 f.

506 *Kropff* in Münchener Kommentar zum Aktiengesetz, § 317 Anh. Rdnr. 125; *Habersack* in Aktien- und GmbH-Konzernrecht, Anh. II § 318 Rdnr. 37

werden. Sonst kann das herrschende Unternehmen auf diese Weise seine lästigen außenstehenden Aktionäre aus der Gesellschaft vertreiben. Damit entsteht das faktische Vertreibung von außenstehenden Aktionären. Dagegen könnte ihr Verbleiben in der Gesellschaft gegen Ausgleich das herrschende Unternehmen darauf drücken, durch Abschluss eines Beherrschungsvertrags die Konzernverhältnisse zu legitimieren.[507] Aus diesem Gründe müssen den außenstehenden Aktionären im qualifizierten faktischen Aktienkonzern auch Ausgleichsansprüche zugebilligt werden.

Außerdem könnte § 304 AktG mit Rücksicht auf die gesetzgeberische Wertung dieser Vorschrift, nach der außenstehende Aktionäre im Vertragsaktienkonzern für die mutmaßlich durch den Konzern verminderten Gewinnaussichten eine ausreichende Entschädigung erhalten müssen, auch im qualifizierten faktischen Aktienkonzern angewandt werden.[508] Beim qualifizierten faktischen Aktienkonzern ist die Gewinnausschüttung der abhängigen Aktiengesellschaft in der Regel nicht zu erwarten, weil das herrschende Unternehmen nur für seine Interessen die Geschäfte der Gesellschaft zu leiten neigt. In diesem Fall könnte man die Dividendengarantie des herrschenden Unternehmens als angemessenen Ausgleich für den Eingriff in das Mitgliedschaftsrecht ansehen. Daher müssen die außenstehenden Aktionäre der qualifiziert konzernierten Aktiengesellschaft Ausgleichsansprüche nach § 304 Abs. 1 S. 2 AktG geltend machen können, wenn sie in der Gesellschaft weiter bleiben möchten.[509]

Dabei muss sich die Höhe der Ausgleichsleistung nach den Verhältnissen vor Eintritt der Funktionsunfähigkeit des Einzelausgleichs bestimmen. Daneben kommt nach § 304 Abs. 2 S. 2 AktG auch variabler Ausgleich in Betracht.[510]

Für die Geltendmachung des Ausgleichsanspruchs muss zunächst das Bestehen eines qualifizierten faktischen Konzerns durch das Gerichts festgestellt

---

507 *Lieb*, FS Markus Lutter, 1161 f.

508 *Weigl*, Die Haftung im (qualifizierten) faktischen Konzern, 222

509 *Geuting*, BB 1994, 372

510 *Geuting*, BB 1994, 372

werden.[511] Ein stattgebendes Urteil soll den Unternehmensvertrag ersetzen.[512] Wenn trotz eines stattgebenden Urteils über die angemessene Höhe des Ausgleichs von dem herrschenden Unternehmen nichts vereinbart wird, können die außenstehenden Aktionäre ein Spruchstellenverfahren nach § 306 AktG beantragen. Die Ausschlussfrist des § 304 Abs. 4 S. 2 AktG wird wegen des Fehlens eines eindeutigen Stichtages nicht angewandt.[513]

### 2.2. Abfindungsanspruch

Die außenstehenden Aktionäre können im qualifizierten faktischen Aktienkonzern vom herrschenden Unternehmen auch Abfindung nach § 305 AktG verlangen.[514]

Im Fall der bloßen Mehrheitsbeteiligung oder des einfachen Abhängigkeitsverhältnisses werden die abhängige Aktiengesellschaft und ihre Aktionäre durch das für die autonome Aktiengesellschaft geltende Recht und die Vorschriften der §§ 311 ff. AktG ausreichend geschützt.[515] Aber beim qualifizierten faktischen Aktienkonzern funktioniert dieser Schutz nicht. Deshalb kann der Fall entstehen, in dem die Aktionäre ein Verbleib in der Gesellschaft nicht mehr wollen. Ein Verlassen der Gesellschaft durch Verkauf der Aktien kann aber nicht möglich oder nur zu einem unangemessen niedrigen Preis möglich sein. Denn bei Konzerneinbindung wird die wertbestimmende Nachfrage wesentlich verkleinert, so dass eine Bildung des angemessenen

---

511 *Habersack* in Aktien- und GmbH-Konzernrecht, Anh. II § 318 Rdnr. 37; *Seydel*, Konzernbildungskontrolle bei der Aktiengesellschaft, 342 ff.

512 *Mülbert*, Aktiengesellschaft, Unternehmensgruppe und Kapitalmarkt, 488, 500

513 *Habersack* in Aktien- und GmbH-Konzernrecht, Anh. II § 318 Rdnr. 33

514 *Habersack* in Aktien- und GmbH-Konzernrecht, Anh. II § 318 Rdnr. 37; *Deilmann*, Die Entstehung eines qualifizierten faktischen Konzerns, 131 f; *Emmerich/ Sonnenschein/Habersack*, Konzernrecht, 476 f.; *Mülbert*, Aktiengesellschaft, Unternehmensgruppe und Kapitalmarkt, 494 ff.; *Krieger* in Münchener Handbuch des Gesellschaftsrechts Band 4 Aktiengesellschaft, § 69 Rdnr. 22; *Kropff* in Münchener zum Kommentar Aktiengesetz, § 317 Anh. Rdnr. 122 f.; *Zöllner*, FS Knobbe-Keuk, 379

515 *Zöllner*, FS Knobbe-Keuk, 380

Marktpreises der Aktie nicht mehr gewährleistet ist.[516] Die außenstehenden Aktionäre der qualifiziert faktisch konzernierten Aktiengesellschaft müssen deswegen ohne Erdulden der Konzernverbindung durch Abfindung nach § 305 AktG aus der Gesellschaft ausscheiden können. Die außenstehenden Aktionäre können also einen zwischen Abfindungs- und Ausgleichsanspruch wählen.

Der Abfindungsanspruch kann nur auf eine Barabfindung abzielen.[517] *Decher* hat aber auch eine Abfindung in Aktien unter Hinweis auf die dem Vertragsaktienkonzern vergleichbare Gefährdungslage der qualifizierten Abhängigkeit bejaht.[518] Aber der ohne Abschluss eines Beherrschungsvertrags zu gewährenden Abfindungsanspruch auf Aktien der herrschenden Gesellschaft erscheint ungeeignet. Denn andernfalls kann das herrschende Unternehmen die Konstruktion des Aktionärskreises seiner eigenen Gesellschaft selbst bestimmen, indem es bei seiner abhängigen Aktiengesellschaft geplant den Zustand qualifiziertes faktisches Konzerns verursacht.[519] Bei der Annahme der Abfindung in Aktien würde damit der Verwaltung des herrschenden Unternehmens eine Rechtsmacht gegeben, die ihr nach dem Aktiengesetz nicht zukommen darf.[520] Im qualifizierten faktischen Aktienkonzern besteht daher kein Recht der außenstehenden Aktionäre auf Abfindung in Aktien.

Für die Geltendmachung des Abfindungsanspruchs muss das Bestehen eines qualifizierten faktischen Konzerns ebenso wie beim Ausgleichsanspruch zunächst durch das Gericht feststellt werden.[521] Bei der Nichtvereinbarung der

---

516 *Lieb*, FS Markus Lutter, 1151 f.

517 *Zöllner*, FS Knobbe-Keuk, 381; *Habersack* in Aktien- und GmbH-Konzernrecht, Anh. II § 318 Rdnr. 37; *Krieger* in Münchener Handbuch des Gesellschaftsrechts Band 4 Aktiengesellschaft, § 69 Rdnr. 126; *Mülbert*, Aktiengesellschaft, Unternehmensgruppe und Kapitalmarkt, 498

518 *Decher*, Personelle Verflechtungen im Aktienkonzern, 117-122

519 *Geuting*, BB 1994, 370; *Mülbert*, Aktiengesellschaft, Unternehmensgruppe und Kapitalmarkt, 498

520 *Seydel*, Konzernbildungskontrolle bei der Aktiengesellschaft, 340

521 *Habersack* in Aktien- und GmbH-Konzernrecht, Anh. II § 318 Rdnr. 37; *Mülbert*, Aktiengesellschaft, Unternehmensgruppe und Kapitalmarkt, 500

angemessenen Abfindung ist ein Spruchstellenverfahren nach § 306 AktG aufgrund eines entsprechenden Feststellungsurteils zu beantragen.

## 2.3. Verlustausgleichsanspruch

Im qualifizierten faktischen Aktienkonzern trifft das herrschende Unternehmen eine pauschale Verlustausgleichspflicht gegenüber der abhängigen Aktiengesellschaft.[522] Der Verlustausgleichsanspruch gehört prinzipiell zum Recht der abhängigen Aktiengesellschaft. Ihr Vorstand kann deshalb ihn nach Ende des Geschäftsjahres unverzüglich geltend machen. Wenn der Vorstand aber die Geltendmachung dieses Anspruchs pflichtwidrig verzögert, kann auch jeder Aktionär analog der §§ 309 Abs. 4, 317 Abs. 4 AktG ihn geltend machen. Fordert der Aktionär die Leistung, kann dies nur für die Gesellschaft erfolgen.[523]

Alle Verluste, die im Geschäftsjahr, in dem der qualifizierte faktische Konzern besteht, entstanden ist, müssen ausgeglichen werden. Deshalb muss auch solcher Verlust, der nicht auf der Einflussnahme des herrschenden Unternehmens beruht, ausgeglichen werden.[524] Den Ausgleich nur auf die durch die Konzernherrschaft verursachten Verluste zu beschränken, entspricht nicht dem Grundgedanken des pauschalen Ausgleichs und dem Grundsatz, dass die Gesellschaft und ihre Aktionäre bei pflichtwidrigem Nichtabschluss eines

---

522 *Emmerich/Sonnenschein*, Konzernrecht, 6. Aufl., 361; *Habersack* in Aktien- und GmbH-Konzernrecht, Anh. II § 318 Rdnr. 28; *Koppensteiner*, Über die Verlustausgleichspflicht im qualifizierten AG-Konzern, in: Probleme des Konzernrechts, 90 ff.; *Krieger* in Münchener Handbuch des Gesellschaftsrechts Band 4 Aktiengesellschaft, § 69 Rdnr. 122 f.; *Kropff* in Münchener Kommentar zum Aktiengesetz, § 317 Anh. Rdnr. 109 f.; *Mülbert*, Aktiengesellschaft, Unternehmensgruppe und Kapitalmarkt, 487 ff.; *K. Schmidt*, Verlustausgleich im qualifizierten faktischen Konzern, in: Heidelberger Konzernrechtstage : Der qualifizierte faktische GmbH-Konzern, 109; *Zöllner*, FS Knobbe-Keuk, 378

523 Vgl. oben zweiter Teil IV 2.2

524 *Habersack* in Aktien- und GmbH-Konzernrecht, Anh. II § 318 Rdnr. 28; *Kropff* in Münchener Kommentar zum Aktiengesetz, § 317 Anh. Rdnr. 109

Beherrschungsvertrags so handeln können, als ob ein Beherrschungsvertrag abgeschlossen worden wäre. Der Verlustausgleichsanspruch erfolgt für jedes Geschäftsjahr, in dem das herrschende Unternehmen qualifizierten Einfluss ausgeübt hat.[525]

### 2.4. Schadensersatzanspruch

Außerdem können die außenstehenden Aktionäre der qualifiziert faktisch konzernierten Aktiengesellschaft auch den Schadensersatzanspruch der Gesellschaft gegenüber Verwaltungsmitgliedern der abhängigen Aktiengesellschaft und dem gesetzlichen Vertreter des herrschenden Unternehmens nach den §§ 93, 116 und 117 AktG oder dem Verstoß der Treuepflicht geltend machen.[526] Dazu sind auch die Regelungen der §§ 311 ff. AktG zusätzlich anzuwenden. Denn der qualifizierte faktische Aktienkonzern ist im Vergleich mit dem einfachen faktischen Aktienkonzern nicht zu privilegieren.[527] Auch *Zöllner* sagt, **„dass gesetzliche Vorkehrungen wie die §§ 311 ff. AktG, die den Schutz der abhängigen Gesellschaft sichern, nicht ausreichen, soll die Anwendung dieser Vorschriften im Bereich ihres Ungenügens nicht ausschließen"**.[528] Der qualifizierte faktische Aktienkonzern ist auch im Vergleich mit dem Vertragsaktienkonzern nicht zu privilegieren. Hinsichtlich der Ersatzhaftung der gesetzlichen Vertreter des herrschenden Unternehmens ist deshalb auch § 309 AktG anzuwenden.

Der Vorstand und der Aufsichtsrat der abhängigen Gesellschaft sowie die gesetzlichen Vertreter des herrschenden Unternehmens sind deshalb aufgrund

---

525 *Habersack* in Aktien- und GmbH-Konzernrecht, Anh. II § 318 Rdnr. 28; *Zöllner*, FS Knobbe-Keuk, 378 f.

526 *Krieger* in Münchener Handbuch des Gesellschaftsrechts Band 4 Aktiengesellschaft, § 69 Rdnr. 127; *Habersack* in Aktien- und GmbH-Konzernrecht, Anh. II § 318 Rdnr. 28

527 *Kropff* in Münchener Kommentar zum Aktiengesetz, § 317 Anh. Rdnr. 130; *Krieger* in Münchener Handbuch des Gesellschaftsrechts Band 4 Aktiengesellschaft, § 69 Rdnr. 127

528 *Zöllner*, FS Knobbe-Keuk, 377

der §§ 93, 116, 117, 309, 317 und 318 AktG oder wegen des Verstoßes der Treuepflicht zum Schadensersatz gegenüber der abhängigen Gesellschaft verpflichtet. Die Geltendmachung der Schadensersatzhaftung durch die abhängige Gesellschaft ist aber in der Regel unzumutbar, weil diese vom herrschenden Unternehmen abhängig ist. Deshalb kann auch jeder Aktionär der abhängigen Gesellschaft nach den §§ 309 Abs. 4 und 317 Abs. 4 AktG die Schadensersatzansprüche geltend machen. Der Aktionär kann aber nach § 309 Abs. 4 S. 2 AktG grundsätzlich nur Leistung an die Gesellschaft fordern. Wenn ihm aber ein eigener Schaden entsteht, der durch die Geltendmachung des Schadensersatzanspruchs der Gesellschaft nicht kompensiert wird, kann er nach § 317 Abs. 1 S. 2 AktG Leistung an sich selbst verlangen.

### 2.5. Unterlassungs- und Beseitigungsanspruch

Die außenstehenden Aktionäre der qualifiziert faktisch konzernierten Aktiengesellschaft können auch das Fortfahren der nicht durch Beherrschungsvertrag legitimierten qualifizierten faktischen Konzernherrschaft durch Unterlassungs- und Beseitigungsansprüche aufhalten.[529] Da eine qualifizierte faktische Konzernherrschaft nicht zulässig ist, können die außenstehenden Aktionäre das herrschende Unternehmen darauf ansprechen, die schon getroffenen, qualifizierte Konzernherrschaft verursachten Maßnahmen zu beseitigen, und die qualifizierte Konzernherrschaft fortsetzenden weiteren Maßnahmen zu unterlassen.

Auch diese Ansprüche gegen das herrschende Unternehmen stehen grundsätzlich der abhängigen Aktiengesellschaft zu. Aber ebenso wie beim Verlustausgleichs- und Schadensersatzanspruch kann jeder Aktionär den Unterlassungs- und Beseitigungsanspruch gegen das herrschende Unternehmen geltend machen.[530] Die außenstehenden Aktionäre können nicht nur gegen das herrschende Unternehmen sondern auch gegen die abhängige Aktien-

---

[529] *Habersack* in Aktien- und GmbH-Konzernrecht, Anh. II § 318 Rdnr. 35

[530] *Kropff* in Münchener Kommentar zum Aktiengesetz, § 317 Anh. Rdnr. 107; *Heyder*, Der qualifizierte faktische Aktienkonzern, 138 ff.

gesellschaft auf Unterlassung oder Beseitigung klagen, wenn beide an der unzulässigen Einflussübung mitwirken.[531]

Der Unterlassungs- und Beseitigungsanspruch kann nur auf konkrete Maßnahmen abzielen, die einen qualifizierten faktischen Aktienkonzern fortsetzen können oder schon verursacht haben.[532] Denn das Bestimmtheitserfordernis nach § 253 Abs. 2 Nr. 2 ZPO muss eingehalten werden. Ein Untersagen der allgemeinen Einflussnahme reicht dafür nicht aus.[533]

Darüber hinaus hält *Heyder* einen **„Anspruch auf Abschluss eines Beherrschungsvertrags"** für ein taugliches Beseitigungsmittel des qualifizierten faktischen Aktienkonzerns.[534] Wenn ein Beherrschungsvertrag zwischen dem herrschenden Unternehmen und der abhängigen Aktiengesellschaft abgeschlossen wird, kann der qualifizierte faktische Aktienkonzern nicht mehr bestehen. Der Beherrschungsvertrag könnte daher ein sicheres Mittel zur Beseitigung eines qualifizierten faktischen Aktienkonzerns sein. Nach der Auffassung, dass das herrschende Unternehmen aus der Treuepflicht vor einer Ausübung seiner qualifizierten Konzernleitung zum Abschluss eines Beherschungsvertrags verpflichtet ist, kommt ein solcher Anspruch der abhängigen Aktiengesellschaft in Betracht. Allerdings können auch die Aktionäre der abhängigen Aktiengesellschaft diesen Anspruch geltend machen.

---

531 *Kropff* in Münchener Kommentar zum Aktiengesetz, § 317 Anh. Rdnr. 105; *Krieger* in Münchener Handbuch des Gesellschaftsrechts Band 4 Aktiengesellschaft, § 69 Rdnr. 128

532 *Krieger* in Münchener Handbuch des Gesellschaftsrechts Band 4 Aktiengesellschaft, § 69 Rdnr. 128

533 *Heyder*, Der qualifizierte faktische Aktienkonzern, 140

534 *Heyder*, Der qualifizierte faktische Aktienkonzern, 147 f.

## § 6. Konzerneingangsschutz

Die oben erzählten Rechtsfolgen kommen nur beim Bestehen einer qualifizierten faktischen Konzernherrschaft in Betracht. Sie verhindern nicht die Entstehung qualifizierter Konzernherrschaft. Da der qualifizierte faktische Aktienkonzern unzulässig ist, erscheint es vernünftig, das Entstehen dieses unzulässigen Zustandes von Anfang an zu verhindern. Denn **„Vorbeugen ist besser als Heilen"**.[535] Anhand der Unzulässigkeit des qualifizierten faktichen Konzerns stellt sich deshalb die Frage eines Konzerneingangsschutzes.[536] Gleichbedeutend spricht man von Konzernprävention[537] oder Konzernbildungskontrolle.[538] Im Kern dürften sie alle weitgehend synonym sein.

Die Aufgabe des Konzerneingangsschutzes hinsichtlich des qualifizierten faktischen Aktienkonzerns ist vor allem die Verhinderung dieses unzulässigen und rechtswidrigen Zustandes. Daher werden hier zum Konzerneingangsschutz nur die rechtlichen Maßnamen gezählt, welche die Entstehung eines qualifizierten faktischen Aktienkonzerns verhindern können.[539] Rechtsfolgen, die in Verbindung mit der Konzernbildungskontrolle oft erwähnt werden, verhindern aber nicht die Entstehung des qualifizierten faktischen Aktienkonzerns. Sie sanktionieren nur den schon bestehenden qualifizierten faktischen Aktienkonzern. Sie zählen deshalb nicht zum hier verwendeten Begriff des Konzerneingangsschutzes. Und der Konzerneingangsschutz hinsichtlich des qualifizierten faktischen Aktienkonzerns bedroht nicht die Existenz des gesetzlich zumindest tolerierten einfachen faktischen Aktien-

535 *Heyder*, Der qualifizierte faktische Aktienkonzern, 109

536 *Kropff* in Münchener Kommentar zum Aktiengesetz, Vor § 311 Rdnr. 41; *Wolf*, AG 1998, 212

537 *Lutter/Timm*, NJW 1982, 409; *Raiser*, FS Stimpel, 855

538 *Emmerich*, AG 1991, 303; *Habersack* in Aktien- und GmbH-Konzernrecht, Anh. II § 318 Rdnr. 11 ff.; *Heyder*, Der qualifizierte faktische Aktienkonzern, 105; *Seydel*, Konzernbildungskontrolle bei der Aktiengesellschaft, 1995

539 *Heyder*, Der qualifizierte faktische Aktienkonzern, 106

konzerns.[540] Manche sprechen unter dem Titel des Konzerneingangsschutzes über die Möglichkeiten, die einfache faktische Konzernherrschaft abwehren zu können. Sie gehören aber nicht zum hier verwendeten Konzerneingangsschutz bezüglich des qualifizierten faktischen Aktienkonzerns.

Wegen des in § 23 Abs. 5 AktG geregelte Grundsatzes der Satzungsstrenge und der Fungibilität der Aktie gebe es im Aktienrecht nicht viele Bestimmungen eines präventiven Schutzes.[541] Allerdings können die Vorschriften der §§ 68 Abs. 2 (Vinkulierung der Namensaktien), 71 Abs. 1 Nr. 8 (Erwerb eigener Aktien) und 134 Abs. 1 (Höchststimmrecht) AktG die Entstehung des faktischen Aktienkonzerns verhindern. Wie schon gesagt, verhindern diese Vorschrifte aber nicht den qualifizierten faktischen Aktienkonzern, sondern vernichten gründlich die Möglichkeit des gesetzlich zulässigen einfachen faktischen Aktienkonzerns. Sie zählen deshalb nicht zum Konzerneingangsschutz hinsichtlich des qualifizierten faktischen Aktienkonzerns. Dem Konzerneingangsschutz müsste deshalb vor allem allgemeine Rechtsprinzipien, die bei einem unzulässigen Rechtszustand leicht zu begründen sind, zugrunde liegen.[542] Es gibt im Aktienrecht auch Vorschrift, die zwar alleine keinen Konzerneingangsschutz darstellt, aber unter Umständen einen solchen unterstützt. Die Mitteilungspflichten gehören dazu.

### 1. Mitteilungspflichten

Es wird normalerweise durch Mitteilungspflichten erschwert, die beherrschende Aktionärsposition durch Aufkauf über die Börse im Laufe der Zeit heimlich zu begründen.[543] Nach § 20 Abs. 1, 4 AktG müssen Großaktionäre Beteiligungserwerbe über 25% und 50%, welche die Entstehung einer Abhängigkeit oder eines Konzerns vermuten lassen, unverzüglich der

540 *Heyder*, Der qualifizierte faktische Aktienkonzern, 111

541 *Emmerich/Sonnenschein/Habersack*, Konzernrecht, 112

542 *Heyder*, Der qualifizierte faktische Aktienkonzern, 105

543 *Kropff* in Münchener Kommentar zum Aktiengesetz, Vor § 311 Rdnr. 50

Gesellschaft schriftlich mitteilen. Dabei muss diese Mitteilung nach § 25 AktG von der Gesellschaft in den Gesellschaftsblättern bekannt gemacht werden.

Wenn börsennotierte Aktiengesellschafte als die abhängige Aktiengesellschaft konzerniert werden, bedeutet das stets eine publizitätspflichtige Tatsache im Sinne von § 15 Abs. 1 WpHG.[544] Denn die Konzernierung beeinflusst die Geschäfte der abhängigen Aktienesellschaft und dadurch kann auch der Börsenpreis der Aktien erheblich beeinflusst werden. Außerdem muss die Gesellschaften nach § 285 Nr. 11, 14 HGB und § 160 Abs. 1 Nr. 7, 8 AktG im Anhang zum Jahresabschluss Angaben über die Verflechtung mit anderen Unternehmen machen. Über ein Konzernverhältnis ist auch im Lagebericht nach § 289 HGB berichten.[545]

Durch solche Mitteilungen oder Berichte lernen die Aktionäre die Konzernierung der Gesellschaft kennen und damit können ihre Aufmerksamkeit auf die Verhinderung der qualifizierten Herrschaft durch das herrschende Unternehmen richten. Mitteilungspflichten können deshalb ein Unterstützer für den Konzerneingangsschutz sein.

## 2. Konzerneingangsschutz durch Treuepflicht

Die Treuepflicht ist heute der wichtigste Ausgangspunkt zum Schutz der Gesellschaft vor qualifizierter faktischer Konzernierung.[546]

Die Treuepflicht der Aktionäre stellt die Pflicht dar, dass die Aktionäre in allen gesellschaftlichen Angelegenheiten die Interessen ihrer Gesellschaft und Mitaktionäre angemessen berücksichtigen müssen.[547] Sie ist heute als

[544] *Zöllner*, FS Bruno Kropff, 340; *Kropff* in Münchener Kommentar zum Aktiengesetz, Vor § 311 Rdnr. 51

[545] *Kropff* in Münchener Kommentar zum Aktiengesetz, Vor § 311Rdnr. 52; *Zöllner*, FS Bruno Kropff, 340

[546] *Kropff* in Münchener Kommentar zum Aktiengesetz, Vor § 311 Rdnr. 55

[547] *Bungeroth* in Münchener Kommentar zum Aktiengesetz, Vor § 53 a Rdnr. 19

**„richterrechtliche Generalklausel"** gewohnheitsrechtlich festgestellt. [548] Die Treuepflicht enthält sowohl die für die Gesellschaft nachteilige Rechtsausübung beschränkenden **„Rücksichtnahmepflicht"** als auch eine aktive **„Förderpflicht"**, Interessen der Gesellschaft und der Mitaktioäre fördernde Handlungen vorzunehmen.[549]

Die Treuepflicht findet ihre dogmatische Grundlage in der Mitgliedschaft. Diese schafft ein organisationsrechtliches Sonderrechtsverhältnis zwischen den Gesellschaftern und der Gesellschaft, sowie zwischen den einzelnen Gesellschaftern. [550] Jeder Aktionär ist Mitglied, so dass jeder Aktionär einschließlich der Minderheitsaktionäre der Treuepflicht unterliegt. Hinsichtlich der Verantwortlichkeit muss aber die Einflussmöglichkeiten berücksichtigt werden. Da nur der herrschende Aktionär die Möglichkeit hat, die Geschäftspolitik der Aktiengesellschaft zu beeinflussen und dadurch die Interessen der Mitaktionäre zu beeinträchtigen, wird die Treuepflicht besonders auf den herrschenden Aktionär angewandt.[551] Deshalb sagt *Zöllner*, dass die Treuepflicht eine Gesamtheit der Verhaltenspflichten bedeute, zu der Mehrheiten und andere Einflussträger als Korrelat zu Einwirkungsmöglichkeiten verpflichtet seien.[552]

Es sind verschiedene Anwendungsbereiche für die Treuepflicht der Aktionäre möglich. Abstimmungen der Hauptversammlung stellen den Hauptanwendungsfall der Treuepflicht dar. Hier ergeben sich Diskrepanzen zwischen Mehrheit und Minderheit, so dass hier den herrschenden Aktionär die Pflicht

---

548 *Lutter*, ZHR 1998, 166

549 *Bungeroth* in Münchener Kommentar zum Aktiengesetz, Vor § 53 a Rdnr. 23; *Hüffer*, Aktiengesetz, 5. Aufl., § 53 a Rdnr. 16; *Lutter*, ZHR 1998, 166 f.

550 *Zöllner* in Kölner Kommentar, § 243 Rdnr. 195; *Eckert*, Konzerneingangsschutz im Aktienkonzernrecht auf der Ebene der Untergesellschaft, 109

551 *Kropff* in Münchener Kommentar zum Aktiengesetz, Vor § 311 Rdnr. 55; *Bungeroth* in Münchener Kommentar zum Aktiengesetz, Vor § 53 a Rdnr. 21

552 *Zöllner*, ZHR 1998, 237

trifft, auf die Interessen der Mitaktionäre Rücksicht zu nehmen. [553] Die Bestellung und Abberufung der Vorstandsmitglieder sollen hierfür ein typischer Beispielsfall sein. Aber auch das Verhalten außerhalb der Gesellschaft, insbesondere auf dem Aktienmarkt, kann die Interessen der Aktionäre beeinträchtigen und so kann eine Beschränkung durch die Treuepflicht in Betracht kommen.

Die Entwicklung konzernpräventiver Treuepflichten wird aber begrenzt, weil das Aktienkonzernrecht im wesentlichen nicht das Entstehen aller Konzerne verbietet. [554] Die Vorschriften der §§ 311 ff. AktG zielen statt eines konzernrechtlichen Präventivschutzes nur auf den Ausgleich der durch bestehende Konzernherrschaft verursachten Nachteile ab.

## 2.1. Inhaltskontrolle von Hauptversammlungsbeschlüssen

Nach der Rechtsprechung und dem Schrifttum unterliegt der Hauptversammlungsbeschluss aus der Treuepflicht der Inhaltskontrolle. Bezüglich dieser Inhaltskontrolle des Hauptversammlungsbeschlüsses ist das **„Kali & Salz-Urteil"**[555] besonders von Bedeutung. In diesem Urteil verlangte der BGH eine **„sachliche Rechtfertigung"** hinsichtlich des Bezugsrechtsausschlusses bei der Kapitalerhöhung. Diese durch die sachliche Rechtfertigung Beschränkung der Mehrheitsmacht wurde durch das **„Philipp Holzmann-Urteil"**[556] bestätigt und in weiteren Urteilen[557] fortgeführt.

Für die sachliche Rechtfertigung muss der Bezugsrechtsausschluss zuerst zur Erreichung des Ziels, das dem Gesellschaftsinteresse dient, das geeignete und

---

553 *Eckert*, Konzerneingangsschutz im Aktienkonzernrecht auf der Ebene der Untergesellschaft, 110 f.

554 *Emmerich/Sonnenschein/Habersack*, Konzernrecht, 114; *Kropff* in Münchener Kommentar zum Aktiengesetz, Vor § 311 Rdnr. 58; *Lutter*, ZHR 1998, 173

555 BGHZ 71, 40

556 BGHZ 83, 319

557 BGHZ 120, 141 = NJW1993, 400; BGHZ 125, 239 = NJW 1994, 1410

erforderliche Mittel sein. Das mit der Kapitalerhöhung gegen Bezugsrechtsausschluss verfolgte Ziel muss also mit anderem Weg nicht erreicht werden können.[558] Anderenfalls ist der Ausschluss unzulässig. Selbst wenn diese Voraussetzung erfüllt ist, muss der Bezugsrechtsausschluss immer verhältnismäßig sein. Die Verhältnismäßigkeit ist nur dann gegeben, wenn bei einer Abwägung der Nachteile für die ausgeschlossenen Aktionäre mit den Vorteilen für die Gesellschaft der Ausschluss als angemessen erscheint, also wenn die Vorteile der Gesellschaft die Nachteile der Aktionäre eindeutig überwiegen.[559]

Aber wenn eine Kapitalerhöhung gegen Bareinlagen 10% des Grundkapitals nicht übersteigt und der Ausgabebetrag der neuen Aktien den Börsenpreis nicht wesentlich unterschreitet, ist ein Bezugsrechtsausschluss nach § 186 Abs. 3 S. 4 AktG zulässig. In diesem Fall ist der Hauptversammlungsbeschluss also ohne Messung an Grundsätzen der Erforderlichkeit und der Verhältnismäßigkeit sachlich gerechtfertigt. Denn § 186 Abs. 3 S. 4 AktG nimmt nicht auf Schutz der Altenaktionäre Rücksicht, weil der Gesetzgeber daran denkt, dass bei solchem vereinfachten Bezugsrechtsausschluss kein Einflussverlust oder keine Wertverwässerung entsteht. Damit kommt keine Anfechtung des Hauptversammlungsbeschlusses wegen Verletzung von Grundsätzen der Erforderlichkeit und der Verhältnismäßigkeit in Betracht. Ziel des § 186 Abs. 3 S. 4 AktG ist, die Unternehmensfinanzierung durch Eigenkapitalaufnahme zu erleichtern und den Wettbewerbsnachteilen deutscher Gesellschaften bei der Finanzierung entgegenzuwirken.[560]

Nach dem Kali & Salz-Urteil ist auch festgestellt, dass jeder abhängigkeitsbegründende Mehrheitsbeschluss der Inhaltskontrolle unterliegt wie ein Bezugsrechtsausschluss.[561] Die abhängigkeitsbegründenden Hauptversamm-

---

558 BGHZ 71, 44; *Lutter* in Kölner Kommentar, § 186 Rdnr. 62

559 BGHZ 71, 46; *Lutter* in Kölner Kommentar, § 186 Rdnr. 63

560 *Krieger* in Münchener Handbuch des Gesellschaftsrechts Band 4 Aktiengesellschaft, § 56 Rdnr. 75, 79

561 *Eckert*, Konzerneingangsschutz im Aktienkonzernrecht auf der Ebene der Untergesellschaft, 114; *Emmerich/Sonnenschein/Habersack*, Konzernrecht, 115; *Habersack*

lungsbeschlüsse sind deshalb nicht zulässig, insoweit die sachliche Rechtfertigkeit der Beschlüsse durch das Maßstab der Erforderlichkeit und Verhältnismäßigkeit nicht angenommen wird. In anderem Fall, z. B. bei einer Kapitalherabsetzung oder einer Auflösung der Gesellschaft ist keine sachliche Rechtfertigung erforderlich, weil bei einem solchen Fall die sachliche Rechtfertigung schon aus der gesetzlichen Regelung entsteht.[562] Auch in diesem Fall ist aber ein Beschluss treuwidrig, der dem herrschenden Aktionär einseitige Vorteile zu Lasten der Gesellschaft oder der Minderheitsaktionäre verschafft[563] oder in sonstigen Weise die Interessen der Minderheitsaktionäre unangemessen beeinträchtigt.[564] Darüber hinaus ist es auch treuwidrig, dass der herrschende Aktionär einen Beschluss verhindert, der im Interesse der Gesellschaft oder der Minderheitsaktionäre erforderlich ist.[565]

### 2.2. Rücksichtnahmepflicht bei der Übertragung beherrschender Beteiligungen

Nach der herrschenden Meinung beschränkt sich eine Veräußerung der Anteile, welche die Selbständigkeit der GmbH gefährden könnte, aufgrund der Treuepflichten herrschender Gesellschafter.[566] Es ist also unzulässig, ein Mehrheitspaket an einen Konkurrenten zu verkaufen. Die Aktie zielt aber darauf ab, problemlos erworben und übertragen zu werden. Die in § 68 Abs. 2 AktG vorgesehene Vinkulierung der Namensaktie ist die einzige gesetzlich vorgesehene Einschränkung dieses Grundsatzes. *Eckert* sagt deshalb, dass der herrschende Aktionär **„grundsätzlich"** keiner Treuepflicht bei der Übertragung

---

in Aktien- und GmbH-Konzernrecht, Anh. II § 318 Rdnr. 6; *Krieger* in Münchener Handbuch des Gesellschaftsrechts Band 4 Aktiengesellschaft, § 69 Rdnr. 10, 16; *Seydel*, Konzernbildungskontrolle bei der Aktiengesellschaft, 183 ff.

562 *Raiser*, Recht der Kapitalgesellschaften, § 12 Rdnr. 52

563 BGHZ 103, 184 „Linotype"

564 BGHZ 142, 167 „Hilgers"

565 BGHZ 129, 136 „Girmes"

566 *Binnewies*, Konzerneingangskontrolle in der abhängigen Gesellschaft, 192 f.; *Kropff* in Münchener Kommentar zum Aktiengesetz, Vor § 311 Rdnr. 59

der Kontrollmacht unterstehe.[567] Aufgrund der Treuepflicht sei es nicht verboten, dass der herrschende Aktionär seine beherrschende Position durch normalen Verkauf über die Börse oder durch Paketverkauf an ein Drittes übertrage.

Beim Fall, in dem der herrschende Aktionär seine Mehrheit an ein Unternehmen verkauft, das die Gesellschaft als lästigen Konkurrenten vernichten will oder offensichtlich eine im faktischen Konzern unzulässige qualifizierte Konzernherrschaft anstrebt, muss man aber anders denken.[568] Bei einem kollusiven Zusammenwirken von Veräußerer und Erwerber ist § 826 BGB anzuwenden. Wenn der Veräußerer die Mehrheit veräußert, obwohl die Pläne des Erwerbers schon kennt oder kennen könnte, müsste der Verstoß gegen Treuepflicht angenommen werden.[569] Diese **„faktische Teilliquidation"** hat zum einen Schaden für die Gesellschaft zur Folge, zum anderen einen enormen Wertverlust der Aktien der Minderheitsaktionäre.[570] In diesem Ausnahmefall ist daher ein Veräußerungsverbot zu fordern.

## 2.3. Wettbewerbsverbot

Während in der GmbH ein Wettbewerbsverbot der Gesellschafter aus der Treuepflicht abgeleitet wird,[571] ist die Frage umstritten, ob auch der herrschende Aktionär neben dem Vorstand zum Wettbewerbsverbot ver-

---

567 *Eckert*, Konzerneingangsschutz im Aktienkonzernrecht auf der Ebene der Untergesellschaft, 117; *Krieger* in Münchener Handbuch des Gesellschaftsrechts Band 4 Aktiengesellschaft, § 69 Rdnr. 18

568 *Lutter*, ZHR 1998, 174 f.; *Kropff* in Münchener Kommentar zum Aktiengesetz, Vor § 311 Rdnr. 61

569 *Eckert*, Konzerneingangsschutz im Aktienkonzernrecht auf der Ebene der Untergesellschaft, 118; *Kropff* in Münchener Kommentar zum Aktiengesetz, Vor § 311 Rdnr. 61

570 *Eckert*, Konzerneingangsschutz im Aktienkonzernrecht auf der Ebene der Untergesellschaft, 118

571 *Emmerich/Sonnenschein/Habersack*, Konzernrecht, 110; *Krieger* in Münchener Handbuch des Gesellschaftsrechts Band 4 Aktiengesellschaft, § 69 Rdnr. 17; *Lutter/Timm*, NJW 1982, 419

pflichtet ist. Nicht nur auf den GmbH-Gesellschafter sondern auch auf Minderheitsaktionäre können durch den Wettbewerb des herrschenden Gesellschafters erhebliche Nachteile zukommen,[572] so dass sich der herrschende Unternehmensaktionär aus der Treuepflicht zum Wettbewerbsverbot verpflichten muss.[573]

*Kropff* geht aber davon aus, dass sich ein allgemeines Wettbewerbsverbot für herrschende Aktionäre im geltenden Aktienrecht nicht begründen lasse.[574] Nach seiner Meinung widerspricht ein nur herrschende Aktionäre treffendes Wettbewerbsverbot der Grundentscheidung des Aktiengesetzgebers, die Aktiengesellschaft unter entsprechenden Schutzmaßnamen für die Außenseiter konzernoffen anzulegen. Treuepflicht dürfe es daher nicht hindern, dass der Wettbewerber eine beherrschende Position aufbaue.[575]

Zwar ist ein einfacher faktischer Aktienkonzern gesetzlich erlaubt. Eine rechtwidrige Beherrschung einer abhängigen Aktiengesellschaft in Form qualifizierter Herrschaft oder nicht ausgeglichener Nachteilszufügung nach § 311 ff. AktG ist aber unzulässig. Außerdem wird allein der Nachteil, der durch die rücksichtslose Veranlassung des herrschenden Unternehmens bei der abhängigen Aktiengesellschaft entsteht, von § 311 ff. AktG ausgeglichen. Die durch eine Konkurrenz des herrschenden Unternehmens bei der abhängigen Aktiengesellschaft entstehenden Gefahren stellen sie nicht in Rechnung.[576] Das

---

572 *Eckert*, Konzerneingangsschutz im Aktienkonzernrecht auf der Ebene der Untergesellschaft, 123

573 *Burgard*, FS Markus Lutter zum 70. Geburtstag, 1048; *Eckert*, Konzerneingangsschutz im Aktienkonzernrecht auf der Ebene der Untergesellschaft, 123; *Emmerich/ Sonnenschein/Habersack*, Konzernrecht, 115; *Habersack* in Aktien- und GmbH-konzernrecht, Anh. II § 318 Rdnr. 7

574 *Kropff* in Münchener Kommentar zum Aktiengesetz, Vor § 311 Rdnr. 66 f.

575 *Koppensteiner* in Kölner Kommentar, Vor § 311 Rdnr. 28; *Krieger* in Münchener Handbuch des Gesellschaftsrechts Band 4 Aktiengesellschaft, § 69 Rdnr. 17; *Seydel*, Konzernbildungskontrolle bei der Aktiengesellschaft, 181 f.

576 *Habersack* in Aktien- und GmbH-Konzernrecht, Anh. II § 318 Rdnr. 7

herrschende Unternehmen muss deshalb zum Schutz der Gesellschaft und der Minderheitsaktionäre zum Wettbewerbsverbot verpflichtet sein.

Nach § 23 Abs. 5 S. 2 kann die Satzung die Befreiung dieses Wettbewerbsverbot durch den Hauptversammlungsbeschluss bestimmen. Das Stimmrecht des herrschenden Unternehmens bei der Beschlussfassung entfällt im Falle des § 136 Abs. 1 S. 1, 2 AktG ersatzlos.[577]

## 2.4. Rechtsdogmatische Grundlage zur Anwendung der §§ 302 ff. AktG auf den qualifizierten faktischen Aktienkonzern

Das Aktiengesetz lässt nur dann die qualifizierte Beherrschung zu, wenn der Beherrschungsvertrag zwischen dem herrschenden Unternehmen und der abhängigen Aktiengesellschaft abgeschlossen ist. Das herrschende Unternehmen kann deshalb ohne Beherrschungsvertrag keinenfalls den qualifizierten Einfluss auf die abhängige Aktiengesellschaft ausüben. Die qualifizierte faktische Konzernherrschaft ist niemals zuzulassen. Für die Ausübung der qualifizierten Beherrschung ist das herrschende Unternehmen darum verpflichtet, im voraus einen Beherrschungsvertrag abzuschließen. Da die Treuepflicht auch eine aktive **„Förderpflicht"** enthält, wird dem herrschenden Unternehmen der Abschluss eines Beherrschungsvertrags auferlegt, soweit es einen zur Unmöglichkeit des Einzelausgleichs nach den §§ 311, 317 AktG führenden qualifizierten Einfluss ausüben will. Wenn es gegen diese Pflicht verstößt, indem es ohne Abschluss eines Beherrschungsvertrags den qualifizierten Einfluss auf die abhängige Aktiengesellschaft ausübt, ist es aus der Treuepflicht verpflichtet, die abhängige Aktiengesellschaft und ihre außenstehenden Aktionäre so zu stellen, als ob ein Beherrschungsvertrag geschlossen worden wäre. Auch beim qualifizierten faktischen Aktienkonzern können deshalb die abhängige Aktiengesellschaft und ihre außenstehenden Aktionäre die Rechtsfolgen des Vertragsaktienkonzerns verlangen.

---

[577] *Burgard*, FS Markus Lutter, 1050; *Habersack* in Aktien- und GmbH-Konzernrecht, Anh. II § 318 Rdnr. 7; *Kropff* in Münchener Kommentar zum Aktiengesetz, Vor § 311 Rdnr. 64

## 2.5. Sanktionsmöglichkeiten bei Treuepflichtverletzungen

### 2.5.1. Unterlassungsansprüche

Beim Verkauf der Mehrheit an ein Unternehmen, das die Gesellschaft vernichten will, oder im Fall, in dem das herrschende Unternehmen eines faktischen Konzerns eine zur unzulässigen qualifizierten Konzernherrschaft führende oder gegen die Wettbewerbsverbotspflicht verstoßende Maßnahme treffen will, können für die Verhinderung der drohenden Treuepflichtverletzung zuerst Unterlassungsansprüche in Betracht kommen. [578] Diese Ansprüche können sowohl von der Gesellschaft als auch von jedem Aktionär geltend gemacht werden. Für die vorbeugenden Unterlassungsansprüche bedarf aber die Kenntnis von der drohenden Treuepflichtverletzung.[579] Denn nach dem Bestimmtheitserfordernis nach § 253 Abs. 2 Nr. 2 ZPO können die Unterlassungsansprüche nur auf die konkrete Maßnahmen abzielen, welche die Treuepflichtverletzung offensichtlich verursachen können.[580] Dass die außenstehenden Aktionäre im voraus die Treuepflichtverletzung des herrschenden Unternehmens erkennen, ist aber kaum möglich.

### 2.5.2. Anfechtungs- und Schadensersatzansprüche

Die Frage, welche Maßnahme gegen bereits eingetretene Treuepflichtverletzung zu treffen ist, stellt sich deshalb viel häufiger. Wenn der Treuepflichtverstoß durch die Hauptversammlung beschlossen wird, ist dieser nicht nichtig. Denn nur bei schwerwiegenden Verstößen und offensichtlich rechtswidrigen Beschlüssen ist die Nichtigkeit aus Rechtssicherheitsgründen nach § 241 AktG zu erwägen. Bei dem Treuepflichtverstoß durch die Hauptversammlung kommt deshalb nur die Anfechtbarkeit des Haupt-

---

[578] *Burgard*, FS Markus Lutter, 1049; *Fillmann*, Treuepflichten der Aktionäre, 209

[579] *Fillmann*, Treuepflichten der Aktionäre, 209 f.

[580] Vgl. oben vierter Teil V 2.5

versammlungsbeschlusses nach § 243 Abs. 1 AktG in Betracht.[581] Denn auch ungeschriebene Generalklauseln sind Gesetze im Sinne von § 243 Abs. 1 AktG.[582]

Da die Anfechtungsanspruch nur auf einen Hauptversammlungsbeschluss abzielt, ist die Anfechtung der pflichtwidrigen Maßnahmen des Vorstandes nicht möglich.[583] In diesen Fällen können nur Schadensersatzansprüche in Betracht kommen. Schadensersatzansprüche kommen zudem bei treuwidrigen Beschlüssen der Hauptversammlung in Betracht. Sie können auch neben zu Anfechtungsklagen geltend gemacht werden.[584]

### 2.5.3. Velustausgleich, Ausgleich oder Abfindung

Wird ein qualifizierter faktischer Aktienkonzern angenommen, kann darüber hinaus die abhängige Aktiengesellschaft vom herrschenden Unternehmensaktionär einen Verlustausgleich und der außenstehende Aktionär einen Ausgleich oder eine Abfindung verlangen. Allerdings sind ein Schadensersatzanspruch sowie ein Unterlassungs- und Beseitigungsanspruch geltend zu machen.

## 3. Zustimmungserfordernisse bei der abhängigen Aktiengesellschaft

Teilweise wird vorgeschlagen, durch Zustimmungserfordernisse bei der abhängigen Aktiengesellschaft einen Konzerneingangsschutz aufzubauen.[585]

---

581 *Zöllner* in Kölner Kommentar, § 243 Rdnr. 189 ff.; *Fillmann*, Treuepflichten der Aktionäre, 251

582 *Fillmann*, Treuepflichten der Aktionäre, 251

583 *Zöllner* in Kölner Kommentar, § 243 Rdnr. 15; *Fillmann*, Treuepflichten der Aktionäre, 251

584 *Fillmann*, Treuepflichten der Aktionäre, 240 f., 265 ff.; *Eckert*, Konzerneingangsschutz im Aktienkonzernrecht auf der Ebene der Untergesellschaft, 125

585 *Heyder*, Der qualifizierte faktische Aktienkonzern, 118 ff.; *Binnewies*, Konzerneingangskontrolle in der abhängigen Gesellschaft, 359 ff.; *Weigl*, Die Haftung im (qualifizierten) faktischen Konzern, 224 f.

Danach ist eine Zustimmung der abhängigen Aktiengesellschaft durch einen Hauptversammlungsbeschluss ab einer bestimmten Intensität der Einflussnahme durch das herrschende Unternehmen, d.h. ab dem Zeitpunkt der qualifizierten Konzernbeherrschung, für die Rechtmäßigkeit des Einflusses erforderlich. Der Schutz der außenstehenden Aktionäre sei dadurch besonders gut gewährleistet, weil die Möglichkeit einer gerichtlichen Inhaltskontrolle bezüglich Erforderlichkeit und Verhältnismäßigkeit gegeben sei. Diese Zustimmungspflicht ergebe sich in der Regel aus einer Änderung des Gesellschaftszwecks aufgrund des qualifizierten faktischen Konzerns.[586]

Bei der Zustimmung eines qualifizierten faktischen Aktienkonzerns wird nicht nur einer Zwecksänderung der Gesellschaft, sondern auch einem unzulässigen und rechtwidrigen Zustand zugestimmt. Der unzulässige Zustand des qualifizierten faktischen Aktienkonzerns bleibt aber weiterhin bestehen, denn der qualifizierte faktische Aktienkonzern ist nur durch Abschluss eines Beherrschungsvertrags zu rechtfertigen.[587] Eine solche Form der qualifizierten Konzernbeherrschung ohne Beherrschungsvertrag ist nicht zu betrachten.[588] Sie ist mit der Regelung des Vertragskonzerns im Aktiengesetz offenbar unvereinbar.[589] Ein Zustimmungsbeschluss der qualifizierten faktischen Konzernherrschaft ist daher nichtig.[590]

---

586 *Emmerich/Sonnenschein*, Konzernrecht, 6. Aufl., 84; *Mülbert*, Aktiengesellschaft, Unternehmensgruppe und Kapitalmarkt, 492; *Seydel*, Konzernbildungskontrolle bei der Aktiengesellschaft, 231 ff.

587 *Mülbert*, Aktiengesellschaft, Unternehmensgruppe und Kapitalmarkt, 492; *Heyder*, Der qualifizierte faktische Aktienkonzern, 123

588 *Emmerich/Sonnenschein*, Konzernrecht, 6. Aufl., 363; *Heyder*, Der qualifizierte faktische Aktienkonzern, 125

589 Vgl. oben vierter Teil V 1, 2

590 *Heyder*, Der qualifizierte faktische Aktienkonzern, 124 f.

## 4. Konzerneingangsschutz durch die Besetzung von Organen

Das OLG Hamm hat in seinem bekannten **„Banning-Beschluss"**[591] eine weitere Form des Konzerneingangsschutzes vorgeschlagen. Es hat das herrschende Unternehmen für verpflichtet gehalten, im Aufsichtsrat der abhängigen Aktiengesellschaft mindestens eine vom herrschenden Unternehmen unabhängige Person zu wählen und dadurch der Bildung eines qualifizierten faktischen Aktienkonzerns durch eine entsprechende Personenverflechtung vorzubeugen.

Ein Konzerneingangsschutz wäre aber nur dann denkbar, wenn dadurch ein qualifizierter faktischer Aktienkonzern verhindert werden könnte. Durch die Besetzung des Aufsichtsrats ist die Unmöglichkeit des Einzelausgleichs nach den §§ 311, 317 AktG nicht zu verhindern. *Heyder* sagt, **„auch wenn durch einen Minderheitsvertreter ein qualifizierter faktischer Aktienkonzern verhindert werden könnte, kann dieser Konzerneingangsschutz keine Wirkung entfalten. Denn es fehlt an einem Anspruch zur Berufung eines obligatorischen Minderheitenvertreters".**[592] Vielmehr hat der Gesetzgeber gebilligt, dass der Aufsichtsrat vom Mehrheitsaktionär konstruiert wird. Der Banning-Beschluss überzeugt daher bezüglich des Konzerneingangsschutzes nicht.[593]

Ebenso wenig ein Minderheitsvertreter im Aufsichtsrat trägt ein Verbot von Vorstandsdoppelmandaten zum Konzerneingangsschutz bei.[594] Eine Organverflechtung mag zwar die Bildung eines qualifizierten faktischen Aktienkonzerns begünstigen. Aber sie ist kein notwendiges Element. Auch im Falle eines einfachen faktischen Aktienkonzerns können Vorstandsdoppelmandate vorliegen. Ein Verbot von Vorstandsdoppelmandaten trägt daher nicht zum Konzerneingangsschutz hinsichtlich des qualifizierten faktischen Aktienkonzern bei.

---

591 OLG Hamm vom 3. 11. 1986 = NJW 1987, 1030

592 *Heyder*, Der qualifizierte faktische Aktienkonzern, 171

593 *Koppensteiner* in Kölner Kommentar, Vor § 311 Rdnr. 27

594 *Heyder*, Der qualifizierte faktische Aktienkonzern, 171 f.

# Fünfter Teil Zusammenfassung

I. Die Konzerne lassen sich in Vertragskonzerne, einfache faktische Konzerne und qualifizierte faktische Konzerne unterteilen. Der Vertragskonzern entsteht durch den Abschluss eines Beherrschungsvertrags und der einfache faktische Konzern beruht auf dem durch den Erwerb einer Mehrheitsbeteiligung tatsächlich entstehenden Beherrshungsverhältnis. Wenn das herrschende Unternehmen ohne Abschluss eines Beherrschungsvertrags einen unausgleichsfähigen Einfluss auf die abhängige Gesellschaft ausübt, entsteht ein qualifizierter faktischer Konzern.

II. 1. Im Vertragsaktienkonzern entsteht dem herrschenden Unternehmen das Weisungsrecht (§ 308 Abs. 1 AktG), der abhängigen Aktiengesellschaft die Folgepflicht (§ 308 Abs. 2 AktG). Diese Folgepflicht entsteht aber nicht, wenn die Weisungen rechtlich nicht zulässig sind. Der Vorstand muss deshalb die Weisungen vor Befolgung mit der Sorgfalt eines ordentlichen und gewissenhaften Geschäftsleiters auf ihre Zulässigkeit überprüfen.

2. Im Vertragsaktienkonzern kann der außenstehende Aktionär einen angemessenen Ausgleich dem herrschenden Unternehmen ansprechen (§ 304 AktG). Als Ausgleichsformen sind fester Ausgleich und variabler Ausgleich. Das Wahlrecht steht den Vertragsparteien zu. Wenn der im Vertrag bestimmte Ausgleich nicht angemessen ist, kann jeder außenstehende Aktionär der abhängigen Aktiengesellschaft einen Antrag auf die Bestimmung des angemessenen Ausgleichs dem Gericht stellen (§ 304 Abs. 3, 4 AktG).

3. Der außenstehende Aktionär kann im Vertragsaktienkonzern eine angemessene Abfindung anstelle des Ausgleichs bis zum Ende der Frist des § 305 Abs. 4 AktG vom herrschenden Unternehmen verlangen (§ 305 AktG). Als die Abfindungsformen sind Abfindung in Aktien und Barabfindung. Der Börsenkurs und der Paketpreis können als die Untergrenze angemessener

Abfindung in Betracht kommen. Wenn der Beherrschungsvertrag keine oder eine unangemessene Abfindung vorsieht, muss das Gericht auf Antrag eines außenstehenden Aktionärs die angemessene Abfindung bestimmen (§ 305 Abs. 5 S. 2 AktG).

4. Das herrschende Unternehmen muss im Vertragsaktienkonzern jeden während der Vertragsdauer bei der abhängigen Aktiengesellschaft entstehenden Jahresfehlbetrag ausgleichen (§ 302 Abs. 1 AktG). Der Verlustausgleichsanspruch steht prinzipiell der abhängigen Aktiengesellschaft zu. Auch jeder Aktionär kann aber entsprechend der §§ 309 Abs. 4, 317 Abs. 4 AktG ihn geltend machen.

5. Im Vertragsaktienkonzern müssen die gesetzlichen Vertreter des herrschenden Unternehmens bei Erteilung der Weisungen gegenüber der abhängigen Aktiengesellschaft die Sorgfalt eines ordentlichen und gewissenhaften Gesellschaftsleiters anwenden (§ 309 Abs. 1 AktG). Verletzen sie diese Pflicht, sind sie der abhängigen Aktiengesellschaft zum Schadensersatz als Gesamtschuldner verpflichtet (§ 309 Abs. 2 S. 1 AktG). Auch die Vorstands- und Aufsichtsratsmitglieder der abhängigen Aktiengesellschaft haften für diesen Schaden als Gesamtschuldner, wenn sie gegen ihre Pflicht hinsichtlich der unzulässigen Weisungen des herrschenden Unternehmens verletzt haben.

6. Eine Bestimmungsänderung des Beherrschungsvertrags, die Ausgleich oder Abfindung betreffendet, und seine Aufhebung werden nur mit einem Sonderbeschluss der außenstehenden Aktionäre wirksam (§§ 295 Abs. 2, 296 Abs. 2 AktG). Der Beitritt eines weiteren herrschenden Unternehmens ist Vertragsänderung. Bei einem variablen Ausgleich oder einer Abfindung in Aktien bedarf deshalb er eines Sonderbeschlusses der außenstehenden Aktionäre, weil er zur Änderung des Gewinnanteils der herrschenden Gesellschaft führt. Außerdem wird den in der abhängigen Aktiengesellschaft verbliebenen Aktionären durch den Beitritt erneut das Wahlrecht zwischen Ausgleich und Abfindung gegeben. Auch bei einer ordentlichen Kündigung

durch die abhängige Aktiengesellschaft ist ein Sonderbeschluss der außenstehenden Aktionäre erforderlich (§ 297 Abs. 2 AktG).

III. 1. Beim einfachen faktischen Aktienkonzern darf das herrschende Unternehmen seinen Einfluss für die abhängige Aktiengesellschaft nachteilig ausüben, insoweit die bei der abhängigen Aktiengesellschaft entstandenen Nachteile ausgeglichen werden (§ 311 Abs. 1 AktG). Der Nachteil muss nicht sofort ausgeglichen werden. Es genügt, wenn der tatsächliche Ausgleich oder die Begründung eines Rechtsanspruchs auf Nachteilsausgleich bis zum Ende des Geschäftsjahres erfolgt (§ 311 Abs. 2 AktG).

2. Wenn die Nachteile bis zum Ende des Geschäftsjahres nicht ausgeglichen werden, sind das herrschende Unternehmen und die für die Einflussnahme verantwortlichen gesetzlichen Vertreter des herrschenden Unternehmens der abhängigen Aktiengesellschaft zum Schadensersatz verpflichtet (§ 317 Abs. 1, 3 AktG).

3. Der Vorstand der abhängigen Aktiengesellschaft ist zur Aufstellung eines Abhängigkeitsberichts verpflichtet (§312 AktG). Ein Abhängigkeitsbericht muss über die Beziehungen der abhängigen Aktiengesellschaft zu verbundenen Unternehmen möglichst ausführlich aufstellen. Er muss durch die Abschlussprüfer und den Aufsichtsrat der abhängigen Aktiengesellschaft geprüft werden (§§ 313, 314 AktG). Wenn die Tatsachen vorliegen, die den Verdacht einer pflichtwidrigen Nachteilszufügung rechtfertigen können, können die Aktionäre eine Sonprüfung beantragen (§ 315 AktG).

4. Die Vorstands- und Aufsichtsratsmitglieder der abhängigen Aktiengesellschaft sind gesamtschuldnerisch zum Schadensersatz verpflichtet, wenn sie ihre Aufstellungs- und Prüfungspflicht bezüglich des Abhängigkeitsberichts schuldhaft verletzen (§ 318 Abs. 1, 2 AktG). Für die Verletzung sonstiger Pflichten haften sie nach §§ 93 und 116 AktG.

IV. 1. Die im GmbH-Recht entwickelten Grundsätze und Theorien zum qualifizierten faktischen Konzern sind auch auf den qualifizierten faktischen Aktienkonzern anzuwenden. Anderseits hat der BGH in den drei neuesten Urteilen aus der Durchgriffshaftung die persönliche Haftung der Gesellschafter gegenüber den Gesellschaftsgläubigern angenommen. Dabei handelt es sich aber nur um die Haftung gegenüber den Gesellschaftsgläubigern, so dass hinsichtlich der Haftung der herrschenden Gesellschafter gegenüber Gesellschaft und ihren Minderheitsgesellschaftern nach wie vor die qualifizierte faktische Konzernhaftung als dle Anspruchsgrundlage in Betracht kommen kann.

2. Nach der Definition aufgrund der modifizierten Verhaltenshaftung sind für die Annahme eines qualifizierten faktischen Aktienkonzerns erforderlich (1) ein Abhängigkeitsverhältnis ohne Beherrschungsvertrag, (2) die Nachteilszufügung durch die Einflussnahme des herrschenden Unternehmens, (3) die Unmöglichkeit des Einzelausgleichs nach den §§ 311, 317 AktG.

3. Erleichterungen der Beweislast können den außenstehenden Aktionären und Gläubigern zugebilligt werden, weil ihnen in der Regel der Einblick in die zum Nachweis nachteiliger Beeinträchtigung erforderlichen Unternehmensinterna nicht möglich ist.

4. Der qualifizierte faktische Aktienkonzern ist mit der gesetzlichen Regelung (§§ 76, 311 ff. AktG) unvereinbar, so dass er sanktioniert werden muss. Als die Sanktionen sind die Vorschriften der §§ 302 ff. AktG anzuwenden. Eine Legalisierung des qualifizierten faktischen Aktienkonzerns durch einen Hauptversammlungsbeschluss kommt nicht in Betracht.

5. Wenn das herrschende Unternehmen ohne Beherrschungsvertrag qualifizierten Einfluss auf die abhängigen Aktiengesellschaft ausgeübt hat, muss es aus der Treuepflicht sie und ihre außenstehenden Aktionäre so stellen, als ob ein Beherrschungsvertrag bestände. Also vom herrschenden Unternehmen kann die abhängige Aktiengesellschaft den Verlustausgleich, und der

außenstehende Aktionär den Ausgleich oder die Abfindung verlangen. Darüber hinaus kann der außenstehende Aktionär den Schadensersatzanspruch vom Vorstand und Aufsichtsrat seiner Gesellschaft sowie vom gesetzlichen Vertreter des herrschenden Unternehmens verlangen. Er kann auch gegen das herrschende Unternehmen und die abhängige Aktiengesellschaft auf Unterlassung oder Beseitigung der Maßnahmen klagen, um das Fortfahren der nicht durch Beherrschungsvertrag legitimierten qualifizierten Konzernherrschaft aufzuhalten.

6. Da der qualifizierte faktische Aktienkonzern unzulässig ist, stellt sich die Frage eines Konzerneingangsschutzes, um dem Entstehen dieses unzulässigen Zustandes vorzubeugen. (1) Durch Mitteilungspflichten wird die heimliche Begründung beherrschender Aktionärspositionen erschwert. (2) Bei Verkauf der Mehrheit an ein feindliches Unternehmen oder im Fall, in dem das herrschende Unternehmen eine zur unzulässigen qualifizierten Konzernherrschaft führende oder gegen die Wettbewerbsverbotspflicht verstoßende Maßnahme treffen will, können Unterlassungsansprüche aus der Treuepflicht in Betracht kommen. (3) Ein Konzerneingangsschutz durch Zustimmungserfordernisse bei der abhängigen Aktiengesellschaft kann nicht in Betracht kommen. (4) Ein Verbot von Doppelmandaten trägt nicht zum Konzerneingangsschutz hinsichtlich des qualifizierten faktischen Aktienkonzern bei.

# Literaturverzeichnis

*Altmeppen, Holger*: Grundlegend Neues zum „qualifiziert faktischen" Konzern und zum Gläubigerschutz in der Einmann-GmbH, ZIP 2001, 1837

*Altmeppen, Holger*: Zur Entstehung, Fälligkeit und Höhe des Verlustausgleichsanspruchs nach § 302 AktG, DB 1999, 2453

*Altmeppen, Holger*: Zur Vermögensbindung in der faktisch abhängigen AG, ZIP 1996, 693

*Altmeppen, Holger*: Die systematische Einordnung der Rechtsprechung zum qualifizierten faktischen Konzern nach „TBB", DB 1994, 1912

*Altmeppen, Holger*: Grenzlose Vermutungen im Recht der GmbH, DB 1991, 2225

*Altmeppen, Holger*: Abschied vom „qualifiziert faktischen" Konzern, Heidelberg, 1991

*Arbeitskreis GmbH-Reform*: Thesen und Vorschläge zur GmbH-Reform, Band 2, Heidelberg, 1972

*Bayer, Walter*: Der an der Tochter beteiligte Mehrheitsgesellschafter der Mutter: herrschendes Unternehmen?, ZGR 2002, 933

*Benecke, Martina*: Existenzvernichtende Eingriff statt qualifiziert faktischer Konzern: Die neue Rechtsprechung des BGH zur Haftung von GmbH-Gesellschaftern, BB 2003, 1190

*Binder, Christof U.*: Beteiligungsstrategien in der Konzernpraxis, AG 1994, 391

*Binnewies, Burkhard*: Konzerneingangskontrolle in der abhängigen Gesellschaft, Köln/ Berlin/Bonn/München, 1996

*Brohm, Winfried*: Wirtschaftstätigkeit der öffentlichen Hand und Wettbewerbs, NJW 1994, 281

*Brüggemeier, Gert*: Die Einflussnahme auf die Verwaltung einer Aktiengesellschaft, AG 1988, 93

*Bruns, Patrick*: Existenz- und Gläubigerschutz in der GmbH – Das Vulkan-Konzept, WM 2003, 815

*Burgard, Ulrich*: Das Wettbewerbsverbot des herrschenden Aktionärs, in: Festschrift für Markus Lutter zum 70. Geburtstag, Köln, 2000, 1033

*Busse von Colbe, Walther*: Der Vernunft eine Gasse: Abfindung von Minderheitsaktionären nicht unter dem Börsenkurs ihrer Aktien, in: Festschrift für Markus Lutter zum 70. Geburtstag, Köln, 2000, 1053

*Cahn, Andreas*:Die Ausfallhaftung des GmbH-Gesellschafters, ZGR 2003, 298

*Decher, Christian E.*: Personelle Verflechtungen im Aktienkonzern, Heidelberg, 1990

*Decher, Christian E.*: Die Zulässigkeit des qualifizierten faktischen Aktienkonzerns, DB 1990, 2005

*Deilmann, Barbara*: Die Entstehung eines qualifizierten faktischen Konzerns, Berlin, 1990

*Diem, Andreas*: Besicherung von Gesellschafterverbindlichkeiten als existenzvernichtender Eingriff des Gesellschafters, ZIP 2003, 1283

*Döser, Wulf H.*: Der faktische Konzern, AG 2003, 406

*Drygala, Tim*: Abschied vom qualifizierten faktischen Konzern – oder Konzernrecht für alle?, GmbHR 2003, 729

*Drygala, Tim*: Verhaltenshaftung im faktischen GmbH-Konzern, GmbHR 1993, 317

*Eckert, Thomas*: Konzerneingangsschutz im Aktienkonzernrecht auf der Ebene der Untergesellschaft, Frankfurt/Berlin/Bern/New York/Paris/Wien, 1998

*Emmerich, Völker*: Konzernbildungskontrolle, AG 1991, 303

*Emmerich, Völker*: Das GmbH-Konzernrecht (Teil I), AG 1975, 288

*Emmerich, Völker / Habersack, Mathias*: Aktien- und GmbH-Konzernrecht, 2. Aufl., München, 2001

*Emmerich, Völker / Habersack, Mathias*: Aktienkonzernrecht, München, 1998

*Emmerich, Völker / Sonnenschein, Jürgen / Habersack, Mathias*: Konzernrecht, 7. Aufl., München, 2001

*Emmerich, Völker / Sonnenschein, Jürgen*: Konzernrecht, 6. Aufl., München, 1997

*Emmerich, Völker / Sonnenschein, Jürgen*: Konzernrecht, 5. Aufl., München, 1993

*Fillmann, Andreas*: Treuepflichten der Aktionäre, Frankfurt, 1991

*Flume, Werner*: Das Video-Urteil und das GmbH-Recht, DB 1992, 25

*Geßler, Ernst*: Leitungsmacht und Verantwortlichkeit im faktischen Konzern, in: Festschrift für Harry Westermann zum 65. Geburtstag, Karlsruhe, 1974, 145

*Geßler, Ernst*: Das neue Aktienrecht, BB 1965, 677

*Geuting, Markus*: Ausgleich- und Abfindungsansprüche der Minderheitsgesellschafter im qualifizierten faktischen GmbH-Konzern, BB 1994, 365

*Habersack, Mathias*: Die Aktionärsklage – Grundlagen, Grenzen und Anwendungsfälle, DStR 1998, 533

*Henn, Günter*: Handbuch des Aktienrechts, 7. Aufl., Heidelberg, 2002

*Henze, Hartwig*: Die Berücksichtigung des Börsenkurses bei der Bemessung von Abfindung und variablem Ausgleich im Unternehmensvertragsrecht, in: Festschrift für Markus Lutter zum 70. Geburtstag, Köln, 2000, 1101

*Heyder, Stefan*: Der qualifizierte faktische Aktienkonzern, Frankfurt/Berlin/Bern/New York/Paris/Wien, 1997

*Hoffmann-Becking, Michael (Hrsg.)*: Münchener Handbuch des Gesellschaftsrechts Band 4 Aktiengesellschaft, 2. Aufl., München, 1999

*Hoffmann-Becking, Michael*: Empfiehlt es sich, das Recht faktischer Unternehmensverbindungen neu zu regeln?, Sitzungsbericht für den 59. Deutschen Juristentag, 1992

*Hoffmann-Becking, Michael*: Der qualifizierte faktische AG-Konzern – Tatbestand und Abwehransprüche -, in: Probleme des Konzernrechts, Heidelberg, 1989, 68

*Hommelhoff, Peter*: Der Beitritt zum Beherrschungsvertrag und seine Auswirkungen auf die Sicherung außenstehender Aktionäre, in: Festschrift für Carsten Peter Claussen zum 70. Geburtstag, Köln/Berlin/Bonn/München, 1997, 129

*Hommelhoff, Peter*: Die qualifizierte faktische Unternehmensverbindung: ihre Tatbestandsmerkmale nach dem TBB-Urteil und deren rechtsdogmatisches Fundament, ZGR 1994, 395

*Hommelhoff, Peter*: Konzernpraxis nach „Video", DB 1992, 309

*Hommelhoff, Peter*: Empfiehlt es sich, das Recht faktischer Unternehmensverbindungen neu zu regeln?, Gutachten G für den 59. Deutschen Juristentag, 1992

*Hommelhoff, Peter / Stimpel, Walter / Ulmer, Peter*: Heidelberger Konzernrechtstage: Der qualifizierte faktische GmbH-Konzern, Köln, 1992

*Hüchting, Hans-Jochen*: Abfindung und Ausgleich im aktienrechtlichen Beherrschungsvertrag, Köln/Berlin/Bonn/München, 1972

*Hüffer, Uwe*: Aktiengesetz, 5. Aufl., München, 2002

*Hüffer, Uwe*: Aktiengesetz, 4. Aufl., München, 1999

*Hüttemann, Rainer*: Börsenkurs und Unternehmensbewertung, ZGR 2001, 454

*Kleindiek, Detlef*: Strukturkonzepte für den qualifizierten faktischen GmbH-Konzern, ZIP 1991, 1330

*Knobbe-Keuk, Brigitte*: Zum Erdbeben „Video", DB 1992, 1461

*Koppensteiner, Hans-Georg*: Über die Verlustausgleichspflicht im qualifizierten AG-Konzern, in: Probleme des Konzernrechts, Heidelberg, 1989, 87

*Kort, Michael*: Ausgleichs- und Abfindungsrechte beim Beitritt eines herrschenden Unternehmens zu einem Beherrschungsvertrag, ZGR 1999, 402

*Krieger, Gerd*: Squeeze-Out nach neuem Recht: Überblick und Zweifelfragen, BB 2002, 53

*Krieger, Gerd*: Kann die Praxis mit TBB leben?, ZGR 1994, 375

*Krieger, Gerd*: Der Tatbestand des qualifizierten faktischen Konzerns, in: Heidelberger Konzernrechtstage: Der qualifizierte faktische GmbH-Konzern, Köln, 1992, 41

*Kropff, Bruno / Semler, Johnnes (Hrsg.)*: Münchener Kommentar zum Aktiengesetz Band 1, 2. Aufl., München, 2000

*Kropff, Bruno / Semler, Johnnes (Hrsg.)*: Münchener Kommentar zum Aktiengesetz Band 2, 2. Aufl., München, 2003

*Kropff, Bruno / Semler, Johnnes (Hrsg.)*: Münchener Kommentar zum Aktiengesetz Band 8, 2. Aufl., München, 2000

*Kropff, Bruno*: Das TBB-Urteil und das Aktienkonzernrecht, AG 1993, 485

*Kropff, Bruno*: Benachteiligungsverbot und Nachteilsausgleich im faktischen Konzern, in: Festschrift für Walther Kastner zum 90. Geburtstag, Wien, 1992, 279

*Kropff, Bruno*: Außenseiterschutz in der faktisch abhängigen „Kleinen" Aktiengesellschaft, ZGR 1988, 558

*Kübler, Friedrich*: Gesellschaftsrecht, 5. Aufl., Heidelberg, 1998

*Kübler, Friedrich*: Anmerkung zu BGH-Urteil vom 29. 3. 1993, NJW 1993, 1204

*Lehmann, Heinrich*: Das Verhältnis von Ausgleichsleitung und Abfindung im Aktienrecht, WM 1972, 990

*Lieb, Manfred*: Abfindungsansprüche im (qualifizierten?) faktischen Konzern, in: Festschrift für Markus Lutter zum 70. Geburtstag, Köln, 2000, 1151

*Lutter, Markus / Banerjea, Nirmal Robert*: Die Haftung wegen Existenzvernichtung, ZGR 2003, 402

*Lutter, Markus*: Holding-Handbuch, 3. Aufl., Köln, 1998

*Lutter, Markus*: Treuepflichten und ihre Anwendungsprobleme, ZHR 1998, 164

*Lutter, Markus*: Wie fest ist der feste Ausgleich nach § 304 Abs. 2 S. 1 AktG?, AG 1995, 49

*Lutter, Markus*: Anmerkung zu BGH-Urteil vom 29. 3. 1993, JZ 1993, 580

*Lutter, Markus*: Der qualifizierte faktische Konzern, AG 1990, 179

*Lutter, Markus*: Die Haftung des herrschenden Unternehmens im GmbH-Konzern, ZIP 1985, 1425

*Lutter, Markus*: Die zivilrechtliche Haftung in der Unternehmensgruppe, ZGR 1982, 244

*Lutter, Markus / Timm, Wolfram*: Konzernrechtlicher Präventivschutz im GmbH-Recht, NJW 1982, 409

*Luttermann, Claus*: Der „durchschnittliche" Börsenkurs bei Barabfindung von Aktionären und Verschmelzungswertrelation, ZIP 2001, 869

*Martens, Klaus-Peter*: Das Konzernrecht nach dem Referentenentwurf eines GmbH-Gesetzes (Teil II), DB 1970, 865

*Meilicke, Wienand*: Zum Verhältnis von Ausgleichs- und Abfindungsansprüchen nach §§ 304, 305 AktG, AG 1999, 103

*Meilicke, Wienand*: Unvereinbarkeit der Video-Rechtsprechung mit EG-Recht, DB 1992, 1867

*Michalski, Lutz*: Die Ausgleichshaftung im qualifiziert faktischen Konzern, NJW 1996, 224

*Möhring, Philipp*: Die Ausgleichsgarantie des abhängigen Unternehmens bei Bestehen eines Beherrschungsvertrags, Festschrift für Hans Hengeler, Berlin/Heidelberg, 1972, 216

*Mülber, Peter O.*: Unternehmensbegriff und Konzernorganisationsrecht, ZHR 1999, 1

*Mülbert, Peter O.*: Aktiengesellschaft, Unternehmensgruppe und Kapitalmarkt, München, 1995

*Nassall, Wendt*: Der existenzvernichtende Eingriff in die GmbH: Einwendungen aus verfassungs- und insolvenzrechtlicher Sicht, ZIP 2003, 969

*Raiser, Thomas*: Recht der Kapitalgesellschaften, 3. Aufl., München, 2001

*Raiser, Thomas*: Konzernverflechtungen unter Einschluss öffentlicher Unternehmens, ZGR 1996, 458

*Raiser, Thomas*: Wettbewerbsverbote als Mittel des konzernrechtlichen Präventivschutzes, in: Festschrift für Stimpel, Berlin/New York, 1985, 855

*Rittner, Fritz*: Der Staat – ein Unternehmen im Sinne des Aktienrecht?, in: Festschrift für Werner Flume zum 70. Geburtstag Band II, Köln, 1978, 241

*Röhricht, Volker*: Die Rechtsstellung der außenstehenden Aktionäre beim Beitritt zum Beherrschungsvertrag, ZHR 1998, 249

*Säcker, Franz Jürgen*: Zur Problematik von Mehrfachfunktionen im Konzern, ZHR 1987, 59

*Schiessl, Maximilian*: Abhängigkeitsbericht bei Beteiligungen der öffentlichen Hand, ZGR 1998, 871

*Schmidt, Karsten*: Gesellschafterhaftung und „Konzernhaftung“ bei der GmbH, NJW 2001, 3577

*Schmidt, Karsten*: Gesellschaftsrecht, 3. Aufl., Köln/Berlin/Bonn/München, 1997

*Schmidt, Karsten*: Zur Durchgriffsfestigkeit der GmbH, ZIP 1994, 837

*Schmidt, Karsten*: Verlustausgleich im qualifizierten faktischen Konzern, in: Heidelberger Kozernrechtstage: Der qualifizierte faktische GmbH-Konzern, Köln, 1992, 109

*Schmidt, Karsten*: Abhängigkeit und faktischer Konzern als Aufgaben der Rechtspolitik, JZ 1992, 856

*Schmidt, Karsten*: Zum Stand des Konzernhaftungsrechts bei der GmbH, ZIP 1991, 1325

*Schmidt, Karsten*: Verlustausgleichspflicht und Konzernleitungshaftung im qualifizierten faktischen GmbH-Konzern, ZIP 1989, 545

*Schmidt, Karsten*: Konzernhaftung oder mitgliedschaftliche Haftung des privaten GmbH-Gesellschafters?, ZIP 1986, 146

*Seydel, Eberhard*: Konzernbildungskontrolle bei der Aktiengesellschaft, Baden-Baden, 1995

*Sonnenschein, Jürgen*: Der Schutz von Minderheitsgesellschaftern und Gläubigern der abhängigen Gesellschaft im deutschen Recht, in: Das Gesellschaftsrecht der Konzerne im internationalen Vergleich, Baden-Baden, 1991, 49

*Sonnenschein, Jürgen*: Die aktienrechtliche Vertragskonzern im Unternehmensrecht, ZGR 1981, 429

*Stimpel, Walter*: Zum Verhältnis von Ausgleichs- und Barabfindungsansprüchen nach §§ 304, 305 AktG, AG 1998, 259

*Stimpel, Walter*: Die Rechtsprechung des Bundesgerichtshofes zur Innenhaftung des herrschenden Unternehmens im GmbH-Konzern, AG 1986, 117

*Timm, Wolfram*: Das Recht der faktischen Unternehmensverbindungen im Umbruch, NJW 1992, 2185

*Timm, Wolfram*: Grundfragen des „qualifizierten“ faktischen Konzerns im Aktienrecht, NJW 1987, 977

*Ulmer, Peter*: Anmerkung zu BGH-Urteil vom 24. 6. 2002, JZ 2002, 1049
*Ulmer, Peter*: Von „TBB“ zu „Bremer Vulkan“ – Revolution oder Evolution?, ZIP 2001, 2021
*Ulmer, Peter*: Vermutungs- und Beweisfragen: Qualifizierungsvermutung; Kausalitätsgegenbeweis, in: Heidelberger Kozernrechtstage: Der qualifizierte faktische GmbH-Konzern, Köln, 1992, 65
*Ulmer, Peter*: Gläubigerschutz im „qualifizierten“ faktischen GmbH-Konzern, NJW 1986, 1579
*Ulmer, Peter*: Verlustübernahmepflicht des herrschenden Unternehmens als konzernspezifischer Kapitalerhaltungsschutz, AG 1986, 123
*Verhandlungen des 59. Deutschen Juristentags*, München, 1992
*Vetter, Eberhard*: Anmerkung zu BverfG-Beschluss vom 27. 4. 1999, AG 1999, 569
*Vetter, Jochen*: Rechtsfolgen existenzvernichtender Eingriffe, ZIP 2003, 601
*Weigl, Gerald*: Die Haftung im (qualifizierten) faktischen Konzern, Heidelberg, 1996
*Wenger, Ekkehard*: Der Schutz von Minderheiten im Vertragskonzern, ZBB 1995, 325
*Wiedemann, Herbert*: Reflexionen zur Durchgriffshaftung, ZGR 2003, 283
*Wiedemann, Herbert*: Spätlese zu Autokran, ZGR 1986, 656
*Wiedemann, Herbert / Martens, Klaus-Peter*: Die Unternehmensqualifikation von Gebietskörperschaften im Recht der verbundenen Unternehmen, AG 1976, 197
*Wilhelm, Jan*: Zurück zur Durchgriffshaftung – das „KBV“-Urteil des II. Zivilsenats des BGH vom 24. 6. 2002, NJW 2003, 175
*Wilken, Oliver*: Anmerkung zu BverfG-Beschluss vom 27. 4. 1999, ZIP 1999, 1443
*Wolf, Martin*: Konzerneingangsschutz bei Übernahmeangeboten, AG 1998, 212
*Zöllner, Wolfgang*: Treupflichtgesteuertes Aktienkonzernrecht, ZHR 1998, 235
*Zöllner, Wolfgang*: Schutz der Aktionärsminderheit bei einfacher Konzernierung, in: Festschrift für Bruno Kropff, Düsseldorf, 1997, 333
*Zöllner, Wolfgang*: Qualifizierte Konzernierung im Aktienrecht, Gedächtnisschrift für Knobbe-Keuk, Köln, 1997, 369

*Zöllner, Wolfgang (Hrsg.)*: Kölner Kommentar zum Aktiengesetz, 2. Aufl., Köln/Berlin/Bonn/ München, 1987
*Zöllner, Wolfgang*: Zur aktienrechtlichen Unternehmenseigenschaft der Bundesrepublik Deutschland, AG 1978, 40

Kolibri 360 GmbH
Ferdinand-Jühlke-Straße 7
99095 Erfurt, Deutschland
produktsicherheit@kolibri360.de

Druck:
CPI Druckdienstleistungen GmbH
im Auftrag der
Kolibri 360 GmbH
Ferdinand-Jühlke-Str. 7
99095 Erfurt